中国国情调研丛书
乡镇卷
China's national conditions survey Series
Vol. Towns

乡镇卷

中国国情调研丛书·乡镇卷
China's national conditions survey Series · **Vol. Towns**
主　编 裴长洪　刘树成　吴太昌
副主编 周　济

历史文化名镇的开拓之路

——江苏省常州市孟河镇经济社会调研报告

The Road to the Development of A Historical and Cultural Town:
The Survey Report on the Social and Economic Development of
Menghe Town, Changzhou City of Jiangsu Province

王砚峰　等著

图书在版编目(CIP)数据

历史文化名镇的开拓之路：江苏省常州市孟河镇经济社会调研报告／
王砚峰等著 . —北京：中国社会科学出版社，2017.9
ISBN 978-7-5161-8402-8

Ⅰ.①历…　Ⅱ.①王…　Ⅲ.①乡镇经济—经济发展—研究报告—
常州市　Ⅳ.①F127.533

中国版本图书馆 CIP 数据核字(2016)第 138286 号

出 版 人	赵剑英
责任编辑	冯春凤
责任校对	张爱华
责任印制	张雪娇

出　　版	中国社会科学出版社
社　　址	北京鼓楼西大街甲 158 号
邮　　编	100720
网　　址	http：//www.csspw.cn
发 行 部	010－84083685
门 市 部	010－84029450
经　　销	新华书店及其他书店

印　　刷	北京君升印刷有限公司
装　　订	廊坊市广阳区广增装订厂
版　　次	2017 年 9 月第 1 版
印　　次	2017 年 9 月第 1 次印刷

开　　本	710×1000　1/16
印　　张	15.25
插　　页	2
字　　数	250 千字
定　　价	68.00 元

凡购买中国社会科学出版社图书,如有质量问题请与本社营销中心联系调换
电话:010－84083683

课题组成员

王砚峰　中国社会科学院经济研究所研究馆员

周　济　中国社会科学院经济研究所研究馆员

陈　勇　中国社会科学院经济研究所副研究馆员

李彦伟　中国社会科学院经济研究所

蒋维慎　中国社会科学院经济研究所

郑月莲　江苏省常州市新北区孟河镇党委宣传统战委员

程协润　江苏省常州市新北区孟河镇历史文化研究会副
　　　　会长

朱志文　江苏省常州市新北区孟河镇农村工作局农业服务
　　　　科副科长、农产品质量监督管理站站长

张叶波　江苏省常州市新北区孟河镇大学生村官

施文洁　江苏省常州市新北区孟河镇大学生村官

耿晓燕　江苏省常州市新北区孟河镇大学生村官

中国国情调研丛书·企业卷·乡镇卷·村庄卷

总 序

陈 佳 贵

　　为了贯彻党中央的指示，充分发挥中国社会科学院思想库和智囊团作用，进一步推进理论创新，提高哲学社会科学研究水平，2006 年中国社会科学院开始实施"国情调研"项目。

　　改革开放以来，尤其是经历了近 30 年的改革开放进程，我国已经进入了一个新的历史时期，我国的国情发生了很大变化。从经济国情角度看，伴随着市场化改革的深入和工业化进程的推进，我国经济实现了连续近 30 年的高速增长。我国已经具有庞大的经济总量，整体经济实力显著增强，到 2006 年，我国国内生产总值达到了 209407 亿元，约合 2.67 万亿美元，列世界第四位；我国经济结构也得到优化，产业结构不断升级，第一产业产值的比重从 1978 年的 27.9% 下降到 2006 年的 11.8%，第三产业产值的比重从 1978 年的 24.2% 上升到 2006 年的 39.5%；2006 年，我国实际利用外资为 630.21 亿美元，列世界第四位，进出口总额达 1.76 亿美元，列世界第三位；我国人民生活水平不断改善，城市化水平不断提升。2006 年，我国城镇居民家庭人均可支配收入从 1978 年的 343.4 元上升到 11759 元，恩格尔系数从 57.5% 下降到 35.8%，农村居民家庭人均纯收入从 1978 年的 133.6 元上升到 2006 年的 3587 元，恩格尔系数从 67.7% 下降到 43%，人口城市化率从 1978 年的 17.92% 上升到 2006 年的 43.9% 以上。经济的高速发展，必然引起国情的变化。我们的研究表明，我国的经济国情已经逐渐从一个农业经济大国转变为一个工业经济大国。但是，这只是从总体上对我国经济国情的分析判断，还缺少对我国经济国情变化分析的微观基础。这需要对我国基层单位进行详细的分析研究。实际上，深入基层进行调查研究，坚持理论与实际相结合，由此制定和执行正确的路线方针政策，是我们党领导革命、建设与改革的基本经验和基本工作方法。进行国情调研，也必须深入基层，只有深入基层，才能真正了解我国国情。

为此，中国社会科学院经济学部组织了针对我国企业、乡镇和村庄三类基层单位的国情调研活动。据国家统计局的最近一次普查，到2005年底，我国有国营农场0.19万家，国有以及规模以上非国有工业企业27.18万家，建筑业企业5.88万家；乡政府1.66万个，镇政府1.89万个，村民委员会64.01万个。这些基层单位是我国社会经济的细胞，是我国经济运行和社会进步的基础。要真正了解我国国情，必须对这些基层单位的构成要素、体制结构、运行机制以及生存发展状况进行深入的调查研究。

在国情调研的具体组织方面，中国社会科学院经济学部组织的调研由我牵头，第一期安排了三个大的长期的调研项目，分别是"中国企业调研"、"中国乡镇调研"和"中国村庄调研"。"中国乡镇调研"由刘树成同志和吴太昌同志具体负责，"中国村庄调研"由张晓山同志和蔡昉同志具体负责，"中国企业调研"由我和黄群慧同志具体负责。第一期项目时间为三年（2006—2008），每个项目至少选择30个调研对象。经过一年多的调查研究，这些调研活动已经取得了初步成果，分别形成了《中国国情调研丛书·企业卷》、《中国国情调研丛书·乡镇卷》和《中国国情调研丛书·村庄卷》。今后这三个国情调研项目的调研成果，还会陆续收录到这三卷书中。我们期望，通过《中国国情调研丛书·企业卷》、《中国国情调研丛书·乡镇卷》和《中国国情调研丛书·村庄卷》这三卷书，能够在一定程度上反映和描述在21世纪初期工业化、市场化、国际化和信息化的背景下，我国企业、乡镇和村庄的发展变化。

国情调研是一个需要不断进行的过程，以后我们还会在第一期国情调研项目基础上将这三个国情调研项目滚动开展下去，全面持续地反映我国基层单位的发展变化，为国家的科学决策服务，为提高科研水平服务，为社会科学理论创新服务。《中国国情调研丛书·企业卷》、《中国国情调研丛书·乡镇卷》和《中国国情调研丛书·村庄卷》这三卷书也会在此基础上不断丰富和完善。

2007 年 9 月

中国国情调研丛书·乡镇卷

序　言

　　中国社会科学院在 2006 年正式启动了中国国情调研项目。该项目为期 3 年，将于 2008 年结束。经济学部负责该项目的调研分为企业、乡镇和村庄 3 个部分，经济研究所负责具体组织其中乡镇调研的任务，经济学部中的各个研究所都有参与。乡镇调研计划在全国范围内选择 30 个乡镇进行，每年 10 个，在 3 年内全部完成。

　　乡镇作为我国最基层的政府机构和行政区划，在我国社会经济发展中，特别是在城镇化和社会主义新农村建设中起着非常重要的作用，担负着艰巨的任务。通过个案调查，解剖麻雀，管窥蠡测，能够真正掌握乡镇层次的真实情况。乡镇调研可为党和政府在新的历史阶段贯彻城乡统筹发展，实施工业反哺农业、城市支持乡村，建设社会主义新农村提供详细具体的情况和建设性意见，同时达到培养人才，锻炼队伍，推进理论创新和对国情的认识，提高科研人员理论联系实际能力和实事求是学风之目的。我们组织科研力量，经过反复讨论，制定了乡镇调研提纲。在调研提纲中，规定了必须调查的内容和自选调查的内容。必须调查的内容主要有乡镇基本经济发展情况、政府职能变化情况、社会和治安情况三大部分。自选调查内容主要是指根据课题研究需要和客观条件可能进行的各类专题调查。同时，调研提纲还附录了基本统计表。每个调研课题可以参照各自调研对象的具体情况，尽可能多地完成和满足统计表所规定的要求。

　　每个调研的乡镇为一个课题组。对于乡镇调研对象的选择，我们没有特别指定地点。最终确定的调研对象完全是由课题组自己决定的。现在看来，由课题组自行选取调研对象好处很多。第一，所调研的乡镇大都是自己工作或生活过的地方，有的还是自己的家乡。这样无形之中节约了人力和财力，降低了调研成本。同时又能够在规定的期限之内，用最经济的支出，完成所担负的任务。第二，在自己熟悉的地方调研，能够很快地深入下去，同当地的父老乡亲打成一片、融为一体。通过相互间无拘束和无顾忌的交流，能够较快地获得真实的第一手材料，为最终调研成果的形成打下良好的基础。第三，便于同当地的有关部门、有关机构和有关人员加强联系，建立互惠共赢的合作关系。还可以在他们的支持和协助下，利用双方各自的优势，共同开展对当地社会经济发展状况的研究。

第一批的乡镇调研活动已经结束，第二批和第三批的调研将如期进行。在第一批乡镇调研成果即将付梓之际，我们要感谢经济学部和院科研局的具体安排落实。同时感谢调研当地的干部和群众，没有他们的鼎力支持和坦诚相助，要想在较短时间内又好又快地完成调研任务几乎没有可能。最后要感谢中国社会科学出版社的领导和编辑人员，没有他们高效和辛勤的劳动，我们所完成的乡镇调研成果就很难用最快的速度以飨读者。

前　言

　　江苏省常州市新北区孟河镇是位于长江三角洲的一个历史悠久、文化底蕴丰厚的历史文化名镇，它是齐梁两朝皇室的故里，是"齐梁文化"的发源地，清代中后期，又从这里兴起了中国中医药学的一个著名的流派——"孟河医派"。孟河镇在产业发展上特色鲜明，汽摩配行业独树一帜，拥有"中国汽摩配名镇"称号。在乡镇建设上，孟河是全国重点中心镇、中国历史文化名镇、中国民间文化艺术之乡。孟河在近10余年的发展过程中，不断探索优势产业的壮大发展之路，同时又积极利用文化历史资源，探寻新的发展空间。

　　中国社会科学院经济研究所从2006年开始，对国内乡镇开展了系统的社会经济发展的国情调研，目前已经出版了40余部乡镇调研报告。

　　2013年4月，经常州市新北区组织部部长安春燕同志的推荐，经济研究所对孟河镇进行了初步考察，确定将孟河镇作为调研对象。2013年6月，经济所调研组一行5人赴孟河镇开展了实地调研活动，期间与孟河镇政府领导、各部门负责人进行了座谈和交流，赴企业、农村、各事业单位等进行实地考察，收集相关资料。

　　新北区和孟河镇对经济研究所的调研活动非常重视，安春燕同志连续多次与调研组深入交换意见，同时悉心指导孟河镇积极参与和配合国情调研工作。孟河镇党委书记高炎同志多次表示积极支持调研组的调研活动，组织镇党委讨论并成立了国情调研写作领导小组，由镇党委副书记蒋功伯牵头，镇党委宣传统战委员郑月莲和镇社会管理和社会事业局副局长、文化体育科科长魏向宇等同志参与协调工作。孟河镇党委还向各事业单位、企业、村委传达要求，希望各单位积极配合经济所的国情调研工作。德高望重的常州齐梁历史文化研究会研究员、江苏省作家协会会员郭重威先生，不仅从历史文化角度多次给予课题组成员指导，还撰写了本报告第七章"历史文化与保护"的主要内容。孟河镇还选派了一批大学生村官具体参加国情调研和写作，先后参与调研和写作的大学生村官包括张叶波、耿晓燕、施文洁、祝文君、朱银宇等。孟河镇农村工作局的朱志文同志也参与了部分章节的写作。

在孟河镇各级部门的全力支持下，经济所国情调研组经过将近两年的多次调研，搜集了大量的材料，接触了多个企业、乡村、农户，实地了解了各产业发展的实际情况和城乡居民的生活状况。调研组还考察了小黄山、九龙禅寺、孟城和万绥的历史古建、费伯雄故居等等一大批自然和历史文化遗迹，对孟河的自然、历史文化资源以及文化旅游产业的发展潜力有了更进一步的了解。

孟河镇历史文化底蕴丰厚，人杰地灵，有多位历史文化学者为孟河的文化、经济发展著书立说、献计献策。其中历史文化学者郭重威老先生，为调研组讲述了孟河历史文化发展的脉络，使调研组进一步加深了对孟河历史文化资源的了解，他还对调研组的工作提出了诸多建设性的意见，对国情调研的顺利开展起到了重要作用，并对相关章节的内容作了重要的修订。孟河镇历史文化研究会副会长程协润先生，对孟河的历史文化、经济发展都有深刻的见解，他不仅为调研组提供了大量的资料，还亲自参与调研报告的写作。

经过反复、认真的论证，在充分调研的基础上，我们根据孟河镇社会经济发展的特点，以突出重点、强调特色为原则，将全书的总体架构设计如下：

本书除"前言"外，共分九章，每章下分若干小节。

第一章　　（概况）。主要阐述孟河镇的历史沿革，区域、面积与人口，自然环境和自然资源，人文社会资源，产业结构和经济发展现状。

第二章　　（以建立高效农业为目标的第一产业）。主要阐述孟河镇农业基本情况，农业生产的专业化与产业化，典型企业和农业面临的问题和对策，以及现代农业产业园的发展规划等。

第三章　　（做强优势产业的第二产业）。主要阐述孟河镇第二产业的发展状况，汽摩配优势产业发展历程、现状、特色、重点企业以及发展战略等。

第四章　（大有发展潜力的第三产业）。主要阐述孟河镇第三产业发展特点、现状及典型企业的发展经验，对依托历史文化资源发展文化旅游产业的潜力进行展望。

第五章　（财税与金融）。主要梳理了孟河镇财政税收发展的过程和财税状况，以及管理。对金融服务业发展现状，重要金融机构基本情况进行了概述。

第六章　（中心镇的发展与规划）。主要介绍孟河镇在创建中心镇过程中抓住发展机遇，推进城镇总体发展的战略，以及新的城镇发展规划等。

第七章　（历史文化与保护）。主要介绍孟河镇重要的历史文化包括齐梁文化和孟河医派文化，以及文化历史资源及其保护，介绍现代文化艺术和文化研究成果等。

第八章　（教育、卫生、人口）。

第九章　（党政机构职能）。主要介绍孟河镇不断抓住机遇，实施体制机制创新战略，在机构改革中不断取得新的突破的经验。

全书各部分主要由下列人员执笔：

前言：王砚峰；第一章：程协润、王砚峰；第二章：朱志文、王砚峰；第三章：张叶波、王砚峰；第四章：王砚峰；第五章：程协润；第六章：王砚峰；第七章：郭重威、程协润、王砚峰；第八章：耿晓燕、王砚峰；第九章：施文洁、王砚峰。统稿：王砚峰。图片由孟河镇各部门提供。

在调研过程中，我们得到了很多部门同志的大力支持，包括常州市新北区组织部、孟河镇各级领导和各企事业单位、各村的同志，同时也得到了《孟河镇志》编写组同志的积极协助。其中，郑月莲同志全程协调协助调研组的各项工作，她的出色组织和协调，以及为调研组收集的大量资料和数据保证了调研工作的顺利开展。经济所方面，科研处处长周济同志积极组织、协调和参与调研活动，经济所图书馆（网络中心）的陈勇、李彦伟、蒋维慎、管宇飞等同志，积极参与调研并承担了大量的调研设计、资料整理和数据统计工作。我们谨在此向各位参与和协助调研工作的同志表示最诚挚的感谢。

通过对孟河镇的社会经济调研，我们深深地感受到了孟河深厚的文化底蕴，同时也深切地体会到这个苏南小城镇如何牢牢抓住机遇，努力开拓进取，不断寻找错位发展空间，提高竞争力的成功发展脉络。在调研的近两年时间里，我们亲身经历了孟河镇发展的巨大变化，2013年4月，我们第一次来孟河镇考察时，孟河镇正在筹划正式申报"中国历史文化名镇"称号，2014年5月，我们第三次来孟河考察时，孟河镇已进入历史文化名镇正式申报的冲刺阶段，并在7月成功通过了验收。而新的城镇总体规划、孟河古城文化休闲旅游项目规划、小黄山旅游开发规划、汽摩配产业新规划、历史文化名镇保护规划、现代农业产业园区规划都已陆续编制完成，相关的落实工作正在有序展开。2014年9月，常州市级中心镇扩权强镇工作启动，孟河成为首批5个中心镇扩权强镇试点之一。2015年初，孟河镇改组为新北现代农业产业园区（孟河镇）。两年的时间里，孟河镇发生的巨大变化令我们赞叹不已。而在报告出版的过程中，孟河镇的发展和建设又在不断取得新的进展，我们的文字总是无法跟上孟河变化的步伐。这也是作为报告作者感到遗憾的地方。希望今后能再次踏上孟河的土地，感受她新的变化。相信孟河的明天，将以"腾飞"的姿态，朝气蓬勃地不断铸就辉煌，成就未来。

由于调研和写作时间较为仓促，本报告难免存在一些失误，欢迎广大读者批评指正。

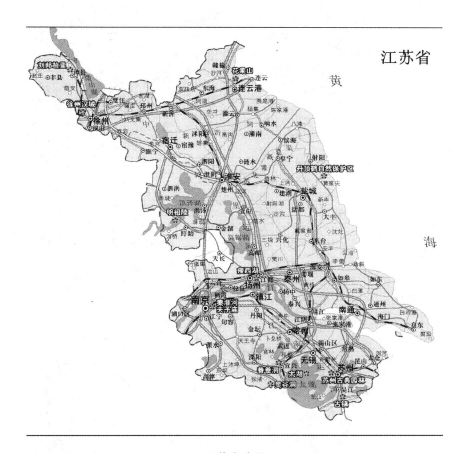

江苏省地图

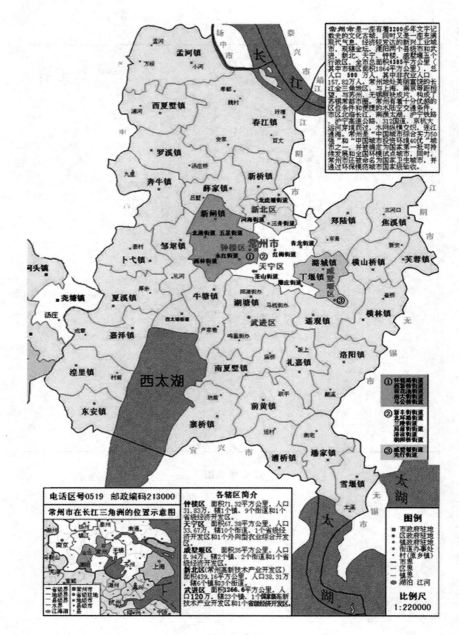

常州市地图

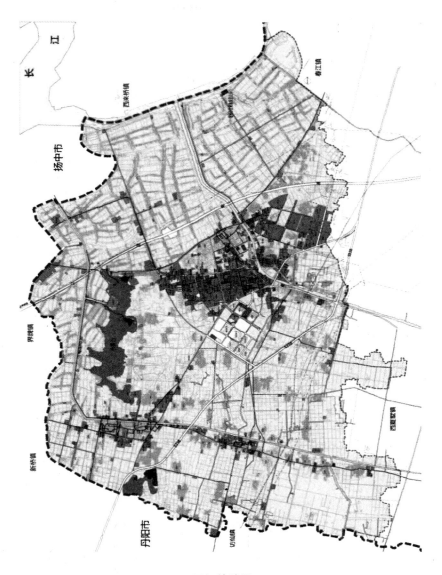

孟河镇地图

目　录

第一章

概　况

　　常州市新北区孟河镇位于江苏省常州市西北部，在北纬 32.05 度、东经 119.53 度附近，是长江三角洲冲积平原的一部分，北与丹阳市界牌镇、新桥镇毗邻，西与丹阳市访仙镇相依，东与扬中市西来桥镇接壤，南与常州市新北区西夏墅镇与春江镇相连。距镇江和常州各 42 公里和 37 公里。地理区位处于长三角苏锡常都市圈内部，属于锡常泰城市群的中心地带，是苏锡常城市群的重要节点。孟河镇对外交通便捷，地处常州西环线与北环线交会处，238、239 与 338 省道穿境而过，东枕长江，南临京沪铁路、沪宁高速公路和 312 国道。孟河镇境内设高速公路孟河道口和小黄山道口，南距沪宁高速公路罗墅湾道口 8 公里，距常州机场、长江航运常州港口各约 10 公里。孟河镇的气候温和宜人，交通便捷发达。现在的孟河镇是 2003 年常州市区域调整后形成的，属于苏南经济发达地区特大城市边缘区相对独立的小城镇。2015 年，孟河镇改组为江苏省新北现代农业产业园区（孟河镇），实施"园镇合一"的新管理体制。

　　孟河镇全镇土地 88.26 平方公里，下辖 13 个行政村、4 个社区，546 个村民小组。13 个行政村是：通江村、银河村、荫沙村、东陆村、润江村、九龙村、石桥村、滕村村、小黄山村、树新村、固村巷村、双亭村、南兰陵村。4 个社区是：小河社区、孟城社区、万绥社区、齐梁社区。截至 2014 年底，全镇有居民 25682 户，常住人口 87272 人，农民人均收入 19603 元。

　　据史书记载，孟河镇有文字记载的历史已 2500 余年。是一个历史悠久、人文荟萃、文化底蕴十分深厚的中华古镇，是辞海中唯一撰写到的江南名镇，孟河镇是齐梁故里、孟河医派发源地、革命先驱恽代英故乡。

孟河镇在产业发展上独具特色，汽摩配行业独树一帜，拥有"中国汽摩配名镇"称号。在乡镇建设上，孟河是全国重点中心镇、中国历史文化名镇、国家级生态镇、中国民间文化艺术之乡、全国千强镇。同时，也是江苏省中心镇、卫生镇、教育现代化乡镇、新型示范小城镇、创新型试点乡镇、对外开放工业卫星镇、农业现代化试点乡镇、小城镇改革试点乡镇、群众文化先进乡镇、特色文化乡镇、基层党校先进乡镇、百强示范乡镇工会、农村改水先进单位、农村中医工作先进乡镇，社区教育工作先进乡镇。常州市扩镇强权试点镇、重点中心乡镇、新型小城镇、文明乡镇、村民自治模范镇、治安安全镇、创建学习型城市先进镇、体育先进镇、绿化先进乡镇、中医工作先进镇、教育工作先进乡镇、土地执法模范乡镇。孟河镇两大工业园区之一的富民工业园区是常州市乡镇工业示范园区，小河汽摩配件市场是常州市十大特色市场。孟河镇在发展中处于江苏省前列，为苏南发展第一方阵乡镇。

图1—1　孟河镇标志性图标"腾飞"

从发展过程中看，孟河不断紧跟改革开放的步伐，抓住发展机遇，进一步解放思想，实施体制机制创新战略，率先获得了改革效应。

经过不断的探索，孟河镇按照"二三四"发展思路的总体要求，锁定"全国重点中心镇和历史文化名镇建设"两大目标，大力实施"生态立镇、文化兴镇、产业强镇"三大战略，加快构建"中心镇、孟河古镇、小黄山旅游、现代农业"的"四位一体"发展新模式，积极推进"中心镇区、旅游开发区、现代农业园区、生态农业区"的"一镇四区"建设。

孟河正在以"腾飞"的姿态，朝气蓬勃地不断铸就辉煌，成就未来。

第一节 历史沿革、人口与自然资源

一 历史沿革

公元前495年，吴王夫差开挖我国南方第一条大运河，起于苏州望亭，止于孟河江畔。公元前262年，战国四大公子之一的春申君黄歇公子在孟河东部山上游檀禅寺书院读书，因而被命名为"黄山"，后新北区又改名为小黄山。东汉光武初年——25年，孟河是当时长江边上的一个小村庄，朝廷命开河渎，从长江口掘到小黄山脚下，遂成一个直通河庄的通江口岸，名为河庄。到了唐元和六年，为了漕运需要，朝廷又命孟简拓宽长江口岸，因水陆路通航后，人口逐渐增多，货物交易繁荣麕集成市，后人为纪念孟简疏浚河道的公德，将河庄随之改称为孟河，这就是闻名方圆100多里的孟河，孟河又逐渐成为繁荣商埠和重要的军事要塞。

南北朝时期从万绥走出了齐梁两代15位萧氏执政皇帝：

齐高帝萧道成（479—482年）

齐武帝萧赜（483—493年）

鬱林王萧昭业（494年）

海陵王萧昭文（494年）

齐明帝萧鸾（494—498年）

东昏侯萧宝卷（499—501年）

齐和帝萧宝融（501—502年）

梁武帝萧衍（502—548年）

临贺王萧正德（548—549年）

简文帝萧纲（550—551年）

豫章王萧栋（551年）

武陵王萧纪（552 年）

梁元帝萧绎（552—555 年）

建安公萧渊明（555 年）

梁敬帝萧方智（555—557 年）

齐梁时代在中国文化发展史上，是继春秋战国之后又一个辉煌时期，对后世产生了深远影响，也在孟河留下了丰富的齐梁文化遗迹。

明朝初年，为防长江倭寇入侵，明嘉靖皇帝下旨筑墙建城，孟河城墙直径 3 里路长，此后，孟河又被称为"孟城"。孟城堡南北城墙各长 138 丈（约 456 米），东西城墙各长 82 丈（270 米），呈长方形城堡，全长 442 丈（约 1450 米），墙高 2 丈余（约 7 米），墙厚 1 丈 6 尺 6 寸（约 5.35 米）。全城分设 5 个城门、5 个城堡、2 个水关。一幢鼓楼。贯穿城堡中心内城河与城墙交汇处还设有 2 个水关；金锁关（南水关）、玉盘关（北水关），城堡中鼓楼位于城中心偏北位置孟城大街上。

自新中国成立至今，孟河镇经历过三次乡镇区域的调整，第一次是 1961 年孟河镇和万绥乡分离；第二次是 1999 年万绥乡和孟河镇合并；第三次是 2003 年孟河镇和小河镇合并。2003 年 10 月经江苏省委批准由原孟河镇、小河镇合并建为新的孟河镇。2003 年至 2012 年，孟河镇共有 39 个行政村，其间社区数量有所调整。2013 年，孟河镇将原有的行政村和社区调整为 13 个村、4 个社区。现行政区划内的村、社区为：通江村、银河村、荫沙村、东陆村、润江村、九龙村、石桥村、滕村村、小黄山村、树新村、固村巷村、双亭村、南兰陵村。4 个社区是：小河社区、孟城社区、万绥社区、齐梁社区。自 2003 年以来的 546 个村民小组未作变动。

二　人口

2003 年以来，孟河镇户籍人口的自然增长率呈缓慢增长态势，到 2014 年达到 82875 人，常住人口到 2014 年达到 87272 人，外来人口呈现一定的波动发展，在 2011 年左右出现外来人口的增长峰值之后（约在 1.8 万人）；2013 年外来人口数量下降至 1.3 万人；2014 年又增加到近 2.7 万人。

2007—2013 年的 7 年间，孟河镇的人口自然增长率为 1.63‰左右、人口综合增长率约为2.50%（见表1—1）。

表1—1　　　　　　孟河镇人口演变一览表（2003—2014年）

年份	总户数（户）	其中:农业户（户）	户籍人口（人）	其中:农业人口（人）	暂住人口（人）	常住人口（人）	行政村（个）	居委会（个）
2003	25292	21141	75616	66648			39	3
2004	25091	20236	76199	66939			39	3
2005	25158	20297	77014	67654			39	3
2006	25369	22660	78755	69602			39	3
2007	25686	21744	79591	67054			39	1
2008	26128	22185	80462	67118			39	1
2009	26128	22185	80462	67118			39	1
2010	26411	22275	81949	67252	14556	84905	39	1
2011	29064	22664	81846	67114	18409	85255	39	1
2012	23555	22615	82258	67909	8756	80249	39	1
2013	25138	20040	82296	68421	12980	93651	13	4
2014	25682	23120	82875	58459	26960	87272	13	4

注：1.2011年、2012年户数偏差较大；2.2012年暂住人口、常住人口偏差较大；3.2013年农业户数偏差较大。

资料来源：根据《孟河统计年鉴（2003—2014年）》整理。

三　自然环境与物产

（一）地形地貌

孟河镇地势除镇域北部小黄山外，黄山河、南阳河以西，地势较高，为上滩，海拔7.5米左右；以东沿江圩区，地势偏低，为下滩，海拔4.5米左右。小黄山拥有一定的文化内涵和历史文化价值，是常州西北滨江地区为数不多且具有一定规模的重要山体；栖凤山位于小黄山西侧，山脉较小。全镇域城镇现状平均高度24米，小黄山海拔94米，是全镇域制高点。

（二）气候条件

本地属北亚热带海洋性季风湿润气候，四季分明，雨水充沛，日照充足，无霜期较长。多年平均温度15.4℃，多年均降雨量约1000毫米，主导风向东南为主，无霜期约226天。

（三）土壤条件

全镇土壤分五个土属，下滩以黄沙土和沙土为主，上滩以粉沙土、黄黏土、老黄黏土为主。基地内分布有大量耕地，集中在基地西南部和东北部，孟河新镇区与老镇区为良田所拥，具有典型的江南水乡特征。

（四）水资源条件

境内水网密布。新孟河贯穿全镇域，北起长江、经小河水闸，直达奔牛入运河，现为六级航道，和居民生活联系密切，有一定的维护和建设，河道界面景观具有多样性和连续性，内容丰富，可塑性强。浦河和老孟河河段自然景观原生性好，无开发，主要作用为农业灌溉和排涝。此外，还有黄山河、安定河、南阳河、郭河、养济河、丰收河、午塘河，红五大沟、东陆大沟、银河大沟、茅庵大沟、南荫大沟、惜字沟大沟等。全镇域水网密布，水资源丰富。

（五）主要物产

孟河镇四季分明，历史上冬季主要种植小麦、元麦、大麦、油菜，夏季主要种植水稻、大豆、山芋、荞麦等农作物。明清时，孟河曾经是常州西北区域经济中心，其中生产的丝绸产品"孟河绉"曾在光绪二十六年和民国四年两次荣获巴拿马金奖。

第二节　人文资源与保护开发

孟河镇是齐梁两朝萧氏皇帝故宅地，东晋建武元年，淮阴令萧整率萧氏族人来到武进东城里，建南兰陵郡，自此至南朝历代，均是郡县治所在地。萧氏家族在这片肥沃的南兰陵土壤中深深扎下了根，160年后萧氏家族枝壮叶茂，萧道成和萧衍先后在479年和502年建立了齐朝和梁朝，孕育了以儒、释、道三教圆融为主要特征的开放和谐"齐梁文化"。这个1600多年前的齐梁故里，就是如今的孟河镇万绥集镇所在地。

孟河镇人杰地灵，名人辈出。从楚国春申君黄歇公子在黄山上读书，到汉代杨恽儿子杨贞道来小黄山脚下的河庄避难，西晋谋士孟嘉来此隐居，直到永嘉萧氏一族南渡定居在此，这里走出了齐梁15位萧氏执政皇帝（齐梁朝37位萧氏宰相和100多名萧氏文武百官）。到唐朝还出过萧瑀等8位萧氏宰相。萧氏家族在这600多年中，还出了常州市历史上第一名状元萧颖士和萧子良、萧子显、萧纲、萧绎、萧统等一大批杰出的文人墨客。《辞海》中说：萧统：501—531年，南朝梁文学家，南兰陵（今江苏武进西北）人，武帝萧衍长子。武帝天监元年，立为太子，未即位而卒，谥昭明，世称昭明太子。信佛能文，曾招聚文学之士，编集《文选》30多卷，对后代文学颇有影响。

"天下恽氏出河庄。"恽氏一世祖汉朝司马迁的外甥，杨恽的儿子贞道为避难来河庄定居（以父名为姓，改杨姓为恽姓），从此这里走出了一大批恽姓历史名人，如恽魁元、恽士璜、恽轮、恽敷等朝廷巡抚与兵部司务恽俭和清朝进士都察院右副都御史恽侗等一批杰出的政治家；还有南朝进士恽文、明朝进士恽巍、清朝进士恽士临等16个进士；有近百位恽氏历史文化名人，清代常州五大文化学派：孟河这里出了常州三大文化学派：第一，以恽冰、恽南田（祖籍是孟河）等为代表的常州画派与以恽元复等为代表的大批著名文学家、书画家；第二，以恽敬等为代表的阳湖文（词）派；第三，以孟河费、马、巢、丁四大家族与恽铁樵等为代表的孟河医派。还走出了近代中共早期革命领导人恽代英、恽剑英、恽剑鸣与恽雨棠等著名恽氏革命烈士名人。

孟河在清代中期以费、马、巢、丁四大家族为代表的孟河医派创造了"吴中名医甲天下，孟河名医冠吴中"的辉煌时期。孟河是清朝中晚期孟河医派发祥地。孟河医派代表人物费伯雄、马培之、巢崇山（巢渭芳）、丁甘仁等创造了清代江南医盛时期。孟河名医费伯雄名震江南，《清史稿》称："清末江南诸医，以伯雄为最著。"费伯雄由于两度应召入宫，先后治愈皇太后肺病和道光皇帝的失音症，道光皇帝赐赠"是活国手"匾额和"著手成春，万家生佛；婆心济世，一路福星"联幅。马培之精通外科，两次治愈翁同龢的顽疾，光绪七年为慈禧皇太后治病近一年，慈禧赠赐金字匾额"务存精要"和"福"字匾，册封为"三品御医"，被当时的北京人称为京城三大名医之最。巢崇山与巢渭芳两地成名（上海与孟河），巢氏家学渊源，学验两富，继承家学又习马家、费家，兼得三家特色，以治伤寒等症闻名，世代悬壶上海、孟河、万绥，名重乡里、百姓为医，家有病家赠予"愿为良医、不做良相"等匾额。丁甘仁与同人在上海创办了中国第一所中医专门学校，有"医誉满海上，桃李遍天下"的美称，他品德高、医术好，孙中山大总统赠予"博施济众"的美誉匾额。近几年，孟河镇专门拍摄了反映孟河医派的历史篇《古镇医人》和反映历史人物的传记篇《孟河医派》电视剧。

孟河镇还有 52 次创世界吉尼斯雕刻艺术文化纪录、世界著名雕刻文化艺术大师汤友常先生，他横跨铜、石、玻、陶、木、铁、玉、瓷、象牙 9 种材质雕刻艺术领域，创作了 1000 多件雕刻艺术作品，在孟河镇成立了汤友常文化艺术展示中心。据不完全统计，孟河镇有历史可查的文化名人多达 280 余人，他们为中华民族的历史发展增添了光彩，为深厚历史文化积淀作出了贡献。孟河镇拥有南北朝萧氏皇家文化、齐梁和谐文化，明朝古代军事文化、清民孟河医派文化、清代繁荣商业文化、丰富人文宗教文化、小黄山自然景观文化、古镇民俗文化。

孟河镇现有万绥古戏楼和孟河四大名医民居建筑群等省、市、区级文物保护单位 14 处，历史建筑群 33 处。其中省市级文物保护单位有东岳庙大殿、九龙禅寺、永安桥、费伯雄故居等。省级文物保护东岳庙大殿始建于齐梁时期，重建于唐贞观年间，宋、元、明、清历代屡加扩建和修缮，它庄严雄伟，是长江沿岸 72 座东岳庙中最大一座。九龙禅寺是一座佛教寺院，始建于南梁时期，是梁武帝皇后郗氏的家庙。永安桥是明朝建立的麻石桥。建于清咸丰年间的费伯雄故居，原有东西两纵列，各有四进，现仅存西纵列第三进 3 间费伯雄卧室（市级文物保护单位）。在全国第三次文物普查中，孟河镇已查证有"四文四遗"（文脉、文化、文物、文保，遗存、遗址、遗迹、遗产）97 点处。其中有许多齐梁时期萧氏皇家遗迹遗址；"齐梁故帝"文化及萧氏家族有关的历史文化遗存。孟河镇还有很多百年以上的民居宅第和名人故居，如戏院路的著名画家马万里故居，齐梁时期万绥南寺里是萧衍故居，当时占地 480 万平方米。因年代久远，只留下了东城天子路、皇业寺、六桥八池等历史遗址。四寺六桥八池和齐梁三十景，四寺为智宝寺、皇业寺、吉祥寺、九龙寺；六桥为兰陵桥、罗妃桥、金鸡桥、凤凰桥、张陵桥、万岁桥；八池为碗池（茗茶室）、龙池、蒋家池、墨池（开笔亭）、东大池、西大池、连枷池、灯池；齐梁三十景为皇家码头、东岳行宫、泰安陵、万岁里、南寺里、花园里、状元牌坊、歇船亭、东城天子路、梁皇宫、志公井、昭明太子读书处等;有许多齐梁古代与近现代军事文化遗存遗址,如马放沟、营田里、营盘墩、败田里、操场下、古城墙、都司衙门、渡军河、观音堂战役处、天花庄突围战指挥部及日伪军驻孟河城防司令部、顺来园茶店、益泰酱店、东亚客栈等。

在孟河镇万绥区域内,有一座清朝时期的基层行政公所建筑——图公所。较集中的历史古建筑群有孟城北街、孟河南街四大名医民居建筑群、小河老街民居和万绥南寺里等 4 处。孟城北街始建于明朝嘉靖三十三年,发展到民国初年已占地 44000 平方米,全长 562 米。现存明代建筑 134间、清代建筑 334 间、民初建筑 63 间。孟城北街为连续性封闭式古建筑群;前街、后街有 8 个相通弄堂连接,每个弄堂都装有索门和栅门,每到夜晚索门、栅门全部关闭,起到防御和防盗作用。街道路面狭窄,用青石板铺设,路下阴沟相通。街东西两面民用码头,直对弄堂口,居民用水十分方便。小河老街分为北街、中街、南街 3 个部分,总长度 519 米,占地面积 11300 平方米,较好地保存着江南清民水乡小镇的风貌;小河后街16 号是美国康奈尔大学教授、曾任美国机械学会主席的美国国家工程院院士王国金故居。

在千年古井中,尤以"志公井"和"恽宅义井"最为著名。志公井由南北朝齐梁时期梁武帝国师志公和尚开凿,1500 年来,"久旱不枯","水患不溢"。恽氏先人凿井供人饮水,在八角形井圈上外有"恽宅义井"四字,内壁有深痕 15 条,表明恽氏一族慈善济世的悠久历史。孟河有古遗址 13 处,古墓葬 2 处、古碑文 15 块、古井 21 口、古桥 13 座、古民居9 处,千年古银树 15 株以及近现代重要史迹及代表性建筑 7 处,老街 2处等点缀和映衬着孟河历史文化古镇古朴与典雅。

孟河镇有 11 个非物质文化遗产,内容丰富。至 2015 年 5 月,孟河镇共有 11 项非物质文化遗产,其中国家级非物质文化遗产 1 项、省级 1 项、市级 6 项、区级 3 项:1. 国家级(曲艺)小热昏;2. 省级(传统舞蹈)万绥猴灯;3. 市级(传统医药)孟河医派;4. 市级(传统美术)斧劈石造景艺术;5. 市级(传统体育、游艺、杂技)常州高跷;6. 市级(传统舞蹈)青狮舞(固村太平青狮);7. 市级(传统美术)铜刻;8. 市级(传统舞蹈)孟河四爪神龙;9. 区级(杂技)常州陀螺;10. 区级(传统美术）小河木雕；11.区级（传统技艺）孟河八斤鳝丝面。

在近年进行的非遗普查中，发现孟河有几十余项非物质文化遗产，已整理上报有 68 个项目，包括历史文化、民间传说、民间风俗、民间技艺、民间曲艺与民间食品等。近几年还分别公开出版了《齐梁文化研究》、《齐梁文化故里与齐梁文化》、《汤友常奇人奇事》、《孟河医派文化》、《江左齐梁》、《说说家乡齐梁文化》、《梁武帝萧衍》等书籍。

据老人们回忆，孟河历史上最多时有 80 多处祠堂庙宇。其中，孟河城内南街上的恽家祠堂最有典型性，大门是一座叫鼓楼的建筑，上有清朝著名政治家、军事家、书画家彭玉麟书写的"鄱阳世泽"匾额，彭玉麟为清末水师统帅，湘军首领，人称"雪帅"。

为了更好地保护孟河古镇历史风貌，开发利用孟河镇历史上的"四文四遗"，近几年来，孟河镇党委、政府高度重视历史文化古镇保护工作，多次邀请有关专家学者对历史文化古镇保护、规划、修复进行论证。2005 年编制了《孟河镇小城镇建设总体规划》，2007 年由常州市规划设计院编制了控制性规划，如《孟河历史文化古镇与自然景观保护利用规划》《中华萧氏总祠及周边地区详细规划》《齐梁文化——山水孟河》，这些以齐梁历史文化为中心的规划，通过了专家的科学论证，得到常州市政府的批准。2008 年第三次文物普查后，孟河镇又请东南大学和常州市规划设计院制订了对 100 多个文物点保护和修缮计划，对镇内省、市级文保单位立牌保护。对全镇文物点建立了档案，明确了责任制，由专门负责人保护，在市级文物保护点悬挂了不同性质的警示牌。2007 年成立了孟河历史文化研究会（全国乡镇独家），开展了对历史"四文四遗"的调查与研究工作。2009 年镇政府制定公布了《孟河古镇保护暂行办法》及《〈孟河古镇保护暂行办法〉的若干规定》。在保护规划指导下，成立了孟河镇"四文四遗"保护办公室，并颁发《孟河古镇区保护管理暂行办法（修订）》，明确要求，古镇保护的主体、古镇保护的主要内容和范围、古镇保护的基本要求、古镇保护的主要原则等。由镇政府主要负责人担任主任，镇有关职能部门与文化站相关专业人士一起，共同担负起对孟河古镇"四文四遗"的保护工作。

2010 年以来，孟河镇又邀请南京大学、武汉理工大学、河海大学、东南大学、常州市规划设计院、深圳规划设计院、美国 AECOM 设计集团分别对《孟河镇农业发展规划》《孟河镇工业发展规划》《孟河镇服务业三产发展规划》《孟河镇中心镇规划》和《历史文化名镇和旅游产业规划》等进行了详细的规划。2013 年又按照保护孟河古镇规划落实各项措施，再次召集有关专家与学者充分论证和评定，再请东南大学和深圳市规划设计院、常州市规划设计院对《孟河历史文化古镇与自然景观保护利用规划》进行开发建设与落实详细规划，以进一步落实各项实施（详细）规划，主要提升与做好涉及孟河历史文化名镇与开发建设齐梁古镇"四文四遗"各项落实与保护措施的详细规划。

近年来，孟河镇按照保护规划，认真发动，广泛宣传，加强保护，落实各项措施，实施保护工程，让孟河齐梁古镇这块历史文化瑰宝焕发出新的生命与活力。为了进一步理顺管理体制，切实做好中国历史文化名镇的保护和管理工作，孟河镇会同区规划分局认真编制历史文化名镇保护规划，切实落实保护措施，做好历史文化名镇各项保护管理工作。保护规划根据遗产保护的原真性、完整性、多样性和层次性原则，以及继承与发展的均衡原则，遴选了具有地理关联性、历史关联性和区划关联性的孟城北门、孟城南门和万绥三片历史地段作为重点规划保护范围。

第三节　经济状况与城镇发展

孟河镇是常州市新北区各乡镇中耕地面积最大的镇，在第一产业方面，近年来以新北现代农业产业园区为载体，以优质稻米和有机蔬菜产业为基础，重点发展种源农业等高新农业产业和特色高档园艺花卉产业。孟河镇产业特色鲜明，是中国汽车、摩托车配件重点生产基地，拥有工业企业 1000 多家，建有富民、通江 2 个工业集中区。近年来与中国机械工业集团合作，加快推进中国汽车零部件（常州）产业基地建设，共同打造"一个基地、三个中心（研发中心、检测中心、展示中心）"。

孟河镇近十年来经济发展迅速，国内生产总值从 2004 年的 11.91 亿元增长到 2014 年的 71.42 亿元，累计增长 5 倍。随着经济高速发展，地区经济实力也随之快速增长，2014 年实现公共财政预算收入 2.29 亿元，实际利用外资 253 万美元，自营出口 10075 万美元。孟河镇多年来以"工

业强镇"为指导，2014 年完成工业产值 201.21 亿元，第二产业增加值
46.37 亿元，第二产业在三大产业中占比不断增加，从 2004 年的 60.59%
增长到 2013 年的 64.92%（见表 1—2）。

表 1—2　　孟河镇 2004—2014 年三大产业增加值及占国内生产总值比例

年份	国内生产总值（亿元）	第一产业		第二产业		第三产业	
		增加值（万元）	比重（%）	增加值（万元）	比重（%）	增加值（万元）	比重（%）
2004	11.91	9360	7.87	72149	60.59	37568	31.54
2005	14.46	9911	6.85	90995	63.00	43685	30.15
2006	17.61	10129	5.75	114886	65.23	51098	29.02
2007	21.74	11323	5.21	144750	66.57	61356	28.22
2008	25.46	12177	4.77	166858	65.54	75601	29.69
2009	29.32	12610	4.30	190432	64.95	90211	30.75
2010	34.27	14653	4.28	222432	64.90	105612	30.82
2011	42.29	18272	4.32	279000	65.97	125619	29.71
2012	52.10	34070	6.50	335927	64.50	151026	29.00
2013	61.85	22035	3.51	415631	67.24	180813	29.25
2014	71.42	37563	5.26	463681	64.92	213002	29.82

　　注：根据第三次全国经济普查统计，2013 年，孟河镇有法人单位 1498 家，个体
户 6173 家。列统规模工业企业 110 家。

　　资料来源：根据《孟河统计年鉴（2004—2014 年）》整理。

　　近几年，孟河镇党委、政府在扶持优势产业的同时，积极探索经济结
构调整的路径，大力实施"生态立镇、文化兴镇、产业强镇"三大战略。
积极推进一镇四区"中心镇区、产业集中区、旅游开发区、现代农业园区"
的建设，加快实现构建中心镇、孟河古镇、小黄山旅游、现代农业园"四
位一体"的发展新模式，不断探索旅游带动型城镇化发展道路新途径。

一　产业发展

孟河镇拥有良好的工业基础，自 20 世纪 60 年代起，经过 50 年的发

展，它已成为中国汽摩配件的重点生产基地，称为常州高新区"两主、四新、两特"产业集群中的特色产业集群之一，基本形成一个产业基地、两个工业集聚区和五个服务平台。汽摩配件产业成了孟河镇的支柱产业。1000多家生产企业星罗棋布，争奇斗艳，产品覆盖轿车、商务车、SUV、客车、重卡、轻卡、皮卡、微型车及各种类型摩托车、电动车。产品远销巴西、阿根廷、俄罗斯、日本、越南、韩国、美国、欧盟等国家和亚太地区。孟河镇先后获得"中国汽摩配名镇""江苏省100家重点培育产业集群""江苏省首批产业集群品牌培育基地""江苏省小企业创业示范基地""江苏省首批中小企业产业集聚示范区""江苏省优质产品生产示范区""江苏省创新型试点乡镇"等荣誉称号，给古镇带来了无限的生机。

作为镇支柱产业的汽摩配产业，至2013年拥有企业5896家，江苏省工程技术研究中心3家，常州市工程技术研究中心6家，常州市企业技术中心4家，规模工业企业249家。现有中国驰名商标3件，江苏省著名商标10件，常州市知名商标39件，常州市知名服务商标7件，常州市知名农业商标2件，常州市名牌产品21只，江苏省名牌产品1只，国家高新技术企业2家，江苏省高新技术企业30家，江苏省信用企业5家。

2013年和2014年，孟河镇第二产业增加值分别为41.56亿元和46.37亿元，分别占67.24%和64.92%，其中工业增加值分别为40.54亿元和45.28亿元，工业增加值在第二产业增加值中占比超过了97%。

第三产业近年来得到了快速发展，2013年完成增加值18.08亿元，占国内增加值29.23%。大型宾馆酒店27家，餐饮业25家（9家初具规模的农家乐），大型洗浴18家，大型超市14家，规模贸易企业9家，规模建筑企业2家，养老中心8家，金融机构9家，1家农村小额贷款公司，6家保险机构，5家旅行社。到2014年，第三产业增加值增加到21.3亿元，其中批发零售业增加值为11.28亿元，占第三产业的53%，交通运输业4.62亿元，占比近22%，餐饮住宿业7753万元，金融业1.35亿元，居民服务业8936万元，其他服务业23.86亿元。

第一产业方面，近年来，孟河镇的农业处于转型过程中，粮食产量稳

定，高效农业发展迅猛。孟河镇的农业总产值在工农业总产值中所占比例
基本保持在 4% 左右。2012 年，孟河镇农业总产值达 6.22 亿元，其中粮
油产值 0.99 亿元，多种经营产值 5.37 亿元，2013 年农业总产值为 4.11
亿元，其中粮食产值 1.3 亿元，多种经营产值 2.66 亿元。2014 年全镇农
业实现总产值 6.62 亿元，全镇累计高效农业面积 17500 亩，设施农业面
积 11000 亩，高标准农田 3 万亩，秸秆机械化还田面积 6 万余亩，机插水
稻面积 1.5 万余亩。

公共服务方面，现有 1 家沿江船闸管理所，1 个江苏省水文站，1 家
江苏汽摩配检测站，1 家常州市孟河质量技术监督分局，国税、地税分局
各 1 家，2 家税务事务所。4 家大型农贸市场，1 家自来水分公司，1 家用
电服务中心，1 家广播电视分公司，1 个公交服务中心，8 条线路的公交
车直通 13 个行政村与 4 个社区服务中心，1 家人民医院，12 个社区卫生
服务中心，3 个影剧院，1 个 10 万册藏书的图书馆和 1 个文体工作站。
2013 年 9 月申报为江苏省历史文化名镇；2014 年 3 月申报为第六批中国
历史文化名镇。

二　城镇发展

2005 年，新孟河镇经江苏省政府批准总体规划面积为 21.25 平方公
里的"一镇四区"，即"中心镇区、产业集中区、旅游开发区、现代农业
园区"。其中新集镇小城镇为 14.75 平方公里；小河富民工业园区和孟河
通江工业园区 8.50 平方公里；小黄山休闲度假区和万亩森林公园 15.65
平方公里；15000 多亩现代农业园区和小黄山脚下 1000 多亩的江苏齐梁
生态园。

孟河镇是常州市 8 个重点卫星式小城镇之一，现已建成 500 多户联排
别墅的通江花苑，5000 多户的富民花园居民小区，其中有 2000 多户的小
高层。现有包括通江花苑、齐梁金府、孟河首府、世豪广场、映像江南、
通江花园、御隆花园、小河花园、富民花园、孟河贸易广场 10 个花园小
区。公共设施日渐完善，富民广场、恽代英广场（见图 1—2）、安定河景
观带等已经成为居民锻炼、休闲的好去处。

图1—2 孟河镇小河社区恽代英广场

孟河镇的中心镇建设，经过多年的实践和规划，逐步确定将孟河镇的城镇性质定位为全国重点镇、中国历史文化名镇，以特色产业为主导的先进制造业基地，兼具历史文化与山水资源的旅游度假区，常州市西北片区中心。将功能定位为：①历史名镇。充分挖掘、利用孟河现有历史文化资源，打造成在全国具有一定知名度的历史文化名镇。②产业重镇。现有的特色产业汽摩配逐步走向集群化和高新产业化；大力发展第三产业，把孟河镇打造成产业先进、研发创新的产业重镇。③旅游新镇。充分挖掘丰富的旅游资源，打造成在长三角具有一定影响力的旅游新镇。④生态绿镇。把孟河镇打造成山清水秀、环境优美，在常州独具特色的生态型城镇。最终将把孟河镇建设成生态环境优美、文化底蕴深厚、产业特色鲜明、旅游品牌突出的辐射常州西北片区的小城市。

第二章

以建立高效农业为目标的第一产业

孟河镇是常州市新北区农业土地最多的镇，历史上以农业为主，现代农业正在向发展高效农业、特色农业、旅游生态农业为主攻方向转移，土地集约程度逐渐加强，以现代农业产业园建设为抓手，向农业生产专业化、产业化方向发展。

第一节　第一产业基本情况

近年来，孟河镇的农业处于转型过程中，粮食产量稳定，高效农业发展迅猛。孟河镇的农业总产值在工农业总产值中所占比例在4%左右。如2012年，孟河镇农业总产值达6.22亿元，其中粮油产值0.99亿元，多种经营产值5.37亿元，2013年农业总产值为4.11亿元，其中粮食产值1.3亿元，多种经营产值2.66亿元。2014年全镇农业实现总产值6.62亿元，多种经营产值3.07亿元。全镇累计高效农业面积17500亩，设施农业面积11000亩，高标准农田3万亩，秸秆机械化还田面积6万余亩，机插水稻面积1.5万余亩。到2014年，有农户23120户，农村劳动力49457人，农林牧渔业从业人员4756人，占农村劳动力的9.62%，其中种植业从业人数4065人，林牧渔业从业人数691人。

孟河镇的农业生产，近年来积极配合市、区农业改革规划，以市场为导向，大力发展高效农业和生态农业，取得了显著的效果。2009—2011年，常州市实施"万顷良田建设工程"，依据土地利用总体规划和城乡一

表 2—1　　　　孟河镇农林牧渔产值 2003—2014 年基本情况　　（单位：万元）

年份	农业总产值	其中：多种经营	农业	林业	牧业	渔业	农、林、牧、渔业服务业	增加值
2003	13626	7300	7137	136	4730	688	935	7006
2004	16932	10300	8206	154	6628	936	1008	9360
2005	18577	11500	8809	21	7889	748	1110	9911
2006	19912	12700	9077	10	8491	807	1528	10129
2007	22316	14600	9869	13	9487	882	2065	11323
2008	24201	15600	10612	37	9750	1487	2315	12177
2009	25839	17700	11482	47	10191	1720	2399	12631
2010	28647	20600	13519	50	10463	2079	2536	14653
2011	35530	27200	12978	53	14293	5517	2689	18272
2012	62270.52	53700	13593	2990.42	7176.42	36014.85	2495.83	34069.83
2013	41151.44	26600	24517.96	199.26	4520.31	11913.91	6313.46	24216.82
2014	66237.21	30700	24665.93	198.04	4287.09	30574.15	6512	35680.69

资料来源：根据《孟河统计年鉴（2003—2014 年）》整理。

体化规划，以土地整理项目为载体，以实施城乡建设用地增减挂钩政策为抓手，通过对田、水、路、林、村进行综合整治，建成较大面积的连片高标准农田，增加有效耕地面积，提高耕地质量，优化区域土地利用布局，改善农业生产条件和提高农民生活质量，促进农业由分散经营向规模经营转变，促进农民居住向城镇集中，加快构建有常州特色和时代特征的现代农业，实现土地资源节约集约高效利用，促进城乡统筹协调发展。孟河镇积极响应常州市在 2009—2011 年建设期内建成高标准农田 6 万亩的总体目标，到 2011 年，流转土地 12000 亩，通过区、镇二级招商引资，发展高效农业，已引进农业企业 9 家进场生产，同时修筑了道路、沟渠等配套设施。

2011 年开始，按照常州市新北区"提升全区农业现代化发展水平、以发展现代农业产业园区为抓手"的规划，以孟河占较大比例的新北现代农业产业园区建设全面推进。按照规划，园区总面积 4.25 万亩，其中西夏墅镇1.1万亩，孟河镇3.15万亩。2011年7月，江苏省政府批复成立省级新北现代农业产业园区；2012年11月，市编委批复同意设置"江苏省新北现代农业产业园党工委、管委会"，作为新北区委、区政府派出机构，由孟河镇党委、政府代为管理。2013年12月，"江苏省新北现代农业产业园区管理委员会"正式揭牌成立。

新北现代农业产业园区采取与孟河镇政府合署办公的方式，充分发挥园区科学规划的引领作用，重点发展种源农业等高新农业产业、涉农深加工及贸易产业、特色高档园艺花卉产业、生态农业旅游观光产业。到2013年，园区道路、沟渠已基本建成，园区内成功引进的农业企业达32家。园区引导本镇农民以市场为导向，大力发展高效农业和生态农业。在万绥、固村巷创建水稻高产增效万亩示范片，全面实施农业新品种、新技术、新模式的"三新工程"。推广应用稻鸭共作的生产形式，培育有机大米。粮食产量连年增长，高效农业迅猛发展，农业产业化水平得到极大提升。园区新增高效农业面积10471亩、设施农业面积6200亩、高标准农田1万亩。同时，园区还加大农田水利设施基础建设，累计投入6000余万元开展浦河整治、中低产田改造、高标准良田建设以及泵站改造等工程，极大地改善了水环境。在园区基础设施方面，到2014年，5000亩核心区道路及环境提升工程正在加速推进，园区内自来水管网完成设计计划开工建设，2000平方米园区服务中心于2015年建成使用。园区还不断完善招商政策，其中已有菜根香、大娘新农、天润本草、时飞生态、圣王果蔬、泓裕生态、绿农等知名企业入驻，康乐农牧等企业正在积极洽谈入驻，园区还与青岛昌盛日电太阳能科技有限公司签约总投资12亿元、50兆瓦光伏农业大棚项目。

农业园区在支持园区企业方面，积极协助园区企业申请省级农业技术推广项目、市级高效设施项目、区级农业产业化项目等各级各类补贴等，其中2014年获得省农业综合开发办高标准农田建设项目补助4000万元，用于园区范围内的沟渠路林建设。在农业用地使用规范方面，制定下发了《关于加强新北现代农业产业园设施农用地建设管理的通知》，规范园区内设施农用地建设行为，并与国土、城管等部门联合执法，定期巡查园区企业规范用地情况，如2014年查处6家农业企业共计2300余平方米违章建筑。

目前，孟河镇正在不断提高农业科技水平，全力推进农业现代化工程建设，加快转变农业生产方式，已初步建成了一批现代农业的示范工程、高效农业的引领工程、品牌农业的带头工程、休闲农业的亮点工程。

图 2—1　农业产业园景

一　耕地

孟河镇的耕地面积数，在经历两轮乡镇合并后，从 2003 年开始，保持了基本稳定，逐年略有提升的态势，显示在城镇化加速的同时，孟河镇在保耕地红线，严格非农建设占用管理，保护有限的耕地和基本农田，挖掘耕地潜力方面所付出的努力。

表 2—2　　　　　　　**2003—2014 年孟河镇耕地面积**　　　　　（单位：亩）

年份	总耕地面积	其　中		农业人口人均拥有耕地
		水田	旱田	
2003	54292	44951	9341	0.81
2004	55985	46629	8923	0.84
2005	55466	47060	7967	0.82

续表

年份	总耕地面积	其　中		农业人口人均拥有耕地
		水田	旱田	
2006	55747	46202	9110	0.80
2007	55513	46644	8484	0.82
2008	55125	46479	8433	0.82
2009	54204	45911	8028	0.81
2010	55069	45544	8167	0.81
2011	54313	45914	8399	0.81
2012	58956	48435	10521	0.87
2013	57200	46411	10789	0.84
2014	57570	48023	9547	0.98

资料来源：根据《孟河统计年鉴（2003—2014年）》整理。

从统计数据来看，孟河镇的耕地面积约占常州市新北区耕地总面积的22%，是新北区6个乡镇中耕地最多的，从农业人口人均拥有耕地数量来看，与江苏省平均水平基本相当。按2014年的耕地数据计算，其中水田面积占83.4%，旱田占16.6%。

二　种植业

孟河镇的种植业，以粮食和油菜为主要品种，近年来，粮食生产进一步发展，平均单产稳定在424公斤以上，最高单产达478公斤，其中水稻最高单产644公斤、小麦最高单产347公斤，基本达到常州市平均水平。近年来，随着特色农业和现代农业园区建设的加快，蔬菜等经济作物的种植面积和产量不断提高。

（一）主要农作物

孟河镇的粮食种植多数分夏秋两季，夏粮以小麦为主，秋粮主要为水稻。常州市的粮食和油菜种植业一直在江苏省居领先地位，尤其是水稻种植，到2014年，已经连续12年居江苏省单位亩产第一。孟河镇的种植业以大力发展高效农业和生态农业为指引，农业服务部门从信息传播、良种推广、新技术应用、产后服务等各个环节积极扶助农民种植，使粮食和油料等作物取得了连年丰收。根据孟河镇农业服务站的调查统计，近年来，粮食作物播种面积逐年有所增加，其中粮食种植面积从 2003 年的 86259 亩增加到了 2014 年的 96129 亩，经济作物以油菜为主的种植面积从 2003 年的 4166 亩略减至 2014 年的 4001 亩。而从两季粮食的种植来看，夏粮逐年增加，秋粮有所减少。随着农业结构战略性调整步伐和农村城市进程的加快，水稻种植面积一度有所减少，一直在单产、总产水平徘徊，农民种稻积极性不高，水稻生产能力的削弱对保障粮食安全构成威胁。为此，孟河镇积极努力，增强科技投入、转变增长方式，科学合理发展优质稻米产业，促进全镇农业整体水平、提升粮食综合生产能力。不过，近两年，随着水稻高产增效万亩示范片和稻鸭共作示范方建设，以及水稻机械化种植的推广，水稻种植面积有所增加，产量也逐渐提高。

表 2—3　　　孟河镇 2003—2014 年粮食和主要经济作物种植面积　（单位：亩）

| 年份 | 粮食 | 两季粮食 | | 主要夏粮 | | 主要秋粮 | 油菜 |
		夏粮	秋粮	小麦	元麦	水稻	
2003	86259	38654	50115	37303	1022	45097	4166
2004	89120	37197	51923	35676	1060	47517	3456
2005	93060	40619	52441	39268	1044	47824	4153
2006	93419	14892	51527	40592	872	47185	4107
2007	93767	43163	50604	42535	468	46666	3292
2008	94264	43594	50670	42753	602	46072	2681
2009	94077	44121	49956	43258	606	45529	4317
2010	96687	47129	49558	46164	746	45562	4569
2011	95462	47064	48398	46195	759	44647	4405
2012	95565	47153	48412	46270	689	44623	4149
2013	96070	47315	48755	46447	691	45091	3941
2014	96129	47606	48523	46545	748	45036	4001

资料来源：根据孟河镇农业服务站资料和《孟河统计年鉴（2003—2014 年）》整理。

孟河镇从优良品种的种植入手，在水稻品种布局上，以"武运粳 23 号"为主，到 2012 年，全镇已推广"武运粳 23 号"品种 3.5 万亩，新品种种植面积占全镇水稻面积 95%，彻底淘汰了杂牌稻品种。在小麦品种布局上以"扬麦 16 号"为主，油菜以"扬优 8 号"为主。从单位产量来看，主要粮食产品和油菜的单位产量及总产量都有逐年提高的趋势。以 2013 年为例，当年夏粮平均亩产 346 公斤、秋粮亩产 625 公斤，其中小麦亩产 347 公斤、水稻亩产 639 公斤，油菜亩产 162 公斤。同年度，常州市小麦平均亩产 349.8 公斤、水稻平均亩产 642 公斤、油菜平均亩产 157.2 公斤，孟河镇的单产水平与常州市平均水平基本保持一致。

表 2—4　　　孟河镇 2003—2014 年粮食和油菜单位产量　　　（单位：公斤／亩）

年份	粮食	两季粮食		主要夏粮		主要秋粮	油菜
		夏粮	秋粮	小麦	元麦	水稻	
2003	391	185	549	186	151	591	95
2004	417	222	557	225	161	595	106
2005	389	249	510	252	170	545	110
2006	420	252	557	257	224	595	112
2007	424	274	552	276	176	585	115
2008	429	279	558	280	214	599	123
2009	444	295	573	297	218	612	130
2010	439	296	576	298	220	612	130
2011	440	296	581	298	222	615	128
2012	466	320	611	322	232	644	128
2013	478	346	625	347	110	639	162
2014	490	358	620	360	262	652	173

资料来源：根据孟河镇农业服务站资料和《孟河统计年鉴（2003—2014 年）》整理。

从总产量来看，粮食、油菜的总产均有较大提高。与 2003 年相比，2014 年的粮食总产量增加了 35.9%，其中小麦总产增加了 1.4 倍，水稻虽然种植面积略有减少，但总产仍然增加了 10.3%，而油菜虽然面积略有缩减，但随着种植水平的提高，单产相应有所提高，12 年间增加了 74.3%。

表 2—5　　　　　孟河镇 2003—2014 年粮食和主要经济作物总产量　　（单位：吨）

年份	粮食	两季粮食		主要夏粮		主要秋粮	油菜
		夏粮	秋粮	小麦	元麦	水稻	
2003	34666	7163	27503	6963	154	26650	397
2004	37179	8249	28930	8027	171	28273	366
2005	36201	10108	26093	9896	177	26064	457
2006	39274	10553	28721	10351	151	28075	460
2007	39757	11842	27915	11740	82	27310	379
2008	40496	12172	28324	12006	129	27599	300.4
2009	41673	13034	28639	12862	132	27938	561
2010	42488	13955	28533	13757	164	27884	594
2011	42054	13951	28103	13766	168	27458	531
2012	44497	15089	29408	14899	160	28723	531
2013	45785	16221	29564	16117	76	28813	638
2014	47122	17038	30084	16749	196	29384	692

资料来源：根据孟河镇农业服务站资料和《孟河统计年鉴（2003—2014 年）》整理。

（二）其他经济作物

除了粮食和油菜等主要农作物外，孟河镇的经济作物的种植主要包括蔬菜、林果等园艺类作物和草坪等。

1. 蔬菜种植

2010 年以前，孟河镇的蔬菜生产主要是本地农民利用旱田、什编田、荒地等再利用进行种植，生产的蔬菜除自留外，一般在本地菜市场进行小规模的自产自销。2010 年，新北区在孟河镇建立万顷良田项目，两家大型蔬菜基地（即菜根香和大娘水饺）进驻，孟河镇的蔬菜种植规模迅速提高，进入快速发展阶段。到 2013 年，全镇蔬菜种植面积 17095 亩，总产量 2.73 万吨，其中叶菜类种植面积 9028.5 亩，产量 1.58 万吨；瓜菜类种植面积 1525 亩，产量 1836 吨；根茎类种植面积 1739 亩，产量 2625 吨；茄果类种植面积 1057 亩，产量 1562 吨；葱蒜类种植面积 1469 亩，产量 1968 吨；菜用豆类种植面积 1195 亩，产量 1715 吨；水生蔬菜类种植面积 142 亩，产量

132 吨；其他蔬菜种植面积 940 亩，产量 1657 吨。到 2014 年，蔬菜播种面积较 2010 年提高了 50%，产量提高近一倍，专业生产的蔬菜大棚数量增加了 2 倍以上，大棚蔬菜种植面积增加了近 5 倍。

表 2—6　　　　孟河镇蔬菜种植 2010—2014 年基本情况　　　（单位：亩；吨）

年份	蔬菜种植总面积	蔬菜总产量	叶菜类种植面积	叶菜类总产量	蔬菜大棚个数	大棚面积
2010	10167	13359.6	5426	6885	50	213
2011	14329	20122.6	7337	9950	52	549
2012	15151	22538.6	7968	11388.7	63	344
2013	17095	27260.6	9028.5	15763.7	191	386
2014	15561.5	25898.6	8201.5	15160.7	160	1251

资料来源：根据孟河镇《农业年报过录表（2010—2014 年）》整理。

目前，孟河镇的蔬菜种植品种主要包括大白菜、小白菜、结球甘蓝、花椰菜、萝卜、胡萝卜、黄瓜、西葫芦、冬瓜、番茄、辣椒、茄子、菜豆、豇豆、菠菜、芹菜、莴笋、大葱、韭菜、大蒜、芦笋等。此外，还有少量的菌菇类种植，包括平菇、金针菇、鸡腿菇等。2013 年蔬菜年产量 2 万吨，年产值达 0.83 亿元，其中设施蔬菜种植面积 1530 亩，占蔬菜总面积的 18.4%，设施蔬菜年总产值 0.2 亿元，占蔬菜总产值的 24.1%，年亩效益达 1.5 万元。孟河镇设施蔬菜品种多达 20 多种，其中以大白菜栽培面积最大，达到 4300 亩。

蔬菜的销售，除了几家大型公司自产自销的部分外，主要供应万绥、孟河、小河农贸市场，少量供应凌家塘蔬菜批发市场，少数供应常州市及周边宾馆、饭店。

2. 水果及花木园艺种植

孟河镇的水果种植，包括园林水果和瓜果，总面积约 1500 多亩，在种植业中的占比比较小。主要品种包括梨、桃、葡萄、银杏、无花果、枇杷、冬枣、柑橘、山核桃、杏、石榴、草莓、西瓜、柿子、香橼等。品质较优的水果种植产品，包括树新村大树的葡萄，润江村大圩的枇杷，万绥社区万绥、郑良的丰水梨、砂糖梨、水蜜桃，南兰陵村郑良的西瓜，双亭村城南、万绥社区万绥的草莓等（见表 2—7）。

图 2—2　孟河镇蔬菜大棚

表 2—7　　　　　孟河镇水果种植 2010—2014 年基本情况　　　（单位：亩；吨）

年份	水果种植面积	水果产量	果园面积	园林水果产量	瓜果种植面积	瓜果产量
2010	1581	3862	572	2078	1009	1784
2011	1519	3834	561	2166	958	1668
2012	1509	3879	591	2304	918	1575
2013	1649	3992.5	588	2174	1061	1818.5
2014	1415	3645.5	596	2380	819	1265.5

资料来源：根据孟河镇《农业年报过录表（2010—2014 年）》整理。

孟河镇近年来还出现了一批花木园艺专业户和专业公司，主要培育和销售楸树、榉树、重阳木、紫薇、香樟、广玉兰、草花盆景等造景花木。

此外，孟河镇从 2009 年 6 月开始，由江西企业家在万绥社区率先租赁 174.3 亩土地，创建了"新北区常沪草坪种植场"开展草坪种植后，草坪种植行业开始逐渐发展壮大，目前全镇共有规模草坪种植农业企业和个人共 10 家，草坪种植面积达 3585 亩。所生产的草坪主要用于周边绿化以及环境卫生整治，或销往远近各地进行绿化。

综合来看，孟河镇近年来以蔬菜为主的高效农业发展迅速，但也存在设施类型配套不齐、设施面积小的短板，同时，工厂化种苗中心初步建成，育苗能力还较弱，特别是蔬菜种苗尚未形成影响。其他的高效农业近年来已有较快的发展，但面积比例仍较小，以 2013 年为例，全镇果园面积 588 亩，水果产量 1819 吨，花卉面积 358 亩，草坪面积 61 亩，苗木面积 89 亩。总体上，还需进一步提升产业化经营水平，延伸产业链。

三 畜牧养殖业

孟河镇的畜牧养殖业近年来的变化较大，产业结构已从传统的小规模、分散经营向以畜牧企业、专业场为主体的大规模、集约化经营转变。以 2012 年为例，全镇生猪存栏 7600 多头，其中存栏 20 头以上的规模养猪场 46 个，规模养殖比例达 70% 以上，奶牛规模养殖比例达 100%，家禽规模养殖比例达 85% 以上。近两年，全国肉禽市场价格波动较大，对孟河镇的养殖业造成了较大影响。2013—2014 年，猪肉价格整体呈震荡趋弱，而受禽流感等因素影响，2013 年全国家禽市场持续动荡，2014 年则呈现回暖。反映到孟河镇的养殖户层面，近两年，生猪的饲养量持续下降，家禽则在 2013 年快速下降后，2014 年显著回升近 50%，存栏量也提高了 67.78%（见表 2—8）。

表 2—8 　　　　孟河镇畜牧业 2010—2014 年基本情况 　　　（单位：头；只；吨）

年份	生猪饲养量	年内出栏	年末存栏	家禽饲养量	年内出栏	年末存栏	蛋类产量	肉类总产量
2010	28838	21131	7707	756247	639251	116996	901.2	2434.84
2011	130241	123014	7227	232737	109068	123669	778.2	8564.41
2012	114414	106731	7683	380906	198213	182693	783	4291.37
2013	33283	25805	7478	105059	48636	56423	590.7	1869.02
2014	30474	23683	6791	150933	56262	94671	716.7	1728.38

资料来源：根据孟河镇《农业年报过录表（2010—2014 年）》整理。

四　渔业、林业

（一）渔业

孟河镇从 20 世纪七八十年代开始开挖部分格方养鱼塘，实际放养面积较少，90 年代初，仍以村边自然池塘养殖"四大家鱼"为主，90 年代中期，兴起开塘养猪热潮，在粮田中推挖了一批鱼塘，实行鱼蚌混养，此后珍珠价格大跌，大批鱼塘复垦为粮田。2000 年后，新增了一批特种水产养殖专业大户，主要养殖河虾、河蟹，部分新增一批以垂钓为主的观光农业企业，通过推挖鱼塘，养殖鲫鱼、鳊鱼、草鱼、青鱼等鱼类，营造优美的环境开发"农家乐"旅游。到 2013 年，全镇共有水产渔业面积 4500 余亩，其中特种水产面积 1100 余亩，"农家乐"垂钓池塘面积 400 余亩。

（二）林业

孟河镇的林业主要以绿化林为主，根据 2013 年 3 月新北区组织国家林业局华东林业调查设计院林业调查显示，全镇绿化总面积 1034 公顷（1 公顷＝15 亩），其中天然林 70 公顷，人工防护林 791 公顷，经济林 64 公顷，四旁树木 63 公顷，苗圃 46 公顷。2013 年 4 月至 2014 年 6 月，全镇又新增绿化面积 168 公顷，其中人工防护林 45 公顷，四旁树木 25 公顷，苗圃 98 公顷。共有绿化总面积 1202 公顷，绿化覆盖率约 16％。

林业产品方面，部分农户栽种梨树、桃树、李树、杏树、枣树、苹果等，少数人家栽种竹子，除自用外，均上市销售。20 世纪 80 年代始，个别农民培育名贵花木销售市场，有的成为了花木专业户，近年来全镇各花木专业户年均销售观赏花木、绿化苗木万余。

五　农业科技和农技服务

孟河镇历史上的农业耕作制度一般为一年两熟，以水稻、小麦为主，夏熟作物为三麦，秋熟作物为水稻，还有部分大豆、花生、黄麻和小杂粮。种植区域分为上滩区和下滩区，上滩区占全镇现耕地面积的 2/3，但由于缺乏灌溉手段，收成好坏主要靠天气，粮食总体产量低而不稳，素称武进的"西伯利亚"。随着农业科技的进步，生产技术得到不断的提高，粮食产量连年增长。

近年来，在农业产业结构发生较大变化的情况下，孟河镇农业科技服务部门引导本镇农民以市场为导向，大力发展高效农业和生态农业，从信息传播、良种推广、新技术应用、产后服务等多方面为农民提供服务。使高效农业迅猛发展，农业产业化生产得到大幅提高。

（一）农业科技水平的提高

1. 水稻生产科技的革新

水稻的传统生产方式，一直以手栽稻为主体，20世纪90年代中期，孟河镇的农业科技人员开始探索省工、节本、高产的农业适度规模经营技术，遂逐渐探索新的生产方式。在试验示范的基础上，从2003年开始大面积推广水稻直播生产技术，该方式分为旱直播和水直播两种方式，分别在上滩和下滩进行推广。但是，尽管直播稻同手栽稻相比，免除了传统育秧、移栽用工，使稻作生产简易轻松，但仍存在一系列的弊端。

随着经济的发展及农村劳动力的大量转移，水稻种植的机械化成为新的发展方向。从2009年开始，孟河镇大面积推广水稻机插秧生产方式。2009年全镇机插秧面积达11608亩；2010年4387亩；2011年9450亩；2012年10281亩；2013年11057亩；2014年达到13617亩。

通过大面积推广水稻机插秧，孟河镇的农机合作组织也得到了迅猛发展，到2014年6月底，目前正常运转的农机合作组织全镇已经拥有20多家，基本上覆盖全镇17个村（社区）。与此同时，区、镇两级政府也在为机插秧的大力推广保驾护航，年初与各村（社区）签订责任状，按照签订的作业任务书和实际机插秧作业面积，对实施作业的农机服务组织或农机户给予30元/亩的区级财政补贴；对落实机插秧作业任务的村委，镇财政按实际作业面积给予4元/亩的考核工作经费，有效地促进了机插秧这种新型生产方式的推广。

在实践过程中，由于机插稻育秧技术要求高、插秧成本高，近年来的机械播种面积也出现了一定的反复。孟河镇的农业科技服务人员通过技术培训，引导农民掌握直播稻的田间管理技术和丰产手段。

同时，农业科技服务部门通过推广水稻种植中的关键技术，推广新技术示范种植，进一步提升水稻的生产能力。

孟河镇水稻种植的关键技术包括四条，第一是狠抓水稻轻型栽培技术。压缩直播稻，大力推广机插秧（见图2—3），直播稻以水直播为主，指导农户和农机合作社做好商品化集中育秧。第二是狠抓种子处理，减轻种传病害。第三是狠抓水稻病虫草的综合防治工作。第四是推广测土配方施肥和秸秆还田技术。

图 2—3　农民使用插秧机械

近年来，孟河镇还在推广水稻高产增效万亩示范片和稻鸭共作示范田建设上做了积极的探索。2012 年，孟河镇农业服务站在四个村庄集中连片的一万亩土地上，建设水稻高产增效万亩示范片，全面实施农业新品种、新技术、新模式"三新工程"，推广优质高产水稻新品种，发展机插秧高产栽培技术、测土配方施肥技术、精确定量栽培技术、病虫草害综合防治技术等；加强农业科技培训力度，统一品种、统一育秧、统一机插秧、统一技术指导，努力提高单产，经测产，万亩示范片水稻平均亩产725.5 公斤，比全镇平均亩产高 50.1 公斤。

另外，农业服务站还提供优质种苗、技术服务，指导部分水稻专业生产单位，采用稻鸭共作的生产形式，培育有机大米。每亩稻田养鸭 15 只，稻田全程不施用农药和化肥，通过鸭在稻田中除草、吃虫、鸭粪肥田，达到培育无公害大米的目的。2012 年水稻实测亩产 415.3 公斤。

2. 小麦生产科技的革新

孟河镇的小麦生产科技的变革，主要是播种技术的更新。孟河镇的稻茬小麦占播种面积的 70% 以上，由于偏迟熟粳稻北移和本地基本实现粳稻化，导致水稻稻茬越来越迟，季节越来越紧，不利于稻茬小麦适期播种和提高播种质量，小麦适宜的播种期较20世纪八九十年代推迟了5—10天，从20世纪末开始，稻田套播麦技术开始得到应用，其操作程序为"套种前1天至2天稻田灌跑马水—及时排干（保持土壤含水量为田间最大持水量的90%—100%）—适墒套种—在水稻收割前7天至10天套种—三套（套肥、套药、套种）配合，适当增加播量—水稻收获—补种（重点是对水稻收割时机械掉头的地方）—及时进行稻草、秸秆覆盖—补施苗肥"，之后管理与常规一致。

近年来在推广的小麦降苗扩行条播技术，是适期适耕条件下高产的播种方式，但由于水稻收获期的推迟，迟播小麦面积不断增加，需因茬口做好稻茬小麦套种、机械均匀撒播等技术的推广应用。在保证播种质量的前提下，通过合理施肥，化学除草，及穗期病虫害防治等技术的应用，保证了小麦的连年丰收。

3. 农机化发展水平的提高

近年来，孟河镇通过加速农机化生产水平，大力实施农机推广工作，通过扶持农机专业合作社、投入农机推广资金、推广农机保险、举办农机培训活动、收集提供农机需求信息等方式，新增各型拖拉机、收割机、插秧机、灭茬机多台，有效提高了全镇农机现代化水平和农机专业户的收入。

（二）农业科技服务方式的更新

近年来，孟河镇农业科技服务的内容，主要是在农业产业结构调整的环境下，扶持农业专业化和产业化的发展，落实各种惠农政策，同时通过各种方式做好农业技术的推广和服务。

第一是推进产业结构调整和扶持专业大户的发展。近年来，孟河镇农业服务部门利用"新北现代农业产业园"建设的契机，大力发展高效设施农业，不断增加产业结构调整的有效投入，在市、区、镇三级政府的支持下，对重点农业企业和专业大户，在设施投资、良种引进、新技术应用上进行资金扶持。积极引导规模小的农户向专业大户方向发展，引导农业企业的发展壮大，引进发展高产、优质、高效的"二高一优"农业项目。

第二是认真落实各项支农惠农政策。近年来，各项支农惠农政策频频出台，对提高农民种田积极性有极大的推动作用。全镇所有粮田得到了农资补贴，2014 年补助金额每亩已经达到 148.4 元。在此基础上，由镇政府全额出资，对稻麦种植进行了农业保险。

第三是加强农产品质量监管。为确保全镇农产品质量安全，加强对农产品质量监管，农业服务站每月对上市农产品实行二次质量抽检，对检测不合格的农产品实行销毁，确保生产的农产品不发生食品安全事故。

第四是采取多种形式，搞好农业技术推广和服务。包括：

- 编辑发行《孟河农技信息》小报，举办专业技术培训，印发多种经营技术资料等；
- 开通"镇农服站"短信平台，每逢关键生产季节和特殊性灾害天气，及时向村级主要领导、科技示范户和种粮大户发布信息，以防患于未然；
- 利用站办农资门市部，进行黑板报宣传，并配合专业技术人员辅导，既开"药方"，又卖农药，收到较好效果；
- 及时召开现场观摩会，让农民亲眼看见新技术的应用；
- 开通热线电话，应接农户来电咨询；
- 接待来访农户，发现疑难问题，逢到农民稻麦生产过程中遇到了难题，第一时间奔赴现场进行诊断、处理、解决。

（三）农业科技服务的案例及效果

孟河镇的农业科技活动，主要是从 2011 年开始，对水稻进行科技入户活动，在此基础上，从 2012 年开始，实施全国基层农技推广体系改革与建设补助项目，按照"科技人员直接到户，技术要领直接到人，良种良法直接到田"的工作目标，围绕主推品种、主推技术，加大科技示范力度，强化技术服务，有效地加快了科技成果的推广步伐，为实现全镇粮食增产、农业增效、农民增收发挥了重要作用。具体工作方法是：

1. 建立班子

为确保项目的顺利实施，镇成立领导小组，把科技入户工作纳入重要议事日程，结合全镇实际，制订"孟河镇水稻科技入户工程实施方案"，明确目标任务、实施范围、实施步骤和技术指导方案，推广优质高产品种及其综合配套技术。

2. 宣传发动

在实施村的交通要道及人流频繁活动场所悬挂横幅进行宣传，使广大农户对农业科技入户工作从感性上有一个认识，同时利用广播、有线电视、黑板报、召开会议等各种途径广泛宣传，扩大影响，加深理解，为示范户遴选营造良好的舆论氛围。

3. 组织实施

首先，确定分管栽培、植保、种子、土肥等专业的同志为水稻科技入户的技术指导员；其次，确定水稻科技入户实施村后，按照公开、公平、公正的原则，经广大农户自愿申报，村民委员会推荐，报农业综合服务站遴选、镇政府审核、区农业局批准，确定水稻科技示范户，在所在村的宣传橱窗进行公示，明确指导服务对象。

4. 狠抓落实

（1）抓宣传发动，搞好技术培训。切实抓住项目实施的有利契机，把技术培训作为项目实施的头等大事来抓。同时，针对培育壮秧、机械插秧、大田管理等关键时期，搞好现场，实地培训村农技人员和承包机手，做到看得见、摸得着、学得会，扩大示范辐射作用。

（2）抓关键技术，促进科技入户"五到位"。一是入户指导到位，技术指导员入户指导 20 多次，每户入户时间计 70 多小时，技术入户率和到位率均达 100%。做到进农家门，说农家话，知农家情，做农民朋友贴心人。二是技术培训到位，坚持以田间为课堂，以实践为手段，组织培训并指导实施。三是主推品种和技术到位，栽培上坚持选用高产优质稻品种。四是示范辐射到位，在确定通过每位示范户各自辐射带动邻近周边 20 户农户，辐射带动户的产量和效益也得到了显著增加。五是物化补贴到位，为科技示范户实行物化补贴：从水稻育秧前开始，对中国移动手机用户发送《农家致富》手机报免费一年；在水稻栽插前，根据科技示范户上年示范带头、发挥作用的情况，每户发放水稻专用测土配方肥 1—5 袋，每袋价值 60 元人民币。

5. 科技入户、成效显著

（1）水稻增产增收效果显著。通过农业科技入户，改变过去单一服务为综合技术服务，收到了明显的成效。科技示范户种植的水稻长势明显好于非示范户，通过对科技示范户、辐射户、非科技示范区农户的水稻产量分析，科技入户显现出增产潜力，达到科技入户目标任务。科技示范户水稻平均亩产均比上年增长 10% 左右，水稻平均每亩总收入比上年增长

15%左右，科技进步对农业的增长贡献率有极大提高。

（2）农技人员的综合能力进一步提高。科技入户建立了"技术人员直接到户，良种良法直接到田，技术要领直接到人"的技术转递模式，提高了科技人员的综合素质和实际工作能力。通过项目的实施，既传授了技术，又联络了感情。

（3）科技示范户的"三个"能力得到明显提高。在"技术人员直接到户，良种良法直接到田，技术要领直接到人"的技术转递模式的推动下，广大农技人员直接进村入户，面对面地传授农业技术、手把手地帮助农民致富，广大科技示范户的学习接受能力、自我发展能力和辐射带动能力得到明显提高，一个示范户领头、辐射户紧跟、一般户追赶的农业科技应用氛围逐渐形成。

（4）农技推广模式得到进一步创新。实现了"科技人员直接到户，良种良法直接到田、技术要领直接到人"的农业技术转递模式，为广大农技人员搭建了一个施展才华的平台，锻炼了农业科技队伍，加深了农技人员与农民群众的感情，受到了农民群众的普遍欢迎。另外，探索和实践"专家＋技术人员＋科技示范户＋辐射带动户"的政、技、物相结合的农技推广模式，促进技物紧密结合，技术人员包村抓户，实现良种良法服务一步到位，实现了农民群众满意、科技人员满意、各级政府主管部门满意。

通过科技入户工作的实践证明，效果充分体现，是一项利民工程、惠民工程、富民工程，是党和政府在新时期、新形势下创新的农业技术推广机制，能整体提高农业综合生产能力，有利于土地规模经营和农业产业化的发展，有利于促进农村社会和谐的发展。

第二节　农业生产的专业化与产业化

随着城乡一体化进程的加快，农业生产不断走向专业化和产业化，发展特色农业，加快农业转型升级，成为农业现代化的必由之路。孟河镇近年来以农业产业园的建设为抓手，大力发展特色农业，引导农民走专业化生产的道路，推动农业产业化发展，提高农业市场化的运作，使农业生产日益走向优质化、规模化和特色化的发展道路。

一　农业专业化生产

20 世纪，孟河镇的农村土地承包经营流转，主要是极少数的本地种粮大户，进入 21 世纪以来，土地逐渐向外地种田大户手中转移，据 2014 年初调查统计，全镇 57200 亩总耕地面积中，有 25600 余亩由各个农业企业和种粮大户种植稻麦，有 14500 余亩分布在各村（社区）种植蔬菜、林果等园艺类作物和草坪，以及用于畜禽、水产养殖等，全镇已有超过 40000 余亩土地通过土地流转用于专业化生产。以下通过介绍不同专业的生产企业的案例，来展示孟河镇农业专业化生产的状况。

（一）蔬菜专业种植典型企业

1. 常州市绿农生态农业有限公司：芦笋种植面积 260 亩，产值 800 余万元

公司创办者为常州市新北区小新桥镇人，2006 年 11 月在孟河镇河北巷村承包土地 160 亩，创办常州市绿农养殖有限公司，采用大棚种植无公害蔬菜 100 亩，开挖苗蟹养殖池 50 亩，建造养殖黄粉虫的养殖房 500 平方米，利用自己种植的无公害蔬菜养殖黄粉虫，利用黄粉虫培育蟹苗，黄粉虫烘干加工后是高级美容营养品，正在市场开发。

2007 年 11 月，根据市场对鲜切花需求量的日益增长，公司在园区周边扩大承包土地 200 亩，建立现代农业示范基地，种植鲜切花花卉、苗木、生态林果等。

2011 年，根据市场形势，及时进行企业生产的转型，企业升级为"常州市绿农生态农业有限公司"，除保留少部分土地进行新型鲜切花——天堂鸟示范种植外，对大片土地进行产业结构调整，改种在国际市场上享有"蔬菜之王"之称的芦笋，2011 年各项农业指标达 800 余万元。2011 年 6 月被评为江苏省农业产业化新北区龙头企业。

2. 常州市菜根香生态农业有限公司：年产蔬菜 13800 吨，年销售收入 3800 万元

常州菜根香生态农业有限公司成立于 2009 年 6 月，注册资金 1800 万元，流转土地 4300 余亩。基地位于常州市新北区西夏墅镇和孟河镇，地处新北区万顷良田的核心区域。公司周围无任何工业污染源，具有良好的生态优势。

公司以种植无公害绿色高效蔬菜为主，把产地环境无害化、菜农素质道德化、生产技术标准化、管理手段科学化作为公司的经营宗旨。基地目前为本企业餐饮公司进行农餐对接，从农田源头保证食品安全，实行从"田头到餐桌"的全程监控，还与各超市、学校、企事业机关单位食堂进行了农超、农企的对接。基地采用市场化运作方式，创新种管模式，形成了良好的生产经营数字化标准种植园区。

公司不断加大投资力度，健全销售网络，联合科研部门，加强技术协作，实施从品种到技术、从信息到管理的创新。通过统一品牌、统一标准、统一技术、统一营销，辐射带动周边农户发展蔬菜瓜果产业，以品牌化、标准化、优质化的时鲜蔬菜瓜果的规模化生产和配送服务，将菜根香生态农业有限公司建设成为常州最大的绿色蔬菜基地，立足常州中心城市，积极开拓长三角大中城市中高端市场，成为常州农业的亮点。

2011 年，该公司年产蔬菜产量 13800 吨，年销售收入 3800 万元，新增就业岗位 36 人，带动农民人数 1586 户，同时吸引周边劳动力总计 400多人，为当地农民新增劳务收入约 400 多万元。2011 年 6 月被评为江苏省农业产业化新北区龙头企业。

该公司还积极为周边农户提供试种成功的精选种子，免费发放优质种苗，为农户提供种植技术，同时通过积极拓宽各种销售渠道并将已获取的需求信息及时告知周边农户并帮助他们销售，使他们紧跟市场，生产出适销对路的产品。

3. 江苏大娘新农业投资发展有限公司：建立专向配送蔬菜生产基地

江苏大娘新农业投资发展有限公司（以下简称大娘新农）是江苏常州大娘水饺餐饮集团股份有限公司于 2010 年投资设立的全资子公司，注册资本为 3000 万元。大娘新农依托大娘水饺的品牌，计划用 5 年时间总投资 38000 万元，将万亩农田打造成集绿色蔬菜基地、农业科技示范、生态环境保护等于一体的现代农业产业园区。

2011 年，项目一期先行开发约 4550 亩，分水饺馅用蔬菜种植、萝卜种植和物流配送三个功能区。其中，馅用蔬菜的种类主要包括白菜、青菜、韭菜、茼蒿等品种，种植技术上采用了标准钢架大棚、智能温控、防虫网、节水灌溉等先进技术。多种菜品已采用订单式种植模式，采用自产自销的方式定向供给大娘水饺集团旗下食品公司，年生产蔬菜 12000 吨，总产值达 3300 万元。计划二期地块以综合服务为特色，分别设置种苗区、精品蔬菜园、创业园、研发与休闲四个功能区，其中 45 亩的穴盘育苗场和 10 亩的食用菌菌种场，通过引入循环农业、循环利用的概念，将有效带动当地农民的参与和增收。目前已建有占地 9600 平方米的玻璃温室阳光大棚，用于种苗的研发、繁育。

大娘新农自项目运营以来推行"公司 + 农户"的经营管理方式，将现代工业管理理念植入农业生产。在着力解决大娘水饺集团公司食品安全、原材料供应的基础上，设立大娘新农基地蔬菜直销连锁店，构建具有大娘水饺特色的绿色蔬菜连锁经营模式。

（二）农产品种植、加工专业典型企业

常州新区怡泰食品有限公司：无花果种植、加工

常州新区怡泰食品有限公司，成立于 1995 年，一直从事食品生产的加工制造，现有员工 100 多人，有固体饮料、液体饮料、方便食品、糖果、威化饼干、果浆等五大类 6 条生产线，常年生产 100 多种不同规格产品。产品畅销于江浙沪、东北、京津等地区，"怡泰"牌桂花酸梅晶更是盛销于北京市场，销售渠道也逐步从商超市场走向餐饮市场，从国内走向国外，产品主要销往新加坡、马来西亚、美国、中国香港等国家和地区，年出口 100 万美元。最近几年产品出口额都以 30% 的速度递增。公司还多次获得"常州市新北区先进农业企业"、市政府颁发的"农业产业化经营龙头企业"等称号，公司产品多次被评为"常州市名牌产品""常州市名优农产品"，"怡泰"牌和"三新"牌商标被评为"常州市知名商标"等等。

2009 年，该公司在孟河镇白兔墩村建立了无花果种植基地，并于 2010 年在常州市商检局申请成为新北区首家出口种植基地，基地面积 200 亩，以种植无花果为主，年产无花果 400 吨，主要用于加工生产饮料、无花果茶片等产品。实现了企业对基地的直接管理，并建立了一系列的基地管理程序，确保基地农作物从种苗、种子、水源、土壤、农药、施肥等生产环节按文件要求执行，承诺坚决不使用国家禁止使用的农药、化学和其他有毒有害的化学物质。

公司通过和镇江丘陵地区农科所及江南大学技术合作，在"以科技为本，自主种植，打造品牌"的经营宗旨下，采用"公司 + 基地 + 农户"

的生产模式，发展订单生产。并与周边的其他无花果种植基地紧密合作，进行集中连片规模化发展，形成了完整的产业链。这样不仅保证了原料的稳定供应，减少了原料供应不足和价格波动的风险，而且还能将产品质量控制从基地一直衍生到产品下线，更好地保证了产品的质量。此外，基地的发展还给当地农民带去了先进的农业技术，增加了当地农民的收入，促进了整个常州的无花果产业的发展。

（三）特种农业种植典型企业

1. 常州市齐梁果树种植专业合作社：优质果木种植、科研开发

原孟河镇农技站站长周凤鸣（江苏省劳模、高级农艺师），2003 年创办常州市向阳果树栽培有限公司，承包万绥村、郑良村、蔡家庄村的土地，建立优质高产砂梨生产基地，总面积 300 亩，总投资 200 万元。

公司集果树研究、新品引种、示范推广、苗木繁育于一体，着重引进日本、韩国砂梨优质高产配套技术的应用，与江苏省丘陵地区农科所紧密合作，得到了不断壮大和发展，现有果树种植面积 500 亩，主要从事梨、桃、杏、草莓等果品的生产，是集科研、开发于一体的现代农业科技型企业、常州市农业高新技术企业、省市民营科技企业、江苏省质量信得过企业、江苏质量诚信科普生态示范果树基地、常州市休闲观光农业协会会员单位。

2008 年在公司的基础上组建了常州市齐梁果树种植专业合作社，合作社有成员 312 名，通过不断对外交流、消化吸收，在二次创新的基础上，已拥有一批应时鲜果新品种和绿色食品果品生产技术，积累了一套科技创新和成果示范的本领，先后制定梨、桃、杏、草莓等无公害农产品、绿色食品生产技术操作规程。亩产优质果品 1500 公斤，果品销售总额在 600 万元以上，利税 100 万元，果品主要销售长三角都市圈各城市。

2005 年，无公害砂糖梨产地和"奇而佳"无公害砂糖梨产品获得了认定和认证，2008 年"奇而佳"牌砂糖梨荣获"常州市名特优农产品"称号，2010 年建立了果品质量检测室。"奇而佳"牌水蜜桃、砂糖梨分别获得了绿色食品认证，"奇而佳"牌绿色食品砂糖梨被评为常州市第十届、第十三届名优农产品，"奇而佳"牌商标 2010 年被认定为常州市知名商标。2011 年"奇而佳"牌砂糖梨再次获"常州市名优农产品"。2011 年生产桃、梨等 450 吨，销售收入 600 万元。2011 年 6 月被评为江

苏省农业产业化新北区龙头企业。

2. 江苏齐梁故里农业生态有限公司：新型果树种植、新特农产品种植

江苏齐梁故里农业生态有限公司由本镇农户陈国东创办于 2007 年 10 月，前身是常州市齐梁故里农业生态园有限公司，位于常州市新北区孟河镇孟城社区孟城村、城北村，紧临孟河小黄山开发区，充分利用小黄山风景区附近东山脚下阳光充足、土壤肥沃、风景优美的地域优势，依山傍水，风光秀丽，发展特色农业。

公司占地 656 亩，利用天然地理资源，引进新型果树品种 10 余种，进行分片种植，栽种以新一代鲜食枣良种脱毒动枣（别名"苹果枣"）和日本水蜜桃为主，搭配种植白玉枇杷、大棚草莓、风水梨、杨梅、石榴等新品果树。

栽培品种以新、特、奇为宗旨，以品质优、产量稳为目标，以观光农业和生态农业为发展方向。2010 年又新开发种植紫薯，"齐梁故里·孟河"牌紫薯已被评为常州市无公害农产品。

公司经过几年来的摸索，在栽培技术逐步成熟的情况下，规模效益已十分明显，2011 年农业产值达 1000 余万元，创造净效益约 60 余万元。2011 年 6 月被评为江苏省农业产业化新北区龙头企业。

2013 年 3 月，公司的创办人陈国东又注册了常州市第一家家庭农场，陈国东从现承包的土地中开辟出 300 亩作家庭农场，投资 5600 万元，主要发展精品果树种植、采摘和观光业务。目前已开辟生态旅游项目，组织吸引游客采摘圣女果、草莓、无花果、冬枣、猕猴桃、芋头、红薯、花生、玉米等果菜，还能体验植树、挖野菜、香椿采摘、做豆渣饼、挖野蒜等农事活动，并提供垂钓、品尝新鲜有机农家菜等服务。

3. 新北区孟河明阳农庄：葡萄、大豆种植

明阳农庄是万绥村党支部共产党员柴陈露以"农业增效、农民增收、农村稳定"为目标，以市场为导向，以发展"高产、优质、高效"农业为中心，加快发展农村经济，更好、更快地带动一方致富，在原万绥农科站基地原有土地的基础上，充分开发利用周围闲置土地资源及一般种植用地，统一进行格田成方后，于 2008 年 3 月创建新北区孟河明阳农庄，种植特种经济作物。

目前农庄规模 103 亩,近年开发种植的农产品有:高效多季葡萄,该品种的葡萄,具有早熟、无核、粒大、色艳、味甜、果形紧凑、耐储运、四季多次结果等特点,全年亩产达 10000 斤以上,经济效益可观,农庄还自酿并供应红葡萄酒、白葡萄酒;新世纪豆王——中吨大豆(代号 158),经济效益一般每亩可获净利 3500 元左右。

该农庄集新品引进、果品研究、示范推广于一体,着重引进优质高产配套技术的应用,以基地带动农户发展,带动了周边农户共同致富,有利于形成"一村一品"的产业化、规模化特色农业。对促进本地农村产业结构调整、丰富果品市场、为推进农业增效、农民增收起到了示范推动作用。农庄规划在土地增加、周边种植户加入、规模扩大后,进一步引进新的高效农产品并进行自主的育种试验,成立相应的专业合作社。

(四)农机、农产品加工专业典型企业

农机服务和农产品加工是农业生产现代化过程中发展迅速的产业,近几年来,孟河镇的相关企业发展迅速。2009 年 10 月,孟河镇东亭村村民恽裕堂率先注册成立"常州市东港农机服务专业合作社",然后,"常州市蒋兆忠农机服务专业合作社""常州市蒋文明农机服务专业合作社""常州市郑良农机服务专业合作社"相继成立,这些农机合作组织的经营内容为"组织采购、供应成员所需的农业机械;为成员提供机耕、收割、插秧、植保护、秸秆还田服务;开展农业机械技术培训、技术交流和咨询",特别是在机插秧的推广上,试行成功商品化集中育、供秧技术,即统一代育秧、小麦收割后带秧机插,机插结束、返青活棵后经农户验收完毕再收取一定的机插费用,深受广大农民的喜爱。

常州市云丰农机服务专业合作社经过近几年的经验摸索与积累,与常州万绥粮油有限公司、江苏云丰家庭农场有限公司合作,为打造食品流通环节质量安全,从田间到餐桌的一体化产业链,进一步保障食品安全,使老百姓吃上放心粮。同时,在镇政府的大力支持下,开始积极探索新的土地流转机制:

一种是以现金支付土地流转费用,这是传统的土地流转方式,按照实际价格和流转周期结算流转费用,以村(社区)为单位,每年在秋收时结算流转费,并确保流转户能在年终分配时拿到提低流转费。

另一种是以大米支付流转费用,即以流转方土地的地理位置及道路、河沟的利用为基础，提供在流转土地上生产的优质稻谷为原料加工的无公害大米，并保证大米的品质和口感，最终合作社以票据的形式发放到每个流转户，合作社将新鲜大米派送到各村（社区）指定的售货点，流转户用票据换购大米，如果流转户票据折换成的大米有余，也可用票据兑换等值于大米市价的现金，这样，大米价格的上涨等同于流转土地价格的上涨。

作为常州市云丰农机服务专业合作社的合作单位江苏云丰家庭农场有限公司，是从2013年中央一号文件（即《关于加快发展现代农业进一步增强农村发展活力的若干意见》）颁布后，为创新农业生产经营体制，稳步提高农民组织化程度，稳定农村土地承包关系，按照文件要求的"坚持依法自愿有偿原则，引导农村土地承包经营权有序流转，鼓励和支持承包土地向专业大户、家庭农场、农民合作社流转，发展多种形式的适度规模经营"而于2013年成立的新型经营主体，具有时代性。

另一家合作单位——常州万绥粮油有限公司，成立于1992年，是一家以大米加工、销售为主以及承担常州市成品粮油应急储备的企业，建有高标准现代化粮食存储仓库，拥有仓容1万吨、日产120吨大米的生产流水线和4台24吨的三久谷物低温干燥机流水线，在整个常州地区大米加工企业中层指可数，2011—2013年连续三年被评为"常州市放心粮油示范加工企业"，公司生产的品牌大米，不仅远销上海、广州、福建、浙江，还在本地热销，丽华快餐、明都超市、信特超市都是长期稳固的销售客户，都与其建立了良好、诚信、互利的合作关系，是常州市农业产业化龙头企业，公司积极推广"农业龙头企业＋农民专业合作组织＋基地＋农户"的农业产业化经营模式，大力发展订单农业，降低农业风险，不断提高产业化经营的规模化、组织化、市场化和集约化程度。

以上三家农业企业实际上是三位一体，现已形成一体化产业链，为了确保大米的质量安全能使老百姓放心，从原粮抓起，家庭农场采用集中采购的办法，统一提供种子、农药、化肥，按照无公害标准进行耕种，由合作社全部回收所生产的稻麦，及时烘干入库，保证原粮不变质、不霉烂，粮油有限公司采用先进的粮食烘干办法，通风、冷藏使谷物保持新鲜，由有资质的粮食保管人员统一保管，以便随时可以加工新鲜大米，再采用先进的大米加工技术，切实保证了大米的品质安全。

（五）花木生产专业户

1. 花木生产专业户

孟河镇近年来发展了一批花木养殖专业户，多数是中小规模的企业和专业合作社，以供应本地和周边地区观赏花木、绿化苗木为主，主要有以下企业：

- · 常州市金土地农牧科技服务有限公司：楸树、榉树、重阳木等97亩；
- · 新北区米奇苑农业科技有限公司：紫薇、香樟、广玉兰等50亩；
- · 新北区孟河风顺花木种植场：红叶石楠35亩；
- · 常州帝景植物园有限公司：花卉苗木110亩；
- · 常州市南兰陵花木有限公司：榉树、榆树、日本樱花等50亩；
- · 常州市东岳花草种植专业合作社：草花盆景20亩。

2. 草坪生产企业

孟河镇原先没有草坪种植业，2009年6月，江西企业家在万绥社区万绥4、5、13组率先租赁174.3亩土地，创建了"新北区常沪草坪种植场"开展草坪种植后，草坪种植行业才开始在孟河镇的土地上如雨后春笋般逐渐发展壮大，现全镇共有规模草坪种植农业企业和专业户共10家，分别是新北区常沪草坪种植场400亩、常州高科农业科技有限公司600亩、江苏大娘新农业投资发展有限公司160亩、新北区孟河泉明草坪种植场228亩、新北区孟河春盛草坪种植场472亩、新北区孟河顺洋草坪种植场370亩、新北区孟河志明草坪种植场200亩、新北区孟河磊磊草坪种植场115亩、石桥村郭河金建龙个人890亩、银河村卞兴个人150亩。所生产的草坪主要用于周边绿化以及环境卫生整治，或销往远近各地进行绿化。

（六）专业生产收入情况

农业的专业生产，使农户经济效益取得了较大的提高，例如，常州市向阳果树栽培有限公司年营业收入550万元，年利润95万元，从业人员50人，带动农户120户；江苏故里齐梁生态有限公司年营业收入250万元，年利润35万元，从业人员80人，带动农户100户。

二　农业产业化

（一）特色农业的发展

孟河镇的特色农业发展，从2000年之后，新增了一批特种水产养殖专业大户，主要养殖河虾、河蟹，在此基础上新增了一批以垂钓为主的观光农业企业，通过推挖鱼塘，养殖淡水鱼，此外，一批果木、蔬菜种植企业也应运而生，通过观光农业，吸引游客，营造优美的"农家乐"旅游。

如新北区江边垂钓山庄就是最早开发农业旅游的新型农业生产企业，其前身是新北区小河江边垂钓山庄，由孟河镇斜桥村村民于2006年2月创办，该垂钓山庄以养殖长江名贵鱼类新品种为主，地点紧临长江大堤，占地80亩，养殖水域面积60亩，饲养以长江鮰鱼、长江鳜鱼、长江白鱼、长江鲇鱼、黄颡鱼、长江龙虾等长江名贵鱼类为主，搭配常规青、草、鲢、鳊、鲫鱼等品种。该垂钓山庄常年实行水流循环，小鱼精养，大鱼扩塘，轮捕轮放的饲养模式。同时积极开发农业旅游，引进游客，进行垂钓休闲，发展餐饮业，品尝"长江三鲜"，走产、销、游一条龙服务的新型渔业生产模式，为开发特色农业创出了一条新路。

其他主要特种养殖水产的企业有：常州市元合水产养殖有限公司水面面积700亩，其中以养殖虾、蟹的特种水产面积400亩；常州市蔡家长沟水产养殖专业合作社全部以养殖虾、蟹的特种水产面积600亩。

其他以垂钓为主的观光农业企业还有：常州市21世纪农业科技有限公司水面面积35亩；江苏齐梁故里农业生态有限公司水面面积30亩。

2008年，常州市向阳果树栽培有限公司成立，承包万绥村、郑良村、蔡家庄村的300亩土地，建立优质高产砂糖梨生产基地，集果树研究、新品引种、示范推广、苗木繁育于一体，主要从事梨、桃、杏、草莓等果品的生产、采摘业务，果品主要销售长三角都市圈各大城市。

紧接着，位于常州市新北区孟河镇孟城社区的江苏齐梁故里农业生态有限公司利用紧邻孟河小黄山开发区的地里优势，充分利用小黄山风景区附近东山脚下阳光充足、土壤肥沃、风景优美的地域优势，依山傍水，风光秀丽，正式开始发展特色农业。

孟河镇作为国家级"中国历史文化名镇"、常州市级中心镇扩权强镇的试点镇，为使孟河镇成为江苏省旅游带动型城镇化先导区、长三角文化旅游新名片、国家级生态文明示范区，按照2015—2024年孟河镇农业总体规划的设想，孟河镇将充分围绕历史文化名镇建设的氛围，依托小黄山风景旅游开发，以江苏齐梁故里农业生态有限公司的吃农家饭、认养农家田、做农家活、垂钓、有机蔬菜种植、瓜果采摘和新北区现代农业产业园的观赏草坪种植基地、油菜花海、有机蔬菜种植、采摘等农业企业构成休闲、观光农业带，在此基础上，对现有景点进行梳理、包装、整合，在保持原有规划结构不变的基础上，以景点带景点、串珠成线、旅游先行的理念，形成以小黄山风景区、孟河古镇区、万绥老街区为主，休闲农业为辅的四大旅游综合片区，将其串点成线。以旅游开发、修复生态、整合资源，吸引游客，促进旅游发展互惠互动、良性循环的思路，整合孟河古镇文化、山水文化、帝王文化、田园文化，打造"孟河"大品牌，打造孟河历史文化古镇一日游的游览路线，让游客体验到"游古城孟河，览秀美山水；悟齐梁文化，瞻名人故居；品无穷美食，住田园农庄；享静谧自然，绘畅淋身心！"的快境，使我镇成为集文化、休闲、度假、生态旅游于一体的旅游度假胜地，带动全镇的整体发展，真正把我镇建设成为"孟河古城文化休闲旅游区"。

（二）农产品基地建设

2010 年以来，新北区在孟河镇规划建立"万顷良田"项目，两家大型蔬菜基地——菜根香和大娘水饺——进驻以来，带动了整个孟河镇农产品基地的建设。据粗略估算，至今全镇已建（包括在建）的农产品基地有四个，分别是：

1. 常州市孟河（水稻）现代农业产业园区

位于孟河镇万绥社区和固村巷等村，以种植优质水稻为主导产业，规划面积 6550 亩，其中核心区面积 3500 亩，2013 年被市政府认定为市级现代农业产业园区。园区依托国家农业综合开发高标准农田建设项目，全部建成了"田成方、路相通、林成网、渠相连、土肥沃、旱能灌、涝能排"的高标准农田。园区内积极示范应用全程机械化、秸秆还田、配方施肥、精确定量栽培和稻鸭共作等新技术，成为全区水稻种植的示范窗口。园区以常州市兴镇有机大米种植专业合作社为建设主体，入园企业有常州万绥粮油有限公司、常州红野农作物专业合作社、江苏云丰家庭农场有限公司、常州市新北区仁厚米厂等粮食种植、加工企业，形成了"公司＋合作社＋基地＋农户"的发展模式，走产业化的发展道路。园区生产的"孟河"牌大米已通过有机食品、无公害农产品认证，获市级知名商标，通过品牌认定和产业化发展，2013 年孟河牌大米售价 8 元/斤，市场供不应求，极大地提高了园区种粮效益，实现了经济效益和社会效益的双丰收。

2. 新北区孟河现代园艺产业园区

位于孟河镇通江村四图，规划面积 2000 亩，以设施蔬菜和花卉苗木为主导产业，2012 年被认定为区级现代农业产业园区。园区已建成面积 1335 亩，其中钢架大棚 385 亩；已入驻常州市华美盛果蔬种植有限公司、常州万基农业科技有限公司等两家企业。园区与江苏省中国科学院植物研究所、江苏省农业科学院开展交流合作，引进了适应性强、抗寒和抗病虫特性优的蔬菜和西瓜新品种。园区计划 3 年内投资 2500 万元，其中：农田生产性投入 1000 万元，农田基础设施建设 1000 万元，景区建设、农民会所和办公用房建设 500 万元；目前已完成投资 800 万元，其中农田生产性投入 500 万元，农田基础设施建设 300 万元。2014 年，园区规划建设薄膜连栋温室 4800 平方米，配套建设 60 立方米的蔬菜冷藏库一座，满足蔬菜的生产和仓储。

3. 新北区孟河齐梁故里林果产业园区

位于孟河镇孟城社区，规划总面积 850 亩，已建成面积 600 亩，主要以高档林果、大棚蔬菜、有机大米为主，2013 年被认定为区级现代农业产业园区。园区分设六个功能区，即 A 区，珍稀林果生产区，共计 300 亩，分为优质葡萄生产区、猕猴桃生产区、冬枣生产区、丰水梨生产区、枇杷生产区；B 区，大棚蔬菜生产区，共计 150 亩，种植草莓和反季节蔬菜，实施先进的栽培技术及高效节水示范技术；C 区，水产养殖区，占地 100 亩；D 区，有机大米生产区，占地 250 亩；E 区，餐饮休闲区，占地 20 亩；F 区，综合服务区，占地 30 亩。园区以省农科院为技术依托，产品已通过绿色食品、有机食品认证，已有江苏齐梁故里农业生态有限公司、江苏国东家庭农场入驻。

4. 孟河镇现代渔业产业园

位于孟河镇石桥村、南兰陵村，规划面积 1000 亩，已建成面积 700 亩，主要以河蟹养殖为主导产业，园区内沟、渠、路、林设施配套齐全。园区以常州市水产技术指导站为技术指导单位，以常州市元合水产养殖有限公司、常州市蔡家长沟水产养殖专业合作社为主要实施载体，采用池塘循环水清洁养殖、微孔增氧、视频监测等关键设施养殖技术，不断提高河蟹产量和质量。2013 年 12 月，常州市元合水产养殖有限公司获得农业部第八批"水产健康养殖示范场"认证。园区按照"高产、优质、高效、生态、安全"的现代渔业生产要求，积极实施水产跨越工程，大力发展健康生态养殖，打造特色经济板块，规划利用毗邻长江的地理优势，以现代渔业产业园为载体，辐射紧靠长江的银河、荫沙、东陆、润江等村，建立万亩水产养殖板块，目前已经有常州市育霖农业科技有限公司、新北区孟河洲洋水产养殖场、常州市益民水产养殖专业合作社等农业企业相继进场，一个集水产养殖、休闲、垂钓、储存、物流的新型现代渔业产业园即将呈现。

（三）其他农业产业

2009 年，原孟河镇农技站站长（江苏省"劳动模范"，常州市"十佳农艺师"）何雅萍在提前离岗后带领 10 余名下岗工人创办常州市金土地农牧科技服务有限公司，以生产基地—本地加工的生产方式，从事干果种植和生产。公司作为常州市农业高新技术企业，注册资本 50 万元，2013 年销售收入 1350 万元，2011 年 6 月被评为江苏省农业产业化新北区龙头企业。

公司现有职工 55 人，其中科技人员 11 人，具有高级职称的专业人才 2 名，有突出贡献专家 1 名，长期以来在第一线从事和研究农林技术推广。

该公司创办以来，曾经与多家农林大学、科研院校等采用技术合作的方式，承担并圆满完成多项省、市科技项目。现在孟河镇树新村、西夏墅浦西村共建立美国山核桃和楸树等绿化苗木基地 500 余亩，建有全自动间歇喷雾扦插池、温室等基础设施，致力于农业项目开发与科技创新。2006 年在引进美国山核桃的同时，聘请了省内外多名专家，共同开展美国山核桃的品种选优、繁育及园艺化栽培技术的开发研究，现美国山核桃一年至五年生的嫁接苗均有供应，五年生的美国山核桃树 90% 已挂果，长势良好，2012 年底收获了第一批 500 多斤的薄壳山核桃果实，目前在市场上卖到了 5 元钱一颗的好价钱。

在核桃园空隙地套种中药材和牧草，散养"雪山草鸡"和扬州四季鹅，是该公司的又一项技术创新成果。现套种的半夏、丹参、薏苡仁、荆芥、薄荷、射干、红花等中草药均已成材；生产的"碧耕源"牌草鸡蛋，供不应求，畅销常州武进地区。核桃园内的广阔空间和野生食物丰富的林间生态环境，为鸡、鹅自觅天然食饵创造了条件，种、养殖的共作互补，达到了"零排放"和"零污染",符合国家大力发展"优质、高效、生态、安全"的有机、绿色农产品的要求,真正实现了农业生态环境的良性循环。

2013 年元旦前夕,该公司与省林业科学研究院正式签订了开发生产合作协议,公司将成为省林科院的研发基地。2014 年 5 月,公司为进一步加快国内知名农业高校院所的创新成果的应用转化,推动农业企业发展,提升农业现代化水平,又与江苏农林职业技术学院携手建立"实习基地"。

该公司还计划在基地周边建立一个薄壳山核桃村,发动当地农民在家前、屋后、四旁等自愿种植薄壳山核桃树,以组建薄壳山核桃食品生产产业链,进一步促进农村经济发展和带动当地农民致富,将常州打造成为"全国碧根果之乡"。

第三节　农业发展中面临的问题

孟河镇作为常州市新北区耕地面积最大的农业大镇,自然条件优越,适宜农业生产,但近年来,在农业稳定发展的同时,也存在一定的问题。

1. 农户种粮积极性不高,应用新技术、新产品不热情

农业相比其他行业效益偏低,虽然国家出台了许多惠农政策,综合补贴额度也越来越大,粮价也略有上调,但由于农资价格大幅高涨,上涨远远大于粮食价格的上涨水平,农本过高,从种植业之间比较,种粮效益最低,用农民的话说,做两天零工的收入就能抵上一担稻谷的效益,粮食生产有一种"一头热"氛围,对农户提过高的要求,农户就把所有的责任交给你,让组织无能为力。同时,也导致农户对应用新技术、新产品补贴期望值攀升,让组织者力不从心。希望国家进一步增加农民补贴,提高最广大农民的种粮积极性。

2. 农民老龄化,专业化服务组织发展困难大

从 2003 年以来,农村劳动力中从事农林牧渔业的比例迅速缩小。2003 年,农林牧渔业从业者占农村劳动力的比例为 31.58% ,到 2014 年已降低至 9.62% 。

现有从事农林牧渔业的人员中,一是农民老龄化,文化程度偏低、身

体素质较差。愿意从事专业服务的人员缺乏（艰苦、收入低、影响健康），从事专业化服务的人员中合格的偏少，作业质量标准不高，不稳定，影响声誉。二是植保服务作业时间集中，机械、人员都不易满足，造成错过最佳作业时间，影响质量。三是农机投入大，收效小，农机户积极性不高。收费价格提高，农户又不易接受。

3. 农民就业多元化，组织管理困难

有田不当田种，种田人不在家的现象普遍，农户的人难找；部分村民小组组长年老体弱、文化水平低，对科技知识的接受能力和理解能力较差，只会做，不会说，再加报酬少，组织号召能力有限，工作难到位。

4. 灌排不畅，成本加大

长期以来，田间工程没有得到重视，已不能发挥其应有功能，完好的沟、渠、路数量很少，对抗旱、排涝造成极大影响，多数桥、涵、闸不健全，原有的水利设施、灌排渠系多年失修，严重损坏，渠道渗水严重，大、中、小沟淤泥、杂草堵塞，造成灌排不畅，水系紊乱，导致农户的种植成本增加。

5. 流转土地承包人对土地利用也存在一定的问题

近年来，土地流转面积增长很快，但土地流转后，部分土地使用率不高，存在部分闲置的情况。另外，一些流转土地的种田大户，有的文化水平较低，有的个性较强，个人思想素质与文化程度都参差不齐，土地流转后，与当地农民各家各户的种植行为相比，相对来说更加难于管理。必须尝试更为稳妥的土地流转方式。

第四节　现代农业产业园的规划

2014 年 9 月，新北现代农业产业园区管委会、孟河镇人民政府和江苏省农业科学院制定了《江苏省新北现代农业产业园区（孟河镇）农业发展规划》（以下简称《规划》），将新北现代农业产业园区（以下简称园区）和镇区农业建设作出了总体的规划，将 2014—2016 年以及长期发展规划作出了详细的设计，将建设全国一流的现代农业产业园作为园区发展的总目标。这个规划正在积极落实中，其规划的实施，将大大提高孟河镇农业生产的水平和效益。

一　规划目标

按照规划的说明，新北区现代农业产业园区的建设宗旨是以常州市新北区万顷良田建设工程为依托，立足于长三角及沿海经济发达区，将园区建成具有江苏省苏南区域特色和产业特色的，以科技为支撑的集生产、加工、经营及示范、培训、推广等多功能一体化的经济、社会和生态效益显著的现代农业产业园。园区建设遵循"全面规划，科学决策，统筹布局，分步实施"的原则，在设施、品种和技术综合配套应用方面力求突破，提高农业生产技术和管理水平，实施无公害品牌战略，优化品质，增强产品市场竞争力，从而实现优质农产品产量和效益的大幅提升；努力建设园区新品种新技术的示范、引导、培训功能和适当的观光功能，使之成为高档次现代农业示范园，辐射引领全区及周边高效农业的可持续发展。

园区的产业开发和发展组织，遵循生态循环农业和低碳农业的发展理念，以提高现代农业产业综合生产能力为目标，按照"四化两提高"即"生产规模化、设施标准化、品种特色化、经营现代化、提高技术、提高效益"的思路，充分利用区位、信息、交通、经济、市场等优势，科学整合资金、土地、设施、品种和人才等资源，优化资源和产业配置，倡导和发展优质、绿色和低碳型生产模式及标准化生产，以绿色、时鲜、精细和特色产品为主，面向常州市全市及长三角城市群中高端市场，实现优质、高效、生态、安全的共赢目标；以园区为载体，以企业化经营主体为主导，全面推进规模化、专业化和企业化经营；重点导入和培育集种苗繁育、标准化生产和加工营销于一体的龙头企业，完善园区内的产业配套和产业链，实现产业化经营；优先鼓励和重点导入高技术、高标准设施化和优质特色化蔬菜瓜果类生产的园艺企业，培育发展强势的农业产业集群，形成现代蔬菜瓜果园艺产业发展新高地；依托园艺产业特有的可观赏性和参与性、园区农业风貌、自然景观与历史文化，有序开发农业休闲观光等衍生服务产品，培育新的经济增长点和满足多元服务需求。园区内产业开发和企业导入，要充分注重发展能级，力求建设发展为常州市蔬菜瓜果产业核心区，能够辐射带动和引领新北及全市蔬菜瓜果园艺业的发展，并成为长三角地区蔬菜瓜果园艺业中最具特色和现代化一流的产业园。

二　发展原则

可持续发展原则：立足当前，放眼长远，以达到现代农业先进水平为目标，规划要求高起点、高标准，充分体现现代农业的科技成果及综合应用。同时强调与生态农业、农业文化相结合，注重环境与资源的保护，避免片面追求短期效益，园区重点引进品种选择、茬口安排和连作障碍综合防治以及省工、节本、节能等方面的技术，确保园区可持续发展。

生态环保原则：现代农业产业规划，坚持生态、经济和社会效益相兼顾，在保证不给环境带来负面影响的前提下，应用高新技术，提升现代农业生产和加工水平，产出无公害农产品，同时兼顾发挥现代农业观光、休闲功能。

统筹发展原则：现代农业产业链中各环节、设施农业与其他高效种植业、养殖业以及休闲观光等各方面应总体协调、平衡和按照相应的比例规划发展，结构优化合理，比例适宜，充分体现出农业产业的经济、社会、生态、景观和文化教育的多种功能。

良性循环原则：强调现代农业生产过程与其他产业的良性循环。按照循环经济原理、生态农业要求和产业循环技术与现代农业生产技术、加工技术相结合，实现现代农业产业的低成本、无公害、高产出、高效益。

科技创新原则：以科技创新为目标，建设新北区高水平、高档次、高显示度的现代农业示范园，充分发挥技术依托单位的人才、技术和信息优势，推动新北区现代农业科技创新和产业提升，成为新北区当地现代农业新品种、新技术的孵化平台。

追求高效服务"三农"原则：应用现代科技和最新成果培育高水准现代农业产业，引领和推动全区的现代农业发展，最大限度地提高单位面积产出，实现效益的最大化，致富农村、提高农民收入。

三　发展定位

（一）规划和建设定位

农业产业园区以孟河镇农业产业为基础，以现代高效设施蔬菜产业为园区发展的主导产业，兼顾发展苗木种植、光伏农业和观光农业，以完整的产业链和循环农业为发展的理念，力争通过3—5年的努力，打造成省内一流水平的独具特色的现代农业产业园区。园区建设农产品物流市场中心，发展一定规模的以蔬菜为主题的生态观光等。园区设立科级行政管理机构：江苏省新北现代农业产业园管委会。

（二）功能和层级定位

通过对新北区现代农业产业园的规划和建设使园区同时具备蔬菜、苗木等新品种引进功能，配套栽培新技术和生产模式的研发和示范功能；优质、安全、绿色、有机的农产品生产功能；以及现代农业科研培训、观光体验和休闲功能。

园区将努力建设成为新北区农业高新技术孵化基地、设施农业成果转化基地以及现代农业产学研合作基地。园区层级定位为江苏省省级现代农业产业园。

（三）产品和市场定位

园区以生产无公害、优质和绿色蔬菜产品为目标。园区生产的蔬菜产品，近期以新北区、常州本地及周边城市苏州、无锡等区域消费为目标，逐渐推向整个长三角经济区。长远目标是提升产品质量，开拓全国及国际市场。

四 发展目标

（一）规模目标

园区规划总面积22647.9亩，其中建设公共服务区178.6亩、设施农业生产区3517.5亩、生态农业区3955.7亩、无公害蔬菜生产区5761.4亩、优质稻米蔬菜轮作区2169.2亩、休闲农业区2040.8亩、观赏苗木种植区3787.6亩、生态养殖区941.2亩、产品深加工与物流区295.9亩。公共服务区、设施农业生产区的新品种新技术展示区和工厂化种苗区为重点建设内容。在现有农业产业的基础上，结合万顷良田工程，用5年左右时间，扩大招商引资、加大扶持力度，集中资源和财力，强力推动项目建设，吸纳具有资本实力的龙头企业入驻园区，投资发展现代农业。

表 2—9　　　　　　　　　现代农业产业园园区规划面积　　　　　（单位：亩）

功能分区	产业内涵	面积
公共服务区		178.6
设施农业生产区	新品种新技术展示区	350.3
	工厂化种苗生产区	293.8
	设施果菜生产区	366.9
	优质中草药种植区	538
	光伏产业区	1968.5
生态农业区		3955.7
无公害蔬菜生产区	无公害叶菜生产区	1798.7
	无公害蔬果生产区	3581.5
	水生蔬菜种植区	381.2
优质稻米蔬菜轮作区		2169.2
休闲农业区	现代园艺采摘体验休闲区	1546.5
	桃园	494.3
观赏苗木种植区		3787.6
生态养殖区		941.2
产品深加工与物流区		295.9
合计		22647.9

资料来源：新北现代农业产业园区管委会、江苏省农业科学院：《江苏省新北现代农业产业园区规划》，2014。

（二）基础设施建设目标

园区基础设施建设得到全面的大幅提升，通过对规划区内的道路、水利排灌渠道、电路等基础设施进行重新规划、修建、改造，使之满足现代高效农业产业可持续发展的需要。通过修建智能温室、连栋大棚、标准大棚、防虫网室等现代化的农业生产设施，同时配备遮阳网、喷灌、滴管等配套生产设施，使得规划区内农业生产水平达到现代农业的发展要求。

（三）科技创新目标

与江苏省农科院合作共建设施农业研究中心，以促进现代农业科技在新北区及周边区域的应用和推广，同时提高区域内设施、品种和技术的集成、熟化和创新，使园区具备现代农业品种及栽培技术的研发功能。现代设施农业各项高尖和先进技术在规划区得到充分的综合示范应用和优化集成，园区综合科技含量达到 80% 以上。

（四）经济、社会、生态效益目标

现代农业产业园建成后，其亩效益达到原效益的 3—5 倍，其中园区的蔬菜效益要达到每亩 12000 元以上。农民收入大幅增加。园区人均收入年平均增长 15%，农民生活得到进一步提高。同时可以为人民提供更多的优质、健康、安全的农产品和优质、周到的观光旅游和休闲服务。园区农产品均要通过无公害认证，争取获得 10—15 个绿色产品品牌。

五 《规划》主要亮点

（一）服务中心智能管理中心

建设基于 GIS 的新北区现代农业公共信息服务平台，包括六大系统：地理信息系统、农业资源系统、技术服务系统、质量管理系统、行政服务系统和辅助决策系统，主要对整个设施农业片区的农业进行监控。

同时，在新品种新技术展示区的智能化温室、工厂化种苗生产区及各蔬菜生产区内安装无线传感器网络（WSN）对整个园区环境数据进行监测并由电脑房内电脑统一控制，建立局域"智能农业"物联网系统。将新北区农业局、新品种新技术展示区、工厂化种苗生产区、各蔬菜生产区进行无线传感网络、国家移动通信平台、单位局域网和大型服务器的融合链接，最大限度地整合新北区已有信息系统软硬件，形成国际领先的大型数字化精准农业系统。包括食品安全及溯源系统、基地远程信息采集、监测系统、农田地理信息系统、科研用数据库系统、培训系统、农业专家系统等。

服务中心还将设置检测中心和传统地方品种保护中心。

（二）农业气象信息服务中心

在公共服务区内建立小型气象站，对整个孟河镇的气象数据进行检测，并在办公培训中心一楼大厅内设立中转屏幕，对农业生产相关的气象数据进行实时发布，为孟河镇农业生产提供气象指导。

（三）工厂化种苗区

规划目标年产苗能力应达到 3000 万株，满足 1 万亩设施面积的蔬菜和草莓生产需求。按分期建设逐步到位的原则，以及考虑到新北区设施蔬菜、草莓商品苗需求的实际情况，规模化和专业化的进程，初步设计种苗中心年产苗能力为 2000 万株。建设规划中包括现代化智能温室和高标准连栋大棚，育苗基质和播种操作用操作间，内设催芽室、自动播种流水线、组培中心，进行工厂化种苗生产，主要为园区内部及周边农户、企业提供蔬菜、草莓和花卉幼苗。

（四）其他设施农业和生态、休闲农业生产等

在设施农业生产规划中，计划建立设施果菜生产区、优质中草药种植区、光伏产业区。

在生态农业区方面，计划采用稻田养鱼、水旱轮作、果菜间作、果树下养鸡（鸭、鹅）等生态农业的生产新模式，应用农、林、牧结合，粮、桑、渔结合，种、养、加结合等复合生态系统模式，鸡粪喂猪、猪粪喂鱼等有机废物多级综合利用的模式等进行现代农业生产。

同时，还规划了无公害蔬菜生产区，包括无公害叶菜生产区、无公害蔬果生产区、水生蔬菜种植区等。

优质稻米蔬菜轮作区主要进行马铃薯、芋头、甜玉米、毛豆、四季豆、甘蓝等露地蔬菜，以及番茄、茄子、辣椒、芹菜、草莓等大棚蔬菜和水稻的轮作，露地蔬菜—水稻轮作可以克服连作障碍，减少病虫害的发生和农药的施用，适应无公害优质蔬菜生产和种植结构调整的要求，提高稻田利用率和早熟蔬菜生产、供应量，促进农民增产增收。大棚蔬菜—水稻轮作是我国南方地区近年来发展较快的种植制度，通过土壤淹水和水稻季对养分的吸收，能消耗大棚栽培季累积的土壤养分，从而缓解土壤酸化和次生盐渍化等大棚栽培连作障碍，保证大棚蔬菜的连年高产和高效益。大棚蔬菜—水稻轮作还兼顾了效益农业和粮食生产。

休闲农业区的规划包括现代园艺采摘体验休闲区和桃园。现代园艺采摘体验休闲区主要进行以蔬菜、花卉等为主题的现代园艺休闲体验活动，同时提供少量的垂钓活动。桃园以建设塑料连栋温室进行油桃的设施栽培为主。

此外，《规划》还涉及了观赏苗木种植区和生态养殖区。

在种植、养殖配套产业园区建设方面，《规划》设计了产品深加工与物流区，包括农产品加工区和农产品市场物流区。为孟河镇蔬菜生产

提供采收、包装、加工和市场配送服务。包括停车场、交接货场、分拣装箱车间、冷库与仓库、管理中心、员工食宿配套、基础设施建设和绿化。

六　基础设施规划

道路交通和灌溉系统，也是《规划》中重要的组成部分。

（一）道路交通规划

农业产业园规划相结合设置主轴路一条：由孟城路西公路、S122、S239 三条路组成，为孟河镇现代农业总体规划一环道路的一部分。

园区内道路设为三级道路系统：一级道路（主干道）、二级道路（次干道）和三级道路（生产作业道）。核心区内生产区域，南北每隔100米设二级道路，两条二级路之间设三级路。园区共结合原规划拓宽改建一级路 5 横 5 纵。道路两侧设置一级排水沟，以便形成环路，完成整个园区的正常排水工作，路面以水泥路为主。二级道路是从入口主干道分支的次干道，对一级道路起辅助作用，连接各区的每栋建筑。大棚间每隔100—200米设一条二级道路。三级道路主要是各个分区内铺设的步行道路，用于连接每个大棚。

（二）灌排水系规划

排水系统以规划建设的园区主干道两侧为重点，通过开挖明渠、暗渠或埋设地下下水道等多种形式，配套建设涵闸等农田小型水利设施，形成沟河相连、沟沟相通的水系网络。排水系统分为三级：一级沟渠沿园区内一级和二级主干道设置，水由二级沟渠流入一级沟渠，最后排出。二级排水沟为大棚之间的纵向小沟。三级沟渠是为满足设施蔬菜生产需要在原规划沟上新加的沟。棚顶流下的水及其他地表水流入二、三级沟渠，最后汇入一级沟渠，然后再排出园区蓄水池或园区外小河。

灌溉系统通过在园区内靠近清洁水源处分别建立 14 个泵站，以满足园区灌溉用水和居民用水，通过主管连接泵和各灌溉区，再通过支管和毛管布置到各种设施内。园区的灌溉通过以下几种方式实现：①由专门设计建设的水泵房将河水经净化处理后通过输水管道送入设施内。②通过园内沟渠收集雨水汇入蓄水池，再通过园艺滴灌系统将水送到植株根系。③温室雨水收集系统积聚雨水至专门的蓄水池，然后用于灌溉。

第三章

做强优势产业的第二产业

第二产业是孟河镇的主导产业，占国内生产总值的 65% 以上，工业则又在第二产业中占极高的比例。孟河镇以汽摩配工业集群为特色产业，是中国机械工业联合会命名的"中国汽摩配名镇"。目前，孟河镇已基本形成一个产业基地、两个工业集聚区和五个服务平台。一个产业基地即中国汽车零部件（常州）产业基地；两个工业集聚区即富民工业集聚区和通江工业集聚区；五个服务平台即常州市汽车摩托车配件行业协会（行业自律）；江苏大学车辆产品实验室灯光检验室（产品检测）；常州孟河汽摩配件技术服务有限公司和孟河汽摩配生产力促进中心（咨询服务等）；常州市新北区孟河镇质量技术监督分局（质量监督）；湖南大学汽摩配创新设计中心（产品设计）。

孟河正向着把"中国汽摩配名镇"打造成检测、设计、研发、制造为一体的国家级汽摩配产业品牌基地而努力。

第一节　第二产业概况

一　孟河第二产业发展历程

悠久的历史，深远的文化、便捷的交通，良好的环境，为孟河第二产业的发展提供了较好的软硬件条件。综合来看，孟河镇第二产业的发展历程主要经历了 20 世纪 60 年代起步、90 年代壮大、近十多年大发展等三个阶段，目前正在向新的产业升级转变阶段迈进。

（一）起步阶段：汽摩配产业起步于60年代

由于孟河开埠较早，商埠繁华昌盛，手工业也随之兴起，如茶坊、糟坊、酱坊、油坊、糖坊、梁坊、竹器店、铁匠铺、金银铜匠店、木工车业坊、裁缝制衣店、香烛灯笼坊，等等，鳞次栉比，曾是旧城的一大风景。这些大大小小家庭作坊、手工业店铺，都是孟河镇域工业的最早雏形。早在1901年和1915年孟河绉（一种丝绸产品）先后两次获巴拿马赛会国际金奖。

1949年以后的孟河镇工业最早以县办厂和乡办工业的形式起步。1956年，小河铁木业社成立，是孟河工业最早的雏形；1957年12月，由徐剑山筹集资金创办了割钢加工厂；1958年8月，王三保成立了药用CC瓶加工场；"大跃进"开始后，两个加工场合并为小河玻璃仪器厂。20世纪60年代大量的上海、苏州、无锡、常州等大城市的下放工人到来，借助这些下放工人在大企业里掌握的生产技术和这些下放工人在社会上的人际网络进行原材料供应及产成品的销售，一个接一个的社队工厂建办了起来，开始生产砂轮、油石、香烟咬嘴等有机玻璃制品、回纺布、纺纱手套、制鞋、拉丝、服装、玻璃制品等产品。

孟河汽摩配件产业诞生于20世纪60年代。1960年，社办机械厂、农机厂、玻璃仪器厂、五金光学厂、化肥厂等被合并为光学仪器厂，1965年，该厂被县手工业联社接受，改名为"武进县光学仪器厂"，属于小集体性质；1971年之后改为大集体性质。该厂生产的产品有60多种，其中有最早的供用于国内外汽车和摩托车等机动车使用的倒车镜；有用于航海、测绘、检查等工作的望远镜、显微镜；有以玻璃、有机玻璃、金属盒注塑体为辅着的真空镀铝制品。由此成为孟河镇汽摩配产业的起点。

20世纪70年代，农机厂和铁木业社为当地工业龙头企业。80年代，农机厂、修建站（建筑业）、五金厂、砖瓦厂、汽车配件厂、塑料厂、电讯器材厂、服装厂是当时最吃香的工业大企业。

（二）壮大阶段：家庭作坊式向企业运作转变和工业园区建立

改革开放以来，孟河镇以"科技是第一生产力"为发展理念，一些有条件、有基础、有一定实力的工业企业以科技为出路，在电子电器、汽车摩托车配件产业方面逐渐发展起来。到20世纪80年代初，这种投资小、进门低、回收快、效益好的汽摩电配件生产成为许多小河人实现快富和致富的首选行业。村看村，户看户，至 20 世纪 90 年代初汽摩电配件行业就呈现出星星之火可以燎原之势，家庭小工厂和生产小作坊铺天盖地，几乎家家户户都在生产汽摩电配件产品，车灯、后视镜、倒车镜、塑料件等汽摩电配件生产逐步成了气候，并初步形成了汽摩电配件行业集散地，成为华东地区汽摩电配件的重要生产基地之一，孟河镇的小河也被人们形象地称为"小温州"和"汽摩配件之乡"了。

到 20 世纪 90 年代初，随着汽车、摩托车、电动车已成为农村的主要的交通工具，孟河人抓住了这一发展机遇，借鉴周边地区产业发展经验，逐渐创办了上千家汽摩配件企业，为国内汽车厂、摩托车和电动车厂配套。通过历届政府的积极引导与扶持，经过企业几十年的连续滚动发展，汽摩配件已形成了特色产业集群，成为孟河镇传统的强势工业，汽摩配行业集群年产品产值和出口均占全镇总量的 75% 左右。使孟河的汽摩配产业从家庭作坊生产汽摩配件到走向社会工厂，从马路商品市场到整车品牌厂家配套。

（三）大发展阶段：形成具有一定规模的企业并将产品推向国外市场

2002 年，小河汽摩配件市场建成，成为常州市的十大特色市场，2004 年经常州高新区批准，在孟河镇设立了"常州高新区汽车、摩托车、电动车配件产业基地"。同年，常州市汽车摩托车配件行业协会在孟河镇成立，是常州市汽车摩托车配件行业性协会组织，协会还注册了"小河汽摩配"商标。2005 年 11 月，常州市人民政府批准了"常州市新北区孟河镇小城镇总体发展规划"，2007 年 9 月，江苏省中小企业局和江苏省经济贸易委员会将常州孟河汽摩配件产业列为省 100 家重点培养产业之一。2008 年，孟河镇被江苏省定为全省 100 家重点产业集群基地之一；2008 年 11 月，由常州市新北区人民政府参与，新北区经济发展局会同区规划局、环保局、国土资源局、质监局以及市经贸委、市发改委等部门举行了常州市新北区孟河汽摩配产业集群发展规划论证会，进一步为孟河镇制定了《孟河汽摩配产业集群发展规划》。2009 年，孟河镇被江苏省命名为 30 家小企业示范创业基地和被确定为江苏省产业集群品牌培育基地之一；同年 11 月被中国机械工业联合会命名为"中国汽摩配名镇"。2010 年 4 月，孟河镇与中国汽车零部件工业公司正式签署战略规划合作协议，共同打造中国汽车零部件（常州）产业基地。2011 年，孟河镇通过江苏省优质产品生产示范区验收。此外，孟河镇还是江苏省首批 19 家产业集聚示范区之一，江苏省首批产业集群品牌培育基地等。2015 年 4 月，孟河镇荣膺首届"中国机械工业产业集群区域品牌创建优秀奖"，成为获此殊荣的六个地区中的唯一一个乡镇。

2010 年度，孟河镇汽摩电配件产业实现增加值 33.21 亿元，销售收入达 85.68 亿元，实现利税总额 8.61 亿元，完成固定资产投资 10.68 亿元，实现财政收入 2.52 亿元。并涌现出 195 家超千万元以上规模的企业，年销售收入超亿元 5 家公司。汽摩电配件产品在国内外市场有相当的知名度。汽摩电配件产品已与国内上百家汽车、摩托车、电动车知名企业配套，主要产品覆盖了轿车、重型、轻型、微型和农用汽车、各种摩托车与电动车；主要产品包括汽车灯具、后视镜、车门铰链、汽车内外装饰件、仪表台；125 型摩托车与电动车整车及各种配件等。产品的配套能力强，覆盖范围广，市场占有率高，已走出中国走向世界各地。

目前孟河镇已初步形成了有较大规模产业、行业特色鲜明、布局结构合理、产品开发配套能力较强的汽摩电配件产业集群基地。通过地方政府的积极引导和大力扶持以及企业的自身不断努力，经过几十年的自我发展，孟河的汽摩电配件产业已初具特色，形成了一定规模和市场。目前形成了五大系列：①摩托电动车和电动自行车整车；②车辆灯具；③车辆配件；④车辆内外饰件；⑤其他零部件。汽摩电配套产业包括车辆模具制造、五金加工、电路电线、原材料（主要是指塑料粒子）生产、包装品和车辆运输的生产等。无论从主导产业，还是从配套行业来看，都具有较大规模的生产能力，初步形成了相对较为完整的汽摩配件产业链。

在园区建设方面，孟河镇从 20 世纪 90 年代中期开发建设小河富民工业园，21 世纪初新建孟河通江汽摩电配件产业集中区，产品结构日趋合理，产业链逐步完整，主导产业包括汽车配件、摩托车、电动车整车配件，以及物流与仓储运输。两大工业园区已成为孟河镇小城镇建设的一大亮点（见图 3—1）。

在激烈的行业竞争过程中，孟河镇在汽摩配产业方面涌现了一批代表企业，如常州市明宇交通器材有限公司、常州市瑞悦车业有限公司、常州市永成车配厂、江苏浩峰汽车附件有限公司、江苏德春电力科技有限公司、常州亨达车业部件有限公司、常州市安江车辆部件厂、常州市飞拓模塑有限公司等。

图 3—1　工业园区一角

　　到目前为止，孟河镇汽摩配产业格局已形成一个产业基地、两个工业集聚区和五个服务平台。一个产业基地即中国汽车零部件（常州）产业基地。两个工业集聚区即富民工业集聚区和通江工业集聚区，五个服务平台即常州市汽车摩托车配件行业协会（行业自律）；江苏大学车辆产品实验室灯光检验室（产品检测）；常州孟河汽摩配件技术服务有限公司和孟河汽摩配生产力促进中心（咨询服务等）；常州市新北区孟河镇质量技术监督分局（质量监督）；湖南大学汽摩配创新设计中心（产品设计）。

二　孟河镇第二产业发展特点

（一）第二产业居主导地位

　　孟河镇的第二产业在三大产业中居于主导地位，并发展迅速。以近年情况来看，2013 年和 2014 年的第二产业增加值分别为 415631 万元和 463681 万元，分别占国内生产总值的 67.21% 和 64.92%。而工业在第二产业中又占绝对的比例。从工业增加值来看，2013 年为 405376 万元，而 2014 年是 452778 万元，在第二产业增加值中所占比重超过 97%。从工业生产总值来看，以现行价统计，2003 年的工业总产值为 18.93 亿元，到 2011 年，全镇工业生产总值已经超过 100 亿元，达到 116.06 亿元，而 2014 年，工业总产值又超过 200 亿元，达到 201.2 亿元，比 2003 年增长了 9.63 倍，12 年来，年均增长 24.2%，实现了快速增长。2013 年比上年增长了 17.82%；另外，2012 年个体工业产值为 52.13 亿元，2013 年个体工业产值达 57.31 亿元，增长 9.94%，2014 年达到 67.63 亿元，增长 18.01%。从工业企业职工统计数看，2012 年至 2014 年分别为 29639 人、32664 人和 33431 人；2013 年较 2012 年增加了 13.06%；2014 年较上年又增加了 2.35%。工业企业效益也在连年提高，2012 年至 2014 年，所有独立核算工业法人企业利润分别为 109652 万元、132701 万元和 161589 万元；2013 年比 2012 年增长 21.02%；2014 年比 2013 年增长 21.77%（见表 3—1 和表 3—2）。

表 3—1　　　　　　　孟河镇第二产业国内生产总值　　　（单位：万元；%）

年份	国内生产总值	第二产业	其中：工业	其中：建筑业	第二产业占比	其中：工业	其中：建筑业
2003	92117	51500	49362	2138	55.9	53.6	2.3
2004	119077	72149	69591	2558	60.6	58.4	2.2
2005	144591	90995	87925	3070	62.9	60.8	2.1
2006	176113	114886	111192	3694	65.2	63.1	2.1
2007	217429	144750	140756	3994	66.6	64.7	1.9
2008	254636	166858	162236	4622	65.5	63.7	1.8
2009	293253	190432	186041	4421	64.9	63.4	1.5
2010	342697	222432	217348	5084	64.91	63.42	1.48
2011	422891	279000	271300	7650	65.97	64.15	1.8
2012	521019	335927	326312	9615	64.47	62.63	1.84
2013	618479	415631	405376	10255	67.21	65.49	1.72
2014	714246	463681	452778	10903	64.92	63.39	1.53

资料来源：根据《孟河统计年鉴（2003—2014 年）》整理。

表 3—2　　　　　　　　　　孟河镇第二产业增长速度　　　　（单位：万元；%）

年份	国内生产总值	第二产业	其中：工业	其中：建筑业
2004	29.27	40.1	40.98	19.64
2005	21.43	26.12	26.35	20.02
2006	21.8	26.26	26.46	20.33
2007	23.46	25.99	26.59	8.12
2008	17.1	15.3	15.3	15.7
2009	15.16	14.13	14.67	-4.35
2010	16.86	16.8	16.82	15
2011	23.4	25.43	24.82	50.47
2012	23.2	20.4	20.28	25.69
2013	18.71	23.73	24.23	6.66
2014	15.48	11.56	11.69	6.32

资料来源：根据《孟河统计年鉴（2003—2014 年）》整理。

　　近 10 年来，孟河镇国内生产总值每年均以两位数增长，其中第二产业大多数年份增长速度均超过综合增速。工业规模增长迅速，2013 年与 2003 年相比，法人企业数量增长一倍以上，达到 1112 家，其中列统规模工业企业 110 家。工业总产值增长，销售收入增长超过 8 倍，利润增长超过 10 倍。2014 年法人企业又增加到 1140 家。

表 3—3　　　　　　　　　　孟河镇工业基本情况　　　（单位：个；万元；人；%）

年份	企业数	工业总产值	销售收入	利税总额	其中：利润	职工人数	规模企业销售收入	规模企业销售收入占比
2003	519	189339	173643	21941	11498		47203	27.18
2004	557	267659	254758	34390	19152		68059	26.72
2005	565	351698	326205	43016	24035		93417	28.64
2006	568	444367	416910	52406	27138		122516	29.39
2007	658	563024	528726	63397	36882		185305	35.04
2008	763	644966	606380	68820	41106		205431	33.87

年份	企业数	工业总产值	销售收入	利税总额	其中:利润	职工人数	规模企业销售收入	规模企业销售收入占比
2009	855	747884	701425	77365	47888		237176	33.81
2010	961	902650	850574	96527	59958	27138	338956	39.85
2011	961	1160637	1090587	122136	78245	29047	313422	28.74
2012	1043	1461126	1370681	150565	109652	29639	408585	29.81
2013	1112	1721507	1623884	183919	132701	32664	505011	31.09
2014	1140	2012053	1886611	223501	161589	33431	602718	31.95

资料来源：根据《孟河统计年鉴（2003—2014 年）》整理。

（二）汽摩配件产业为优势产业

孟河镇工业产业结构是以汽车配件、摩托车配件的生产经营作为全镇工业发展的主导产业、支柱产业、创优特色产业、电力设备、交通设施产业、机械制造、模具塑业、液压机械、化工钼业以及遮阳技术、玻璃制造等行业合理布局、全面发展。此外，还有电镀化工、生物科技、军工产品、缝纫机械等办厂年代较长、销售稳定、利税较高的企业。

工业是孟河镇经济的命脉，目前已经占孟河每年国内生产总值的 65% 以上，是孟河镇经济发展的主要支撑点，而汽摩配产业作为特色产业集群、支柱产业，汽摩配法人企业占工业法人企业数量的近 60%，规模企业比例的 76%。除汽摩配产业以外，还包括电力设备制造业、纺织加工业、机械模具制造加工业、化工业等。

孟河镇的建筑业规模较小，目前有两家建筑业公司，为江苏世豪房地产开发有限公司、常州市小河建筑工程有限公司。

其中的常州市小河建筑工程有限公司有 40 多年的发展历史，从以土建为主逐步转向大型建筑，能够承担各类民用住宅、厂房、高层次文教用房等、土建工，是常州市具有一定知名度的房屋建筑施工企业。小河建筑工程有限公司注册资金为 700 万元，资产总额 1794.97 万元。固定资产 348.1 万元，净资产 700 万元，年工程结算收入月 2.5 亿元，现有各类大中型施工机械设备 102 台，机械设备净值 178.7 万元，工程技术人员

51 人。

第二节 孟河镇汽摩配产业的特点

孟河的汽摩配件产业是地方优势产业，产品覆盖了轿车、重型、轻型、微型和农用汽车系列，主要产品包括汽车灯具、后视镜、车门铰链、汽车内外装饰件、仪表台和摩托车灯具、塑料件等，产品覆盖率达 80% 以上。

孟河汽摩配产业生产集中度高，生产规模大，配套能力强。到 2013 年，孟河汽摩配件产业集聚区内有法人企业 856 家，包括个体工商户的生产厂家 3000 余家，形成了优势非常明显的产业集群，整个地区外贸出口总额达到 20 多亿元人民币，其中非洲市场占据了较大的比例。产品覆盖了轿车、重型车、轻型车、微型车和摩托车系列，主要包括汽车灯具、后视镜、车门铰链、内外装饰件、雨刮器、回复反射器、燃油箱、冲压件、钣金件、安全带、减震器、电子、安全玻璃和摩托车灯具、塑料件等。汽车配件主要与一汽、二汽、南汽、北汽福田、东风、海马、通用、长安、奇瑞、吉利等汽车主机厂配套；摩托车、电动车配件主要与铃木、豪爵、大运、光阳、力帆、新大洲、五羊本田、济南轻骑等摩托车主机厂配套。部分产品出口到日本、韩国、印度、巴西、印度尼西亚、阿根廷、俄罗斯、巴基斯坦、新加坡、以色列、南非、美国、欧盟等国家和地区。目前，孟河汽摩配企业完成工业销售收入占全镇工业销售收入的 80% 以上。

经过 30 余年发展，孟河的汽摩配产业已具备相当大的规模。形成产业基地、工业集聚区和服务平台，其他配套服务。孟河正向着把"中国汽摩配名镇"打造成检测、设计、研发、制造为一体的国家级汽摩配产业品牌基地而努力。

一 产业集聚度

经过 30 余年的发展，孟河汽摩配件产业已具备相当大的规模。基本形成一个产业基地、两个工业集聚区和五个服务平台。

2005 年 5 月 17 日，经常州高新区经济发展局批准，在孟河镇设立了"常州市高新区孟河汽摩配件产业基地"；2005 年 11 月 24 日，常州市人民政府批准了"常州市新北区孟河镇总体规划",从而拉开了常州孟河汽摩配件产业建设的序幕;2007年9月,江苏省济贸易委员会(江苏省中小企业局)将常州孟河汽摩配件产业列为省100家重点培育基地之一;2009年10月19日,江苏省经济贸易委员会(江苏省中小企业局)将常州市孟河汽摩配件产业创业基地列为省30家重点培育创业示范基地之一。2009年10月江苏省工商行政管理局将常州市孟河汽摩配产业集群列为江苏省首批产业集群品牌培育基地;2009年11月,中国机械工业联合会中机联质〔2009〕455号文件,授予常州市孟河镇"中国汽摩配名镇"称号。2010年12月,江苏省经济和信息化委员会(江苏省中小企业局)将常州市孟河汽摩配件产业列为第一批江苏省中小企业产业集聚示范区。2011年3月,汽摩配产业集群通过了江苏省工商局"江苏省放心消费行业"验收。

孟河镇工业企业主要集中在通江和富民两大工业园区。2014年统计数据显示在两大工业园区注册的企业290家。

通江工业园区:占地1500余亩,所辖范围为石桥转盘沿238线至常澄物流;常澄物流沿港西大道至卫东路;卫东路至新孟河;华嘉车业沿新孟河至转盘。含明阳路、通江路、向阳路、晨风路等道路两侧的企业。2011年入驻企业66家(有限公司61家,个人独资5家),其中列统规模企业12家,2011年实现开票销售9.9亿元,其中规模企业实现开票销售6.89亿元。

富民工业园区:占地1800余亩,所辖范围为转盘沿兴镇路至中国银行(红绿灯);中国银行(红绿灯)沿环镇北路至九龙桥;九龙桥沿银山路至老338线(东亭加油站);老338线(东亭加油站)至转盘。含汤家路、安定河路、九龙路、外环路等道路两侧的企业。2011年入驻企业176家(有限公司131家,个人独资45家),其中列统规模企业27家,2011年实现开票销售19.16亿元,其中规模企业实现开票销售13.88亿元。

二　产品成长性

孟河汽摩配件产业产品覆盖了轿车、重型车、轻型车、客车、卡车和微型车系列,主要包括汽车灯具、后视镜、车门铰链、内外装饰件、机动车回复反射器、燃油箱、冲压件、钣金件、仪表台、安全带、减震器、电子、安全玻璃等，产品主要与北汽福田、东风、一汽、二汽、南汽、奇瑞、海马、江淮、北汽、比亚迪、上海通用、北汽福田、济南重工、东风、金龙、宇通等汽车主机厂配套。

部分产品销往巴西、阿根廷、俄罗斯、日本、韩国、印度、巴基斯坦、印度尼西亚、新加坡、以色列、南非、美国、欧盟等国家和地区。其中：飞拓在迪拜注册了自己的公司；美高塑件在巴西、土耳其等国家注册了商标；东晨生产的汽车安全带与印度等国家的汽车主机厂配套。

从成本优势上看，国际上各大汽车公司零部件自制率不断降低，外购率不断扩大、整车厂与所属零部件企业不断分离，这为孟河汽摩配件产业提供了良好的机遇。为了合理配置资源，降低生产成本，孟河镇汽摩配企业广泛采用平台战略、零部件全球采购、系统开发、模块化供货等方式，实现在全球范围内合理配置资源，扩大产品通用化程度，有效提高产品质量，大幅度降低成本，提高产品竞争力。

2009 年度和 2010 年度，孟河汽摩配件销售收入分别为 53.65 亿元和 66.81 亿元，占全国同类产品需求总量的比例分别为 15.9% 和 17.9%。经对比分析：孟河汽摩配件销售收入在江苏同类行业同类区域中名列前茅、在全国同类行业同类区域中名列第三名。

随着产业升级发展，孟河镇的汽摩配企业开始涉足整车制造，例如新世纪汽摩配件有限公司进入低速电动汽车产业，建成了新世纪的自主品牌低速电动汽车生产线，生产出低速四轮电动汽车。该公司 2013 年下半年开始涉足低速四轮电动汽车研发生产，到 2014 年初，已达到日产 80 辆的生产能力，通过扩新电动汽车款式及提高档次，可以达到日产 120 辆（年产 4 万辆）左右的生产能力。目前，部分企业都认为低速电动汽车市场潜力巨大，预计到 2015 年将达到 50 万辆，孟河企业家们也提出要在孟河当地建立低速电动汽车生产基地。

三　产业创新能力

孟河汽摩配产业随着规模的不断扩大、产业聚集度的集中，在市场竞争过程中，非常重视市场研发、技术研发和品牌创新。汽摩配产业以科技创新、技术升级、质量升级为重点，近年来成果显著。

孟河镇汽摩配产品近几年研发力度不断加大，工艺装备和劳动生产率明显提高。通过引进制造技术和先进工艺装备，部分企业生产工艺和装备水平已接近或达到国外同类水平，劳动生产率有了较大的提高。例如，常州市明宇交通器材有限公司与上海小糸车灯厂（国内最先进的车灯企业）联营合作，引进了上海小糸车灯厂的制造技术和工艺装备，计划引进上亿元的先进设备，按上海小糸车灯厂的模式管理企业，管理水平和质量意识均有所提高。在引进国内外先进技术的同时，借鉴了国内外先进的管理模式，部分企业在引进车型国产化配套过程中，特别是在整车厂的督促下，提高了管理水平。推行精益生产，建立了完善的质量管理体系。

孟河镇的汽摩配产业优势也受到了央企的青睐，2012 年，中国汽车零部件工业公司与孟河镇合作，依托孟河汽摩配产业集群，建立汽车零部件研发中心、检测中心、展示中心。

孟河镇的一些重点配套企业在整车厂的督促指导下，推行精益生产，建立了完善的质量管理体系，目前共有 150 多家汽车、摩托车配件生产企业生产的汽车、摩托车灯具、后视镜等产品通过了 3C 认证，共有 1580 张 3C 认证证书，占整个江苏市场的 35%；有 50 余家企业的产品通过了欧盟的 Emar - K 认证或美国的 DOT 认证。

近年来，在激烈的区域竞争环境下，孟河镇汽摩配行业抓住战略机遇，加快了科技创新的步伐，在孟河镇将汽摩配产业作为支柱产业重点发展的政策扶持下，紧跟科技发展最新态势，聚焦技术前沿、产业高端和未来发展，大力实施品牌战略。孟河镇政府组织企业与武汉理工大学汽车学院开展产学研交流合作对接活动，签署了孟河镇与武汉理工全面合作协议，委托汽车学院编制汽摩配产业发展战略规划，开办镇汽配企业家能力提升班，引进湖南大学常州研究院产品设计中心落户孟河，根据民营企业多和产业特色鲜明的特点，与国内各大科研院所进行互访交流，建立良好的合作关系，不断加强合作。

同时，孟河镇围绕自主创新，鼓励企业加大研发投入、研发机构建设、加强专利工作、加快高新技术产业发展、产学研合作等工作。如在产品检测与技术开发方面，孟河镇与江苏大学汽车与交通工程学院车辆产品实验室合作，于 1998 年 12 月成立了江苏省质量技术监督汽车、摩托车检测站灯光检验室。主要从事汽车、摩托车配光性能的检测。2010 年度，提供各类检测 2800 批次，给予企业技术支持，加快了产品开发进程。近年来，孟河汽摩配产品抽检合格率均在 90% 以上。

到 2014 年底，孟河工业企业中有中国驰名商标 2 件；江苏省名牌产品 1 只；省著名商标 10 件；省高新技术企业 29 家；省企业技术中心 1 家；省工程技术研究中心 4 家；省信用管理贯标企业 10 家；常州市知名商标 33 件；市名牌产品 26 只；市工程技术研究中心 9 家；市级企业技术中心 6 家；申请专利 5244 个，其中发明专利 984 个。

孟河镇的汽摩配企业已经充分认识到，三流企业卖产品，二流企业卖品牌，一流企业卖标准，谁掌握了标准的制定权，谁就将掌握市场竞争中的主动权，参与标准修订的企业，可以通过提高质量指标，对一些小规模厂家设置技术壁垒，提高准入门槛，确保了本行业企业的产品技术优势。他们开始涉足参加行业标准的制定，争取标准制定的"话语权"，在行业内提升知名度，为行业寻找科技创新发展的突破口。如孟河镇的江苏先昌电能部件有限公司和江苏江永新材料科技有限公司就先后参与了汽摩车灯胶生产"国标"制定，其中，江永新材料公司于 2013 年受国家标准局、国家质量检测中心、上海橡胶研究所的邀请，参与制定汽摩配车灯、光伏太阳能电池组件、金属等密封胶"国标"标准。

科技创新，人才是关键。孟河镇在人才建设方面，将全镇招才引智任务的重点放在载体建设和目标分解上。在载体建设上，强调"筑巢引凤"，不遗余力规划建设孟河镇汽贸园，积极引进武汉理工大学研究院，确保人才"引进有载体、创新有抓手、成长有平台"；在目标分解上，积极整合招商和招才的力量，打造一支网络化、专业化的招才队伍。发挥好孟河镇汽摩配生产力促进中心及孟河镇汽摩配人才服务中心的平台功能。

科技创新正在成为孟河镇支撑产业发展、工业经济振兴的强大引擎。

四 产业配套服务

孟河镇非常重视汽摩配产业的配套。一方面加强集聚区的配套设施和服务建设；另一方面加强配套服务业的培育。

孟河镇的汽摩配产业集聚区内，工业项目用地每亩投入达 260 万元以上；投资强度高，达到了省级开发区的标准；水、电、污水排放等基础设施完善，形成了统一的配套公用设施。初步具备研发设计、检验检测、业务培训、信息咨询、知识产权保护、融资担保、产品展销、物流服务等功能，其中有江苏大学车辆产品实验室，是国家级实验室。

物流是工业企业配套的重要一环。在汽摩配产业发展到一定阶段后，孟河镇成立了大型第三方物流企业——常澄物流，该企业于 2007 年投资总额 5000 万元注册成立，专门负责专业市场运作。物流专业市场占地 94 亩，建筑面积 5 万平方米，主要是为汽摩产业集群原材料的购入和成品的发货、销售作相关的配套服务，承接汽摩配成品及塑料粒子等非危险品原材料的货运及信息咨询服务。一期工程投资总额 3000 万元，新建沉管灌注桩式 4 层框架结构标准厂房 14050 平方米。产业物流专业市场内设备齐全，配备了各类汽车 12 辆，为产业集群内 300 余家企业提供产品运输，并通过电子系统对顾客提供的产品进行监控；与全国 165 个物流中心保持良好的合作关系，确保产品及时送到配套单位，货运全国各地；与产业聚集区内 320 余家企业保持联系。2010 年度，服务企业 8500 余次。

对外贸企业的保险服务也是企业配套服务的重要一环。孟河镇汽车、摩托车零部件出口基地为常州市首批 5 家出口基地之一，为更好地服务基地内企业，扩大出口份额，防范企业在出口贸易中因政治风险和买方（银行）信用风险导致的收汇损失，从 2012 年开始，孟河镇联合中国出口信用保险公司在全镇范围内开展动员年自营出口额在 50 万—300 万美元的外贸企业加入统保平台，由省财政专项资金埋单，中国出口信用保险公司为企业投保"信保易"。截至目前，在 39 家自营出口企业中，投保率达 100%，投保量达 6368 万美元。上年投保的汽摩配企业，下年可继续享受省财政专项资金埋单的"信保易"，实现 100% 续保。例如，2011 年，孟河镇一家主要从事车辆配件出口的中小外贸公司，向利比亚买家出运一批货物，金额为 63600.72 美元。货物出运后，利比亚局势动荡并进一步恶化。得知利比亚港口及银行均已经关闭，买家无法完成交易。该公司以发生政治风险向中信保报损并索赔。中信保介入，在尝试不同的转卖方式未果后，决定对该案件按照发票金额先行赔付。按照 70% 的赔比赔付 44520.5 美元。孟河镇外贸专管员通过孟河镇外贸工作 QQ 群，将中信保反馈的案例分享，使企业了解了一些贸易欺诈手段，提高了防范风险的能力和意识。

五　电子商务和品牌推广

加强电子商务和品牌推广是孟河镇汽摩配产业适应网络信息化时代的重要举措。

在电子商务方面，孟河镇汽摩行业在镇政府和汽摩配行业协会的组织下，联手慧聪网，为汽摩配企业开展汽摩配电子商务服务。近年来，众多企业入驻慧聪汽车配件网，借助慧聪网的专业电商平台，拓展销售和信息渠道。同时，孟河镇与慧聪网还开展了多种形式的品牌推广活动，创新交易模式，为企业服务。如孟河镇与慧聪网连续举办的"常州汽配采购节"，开创了汽车配件行业 O2O 交易新模式，真正实现了厂家、经销商企业之间零距离的接触，为汽配企业携手积极搞活流通、开拓市场、扩大消费创造了一个新的平台，是深化生产企业和经销商合作的有效途径。

孟河镇政府和企业都非常重视汽摩配产品的品牌推广，在做大产品品牌的同时，不遗余力地扩大孟河的汽摩配产业整体形象。如从 2009 年开始，孟河镇每年都和慧聪汽车配件网联合举行汽摩配产品专业会展，规模不断扩大，影响日益扩展。2009 年 8 月 24 日至 26 日，"牵手·共赢2009"暨中国常州汽车零部件采购洽谈会在孟河镇开幕，慧聪网旗下子网站汽车配件网主要依托网络资源，组织来自全国 30 个省、自治区、直辖市一级城市的 150 多家经销代理商赴孟河镇参观考察和洽谈采购，帮助采购商和生产厂商进行无缝对接，实现商企双赢，以此来进一步促进孟河镇汽摩电配件产业集群的大发展，打造全国汽摩电配件产业优质基地。

通过专业会展，孟河镇的汽摩配企业加强了同全国各地汽配行业间的合作，及时掌握了汽配行业的发展动向，便于企业采购和供应商筛选，进一步带动孟河镇汽配行业的繁荣发展，实现生产企业得市场、经销商得利润的"双赢"局面。如 2012 年，孟河举办的"中国常州孟河汽配采购节"，由孟河镇政府和慧聪汽车配件网联合主办，展厅面积达上万平方米，近 200 家参展企业整齐布局，现场展示汽车灯具、模具、覆盖件、易损件、发动机、底盘件等各种汽摩配产品，吸引了 5000 多买家现场寻觅供应商，有 100 多位知名专家和业界人士前来观摩指导，取得了良好的效果。

孟河镇不仅在家门口举办品牌推广和产品交易活动，还主动"走出去"，把握机会，开展大型汽摩配产业集群宣传展示活动，与国内外的上下游产业链衔接，加大孟河汽摩配品牌的推广力度。如 2012 年，在举办成功汽配采购节后，孟河镇又组团参加了"常州名品东北行""江苏产品万里行"重庆展示活动和"制造名城·常乐之州——常州名品华南行"深圳展示活动，全面提升"中国汽摩配名镇"优质汽摩配产品和重点企业的知名度。2013 年，孟河镇 5 家汽摩配企业被选中参加广州举办的第十届中国国际中小企业博览会。

2014 年，孟河在汽摩配产业采购节期间还举办了沙龙会，常州汽摩配件行业协会、慧聪汽车配件网的高管、国际大型电商企业的高层等都出席了会议，沙龙上，各专业人士就"中小企业如何利用电子商务平台轻松做生意"和"汽配电商中的质量体系、仓储物流分析"等议题开展讨论。

六　制约发展的瓶颈

孟河镇的汽摩配产业经过 30 多年的发展，已经形成了较大的规模，但目前也面临着一定的发展瓶颈，主要包括以下几点：

（一）企业规模普遍较小，龙头企业带动作用不足

孟河现有注册工业企业 2700 余家，其中：法人企业 1140 家，个体企业 1650 余家。2014 年度，工业企业实现工业产值 201.21 亿元，同比增长 16.88%；销售收入 188.66 亿元，同比增长 16.18%；利税 22.35 亿元，同比增长 21.52%；内资注册资金完成 9.72 亿元；实际利用外资到账 253 万美元；自营出口 10074.63 万美元，同比增长 25.85%，其中：82 家规模企业实现工业产值 63.96 亿元，同比增长 20.59%；销售收入 59.93 亿元，同比增长 18.67%；开票销售收入 5 亿元以上企业 1 家；3 亿元以上企业 1 家；永成车配、江苏浩峰等 7 家企业销售收入超亿元。

但规模企业缺乏一定的带动能力，超亿元领军企业缺乏龙头作用，对产业的拉动力和带动力不够。以中小企业为主的产业格局，使大部分汽车零部件企业都未形成一条完整的产业链，企业产品关联度不大，企业合力不足。汽摩配产业是镇财政收入的主要来源，虽目前销售收入已突破 120 亿元，亿元以上规模企业屈指可数。相比浙江萧山、瑞安等地零部件产业集群差距较大。

（二）产品附加值不高，自主品牌不足

目前，孟河镇汽摩配产业包括：①车辆灯具；②小排量车型配件；③车辆附件；④电器仪表；⑤注塑内饰件；⑥其他零部件等六个系列。但大部分的产品不是总成配套，属于手工式操作的劳动密集型产品，技术含量附加值较低。采用国际标准的产品较少，缺乏在国内外享有较高的名牌与品牌产品。异地外协件较多，尚未形成较为成熟的产业集群。不但影响了企业的快速发展，也阻碍了区域产业品牌的形成。

（三）产业链薄弱，大部分企业尚未融入整车配套体系

尽管近年来与国内大厂商对接配套有所增加，但总体仍处于较低水平。目前，孟河镇的汽摩配产品已与国内较多的汽车制造厂（一汽、二汽、广本、海马、长安、南汽、奇瑞、江淮、北汽福田、济南重汽等）摩托车和电动车制造厂（光阳、钱江、大阳、五羊本田、济南轻骑等），但多数企业满足于委托加工，缺乏创新研发能力，参与国际市场竞争的意识和能力不强，使同一产品在本地配套重复生产，加剧了恶性竞争，缺少自主产品开发能力。

（四）配套服务体系不健全

原小河镇于2001年建成了有400多个门市的汽摩配件市场，但开业不久由于行政区域调整对市场推动力度不够，而市场又远离大城市的依托，市场展销大厅已作新用。很多门市已陆续关闭改作他用，基本上趋于停止发展状况。

从2007年起，孟河镇政府逐步加大了对富民工业园区和通江工业园区基础设施的投入力度，做到了"五通一平"，基本形成了统一的配套公用设施，实现资源优势共享。新建标准厂房65000平方米，为产业链进一步发展提供了载体。但由于受人才、土地、政策、技术等要素资源的严重制约，加上投融资体系不健全，特别受国家宏观土地政策紧缩的影响，近年来已有20多家企业迁移到邻近的丹阳界牌、西夏墅、访仙等地发展。

产业集聚区内，特别是工业园区内的水、电基础设施已经较完善，但是绿化、照明、交通等相关公共基础配套设施不健全，园区总体承载功能弱，吸引力不够。由于园区建设起步都比较晚，公共交通、住宅小区和商业网点等社会化服务体系数量不足，上规模的物流单位仅常澄物流一家，提供商业贷款的小额贷款公司也只有一家，随着园区内企业和常住人口的

增多，园区内的配套设施远远不能满足日益增长的需求。同时，由于缺乏第三产业的带动，园区内为相关企业提供策划和咨询服务公司数量少，目前该功能完全由镇政府代替。

（五）劳动成本压力

近年来，孟河镇汽摩配企业人力成本不断飙升。孟河镇从事汽摩配行业人员的平均薪酬从 2009 年的 2 万元/年攀升到 2014 年 3.6 万元/年，涨幅高达 180％。2013 年至 2014 年，孟河镇汽摩配企业普遍存在"招工难，工资高"两大症状。随着市场人力资源竞争不断升温，唤醒了工人们对工资诉求意识，迫使人力资源成本不断上涨，尤其是当地从事相关模具造型、电力设备等技术型人才，平均工资高达 7 万元/年。

（六）网络信息化建设仍需加强

孟河镇在政府牵头下，与慧聪网建立的汽车配件专业网站服务，对企业开展电子商务活动、扩大孟河汽摩配名牌影响起到了积极的作用。在此基础上，仍需进一步加强网络信息化建设力度。目前国内主要的汽摩配产业基地，大多建有汽摩配行业门户网站，如浙江台州玉环县汽摩配行业协会运营的"国家汽车及零部件出口基地（台州）信息服务平台"和"玉环汽摩配"网站、温州市汽摩配行业协会运营的"中国温州汽摩配网"，都成为较为重要的行业门户网站和地方特色产业对外宣传的平台。孟河原有的"常州市孟河汽摩配产业集群创新服务平台"网站，自 2011 年后即不再更新维护，失去了孟河汽摩配产业门户网站的作用。而政府门户网站的功能，与产业网站的功能差距较大，也满足不了行业的要求。

第三节　地方政府与第二产业

孟河镇政府将第二产业作为经济发展的支柱产业，确立了工业经济发展坚定走"123"路线的发展战略。"1"是贯彻一个战略——工业立镇战略；"2"是坚持两个驱动——项目驱动与创新驱动；"3"是实施三大工程——综合经济实力提升工程、重点工业项目建设工程、重点规模企业培育工程。在重点行业方面，孟河镇确立"一基地二中心"的建设目标，即中国汽车零部件（常州）产业基地、汽车及零部件贸易物流中心、研发检测中心的建设，加大对汽摩配龙头企业的扶持力度，服务好企业的技改扩规工作，积极助推企业上市。孟河还加大全镇汽摩配产业集群优质产品示范区的培育力度，积极助推企业实施名牌战略，并计划利用孟河的区位优势和孟河汽摩配件生产的基地优势，规划集现代汽车服务、汽车经贸、汽车商业、汽车文化、汽车生活等为一体的超级国际汽车城。

孟河镇政府一贯将第二产业，尤其是工业的发展放在政策扶持的首位，"工业立镇"位于"工业立镇、文化兴镇、富民强镇"三大发展战略之首。

孟河镇对于工业发展，尤其是汽摩配产业的发展规划非常重视，以发展规划引领产业发展，推动行业高速发展。2008 年 6 月，由常州市经贸委牵头，孟河镇与专业机构编制了《常州市孟河汽摩配产业集群发展战略规划》，2010 年 11 月，中国汽车零部件工业公司和常州市孟河镇人民政府共同编制了《常州汽车零部件产业园区发展规划》，将孟河汽摩配产业基地纳入长期战略规划。近期，随着产业的迅速发展，孟河镇又在编制新的汽摩配产业发展规划。

孟河镇政府采取各种措施推进工业发展，在政策扶持、招商引资、园区建设、配套服务、银企对接等方面着力推动企业发展。为巩固和发展孟河汽摩配件产业在国内的领先地位。近年来，孟河镇政府每年年初，都会出台《关于进一步扶持企业又好又快发展的若干意见》的 1 号文件，在企业做大做强、科技创新、税收、土地使用、品牌建设等方面制定了激励政策，为汽摩配件产业持续、健康发展营造良好的社会环境。镇政府还每年召开"工业经济发展思路研讨会"，确定工业发展目标任务和工作思路，近期的重点是：要求对口单位盯紧任务目标、大力招商、提升管理、优化服务；明确经济指标，围绕支撑产业，细化重点工作，创新工作思路，寻求企业产销、应税销售、重点企业培育、产业招商、园区建设、企业管理服务等突破口，振兴工业经济；同时大力引进生产型服务业。另外，镇政府还每年确定重点工业项目，优先扶持、督办和落实。

近年来，孟河镇相继出台《关于孟河镇工业园区发展与管理的实施意见》等一系列扶企惠企政策，为汽摩配这一传统产业的转型升级提供政策支持，全面加强对工业园区的监督管理，积极培育特色优势产业和新的经济增长点。

一　工业园区的建设

孟河镇将工业园区的建设作为产业聚集发展的重点工作，紧紧围绕发展壮大特色汽摩配产业集群和培育新兴高科技特色产业的产业发展需求，以企业为主体、市场为主导、科技为支撑、政府构建和优化发展环境为原则，以提高园区项目履约率、开工率、投产率，壮大园区经济总量为目标，积极培育和建设两大工业园区，做大做强一批重点企业，努力形成新的经济增长点和区域功能定位，进一步促进经济结构调整优化和特色产业合理布局。经过多年的发展，孟河镇以汽摩配为主的规模企业主要集中在通江和富民两大工业园区。2014 年统计数据显示在两大工业园区注册的企业有 290 家。

（一）园区的准入条件

在园区的发展上，孟河镇制定了《孟河镇工业园区项目准入和投资建设管理办法》和《孟河镇工业园区发展与管理的实施意见》，对新征地的工业项目，实行准入制度，以优化土地资源配置，提高工业用地效率，规范工业项目用地批后监管，推进工业项目建设和产业转型升级。

1. 入园项目基本条件

（1）项目必须符合市、区、镇产业政策导向，符合园区重点发展产业或配套行业布局，符合国家环保和安全要求。污染重、能耗高、附加值低的企业不能进入园区。投资项目用地规模一般不低于 30 亩。

（2）项目注册资本必须达到每亩 100 万元以上，投资强度须达到每亩 300 万元。

（3）项目申请用地评审时尚未注册的，必须完成企业注册，注册资本须与所需土地挂钩，同时企业注册资本必须在参与工业用地"招、拍、挂"出让前到位。

（4）对优质工业投资项目，经认定后优先安排用地。优质项目应具备如下条件之一：

·投资者系已上市（含进入上市辅导期）的股份有限公司；

·固定资产投资规模超过 1 亿元的投资项目；

·投资者拥有中国名牌产品、中国驰名商标（不含司法认定）的；

·原企业现有年度实际上缴税费超过 500 万元且亩均税费 30 万元以

上的，行业符合国家产业政策鼓励类。

（5）大力扶持高新技术投资项目。投资者系省级以上高新技术企业，或投资项目属《国家高新技术产业八大领域重点》范围的（须经区级以上科技部门认定），或投资项目属国家"863"计划科研成果产业化的。

（6）特别优秀的工业投资项目，如国内外500强重大投资项目及其他特别优秀的投资项目，用地挂牌出让起始价经镇党政办公会议一事一议，适当下调。

2. 一般项目土地出让方式与价格

（1）项目用地出让方式为公开挂牌出让，土地价格按新北区保护价出让。

（2）在保护价的基础上另征收10万元/亩基础设施配套建设管理费，该费用由镇财政专户管理，用于项目基础设施建设、改造和维护管理。

（3）建立履约保证金制定。为保障项目用地产出，投资企业在签订国有土地使用权出让合同前，必须按3万元/亩向镇政府缴纳合同履约保证金，保证金存入专户，统一管理。项目要求从签订《国有土地使用权出让合同》起三年内投产，投产后须达到亩均开票销售200万元/年，不足部分按销售的0.8%收取综合规费，从保证金中扣除，直至扣完为止。

3. 工业用地招拍挂的相关要求

签订工业用地项目投资合同。工业用地原则上实现净地后出让，出让前须经过工业项目评估。投资企业在工业用地招拍挂中标后，必须与镇政府签订工业用地项目投资合同，工业用地项目投资合同作为工业国有建设用地使用权出让合同附件。工业用地项目投资合同应就产业定位、投资强度、建设规模、建设期限、亩产指标等内容作出约定，投资企业违反合同约定的应追究违约责任。

4. 工业项目建设要求

（1）工业项目建设期限。所有投资项目必须在签订供地合同后3个月内实现开工建设，18个月内实现竣工投产。

（2）约定期限内开工建设的，退还1.5万元/亩的履约保证金。开工建设以投资者办结项目施工许可证并实际开展连续性建设为准。逾期6个月仍未能开工的，则没收2万元/亩履约保证金。

（3）约定期限内竣工投产的，退还0.5万元/亩的履约保证金。竣工投产以项目公司实际投入生产为准。如因投资者自身原因未能按时投产，则没收 1 万元/亩的履约保证金。

（4）工业项目投资强度验收。工业项目竣工，在试生产 3 个月后，业主应向镇企业服务站申请投资强度验收；项目投资强度以有资质的第三方中介机构审计结果为准，投资强度的计算包含土地款和固定资产投入。工业项目投资强度验收合格后，退还 0.5 万元/亩的履约保证金。未达到投资强度的，项目业主须在 3 个月内补足投资强度。

（5）工业项目单位产出验收。工业项目必须在其签订《工业国有建设用地出让合同》年度为第一个年度起的第三个年度单位产出要达到本合同规定的产出标准。产值指标以统计部门出具的统计数据为准，税费指标以财政部门出具的数据为准。验收合格后，退还 0.5 万元/亩的履约保证金。

（6）投资企业实施工业用地项目后，自评符合履约保证金退还条件时，可按合同约定向镇政府提出退还申请，经镇政府确认符合条件后，由镇政府负责退还履约保证金。没收的履约保证金划归镇政府。

5. 工业用地回收及工业项目变更

（1）投资企业两年内未开工建设的，镇政府依照工业项目投资合同约定，按原出让价格（不计利息和任何其他费用）收回该工业用地土地使用权。

（2）严格执行企业调整产业功能定位的审查。企业获得工业用地后转变产业功能定位投资新项目的，新的投资项目必须优于原项目并通过工业用地项目评估，未通过评估的，不予办理手续。享受地价优惠政策的工业投资项目如转产后项目与原定优惠政策幅度不符，对其优惠差额部分由镇政府全额收取。

二　工业园区的管理

为了加强管理和服务企业，孟河镇成立了专门的园区管理部门——孟河镇园区管理科，设在镇企业服务站内，配备专门的工商质监、科技环保、经贸经发、统计、招商等工作人员，充分发挥协调、服务和管理职能，确保政府各项指导意见和重要决策落到实处，对企业发展情况了解透彻。

孟河镇园区管理科是两大工业园区管理的具体领导机构，受镇政府委托，负责对园区企业行使管理权，对入驻项目进行前期审核并提供建设性意见。其主要职责是：①贯彻执行有关法律、法规和政策，执行镇党委、镇政府的有关决定、决议。②会同相关部门负责编制工业园区的总体规划，统一规划园区内基础设施和公共设施，制定工业园区内建设规划、年度建设计划，经批准后会同相关部门实施。③会同相关部门编制工业园区土地供应及项目用地计划，经批准后参与相关部门实施园区内的土地征用、拆迁等相关工作；参与审核工业园区的项目用地规划、建设、施工事项；参与实施园区建设管理、环境保护、市政、地籍管理等工作。④负责工业园区对外开放、招商引资，编制招商项目，拟定工业园区招商引资优惠政策，经批准后负责实施和监督执行；按规定权限审核入园投资项目，拟定投资协议并经授权批准后实施，牵头履行投资协议内容的各项工作。⑤负责制定和实施工业园区产业发展规划，制订实施园区各产业布局和产业集聚计划，负责工业园区内国民经济的综合统计、专项统计。⑥负责对工业园区内企业经济运行调控、宏观管理、政务服务和代理代办行政审批事项工作；协助相关部门对园区及企业履行行政执法、监督和指导；承担园区内国家和省、市、县扶持项目、企业资质等推荐服务工作。⑦承办孟河镇人民政府交办的其他事项。

在园区服务方面，管理部门搭建了全方位园区管理服务体系。以网格为单位，建立以融资贷款、管理咨询、技术支持、劳动用工、信息服务、安全保障为主要内容的园区管理服务体系。加快工业园区中小企业融资服务体系建设，积极引导各类银行联系园区企业，解决园区企业贷款问题。建立和健全人才合理流动的市场机制和激励机制，鼓励和吸引各类人员到园区投资创业，鼓励社会各方面力量为园区培养人才。联合镇人力资源保障站，建立工业园区企业劳动用工的市场运作机制。帮助企业建立劳动用工制度，指导企业与职工依法签订劳动合同，逐步引导企业为职工办理基本养老保险和基本医疗保险。建立快捷、高效的园区经济运行情况快报体系，准确掌握发展动态，做好综合监测分析，并及时向领导和社会提供当月动态数据和经济运行情况分析。引导企业全面落实安全生产工作责任制，逐月推进安全隐患排查治理，为经济发展营造安全的生产环境。

近年来，孟河镇园区管理部门充分发挥园区管理的职能，创新方法方式，常态化工作状态，全力打造孟河"东大门"。在园区的管理上，园区管理部门建立了园区工业项目储备库和项目准入制度，以推进重大项目增量、提质、加速、达效；以园区配套设施为载体，突出重大项目、外资项目、高新项目，全面提升项目推进的层次和质量。入园企业投资项目必须符合市、区、镇的产业政策导向，符合园区重点发展产业或配套行业布局，符合国家环保和安全要求。污染重、能耗高、附加值低的企业不能进入园区。

园区管理部门还配合国税安排工作人员对园区土地、项目的实际情况重新进行一次全面、细致、详细的摸底调查，为盘活土地存量、加强土地集约利用打好基础。同时，园区管理部门全面加强园区的监督管理，积极培育特色优势产业和新的经济增长点，做大做强一批重点企业。

三　商会和行业协会的服务

作为政府和企业间的纽带，孟河镇的汽摩配件行业协会和商会在服务企业、开拓市场方面起到了很大的作用。孟河镇于 2005 年成立了常州市汽车摩托车配件行业协会暨商会，成立初期，协会和商会实行两块牌子一套班子合署办公。协会（商会）成立后，一方面主动为会员企业提供各种咨询服务，及时传递各种经济技术信息；另一方面按照章程和行风行规要求，打击各种违规、违纪行为，协助主管部门进行质量监管，为增强常州地区汽摩配市场的品位和档次作出贡献。

随着汽摩配行业不断做大做强，商会和协会的规模不断扩大，功能也有所分工。作为设在孟河镇的常州市汽车摩托车配件行业性协会组织，汽摩配行业协会以汽车摩托车零部件制造企业组成，孟河商会则参加的成员范围更广。行业协会以服务汽摩配行业企业为主，商会则更多地协调企业与银行、政府间关系，推动企业营商环境的改善。

汽摩配协会成立以来，在配合政府整治全市汽车摩托车配件行业、规范行业发展、提高产品质量、开发产品品种、增加产品销量、扩大产品出口及行业经济发展起到了一定重要作用。同时，协会还与常州高新技术产业开发区人民法院合作，成立了孟河汽摩配件产业知识产权巡回法庭，为汽摩配件生产企业解决知识产权方面的纠纷。协会还组织企业与慧聪网、中华汽配网等网站合作，扩大电商平台的服务，组织客商来孟河参加洽谈会，组织企业参加各种展销会，并通过简报等方式给企业市场信息支撑。

近年来，商会和行业协会致力于推动银企合作，破解金融难题，为实体经济发展和产业转型升级提供有力保障。

2014 年，孟河汽车摩托车配件行业协会作为发起人，与邮政储蓄银行共同创立"互惠贷"基金，该基金是依托邮政储蓄银行常州市分行的互惠贷金融产品，是针对孟河镇汽摩配产业集群生产经营特点量身打造，供其抱团发展的金融产品，可以为诸多无充足担保和抵押能力的小微企业提供资金来源、解决短期流动资金周转问题。

"互惠贷"是以互惠基金作为主要担保方式，邮储银行向符合授信条件的借款申请人发放贷款，用于实体合法生产经营活动。借款申请人以互惠担保基金的形式认缴部分资金，组成资金集合，再由其贷款资金提供担保。"互惠贷"授信后，孟河汽摩配"互惠贷"项目缴存的互惠保证金为借款人授信额度的 15%。风险准备金为单笔贷款金额的 1%—2%，具体比例将视借款人提供的弱担保情况而定。该产品计划在 3 年内向孟河汽摩配产业集群授信 10 亿元，首批"互惠贷"成员授信总额不超过 1.2 亿元。协会在客户删选过程中提供企业信息支撑，采取一票否决制，大大降低风险隐患。

授信品种：一年以内的流动资金贷款。

贷款利率：不足 6 个月（含）贷款月息 6.54‰；1 年以内的（含）贷款月息 7‰。

授信额度：单户不超过 300 万元。

授信期限：授信额度支用期为 2 年，单笔贷款最长期限不超过 1 年。

优势：免担保、免抵押，不存在联保风险，责任有限。

"互惠贷"基金是常州市第一家担保互惠基金，其成立帮助了银行加大对企业的融资支持力度，支持中小企业的发展，同时利用基金帮助企业提高社会信誉度，加强银行对企业的信任，从而破解中小企业融资难的问题，促进汽摩配产业链做大、做强、做优，帮助集群防范、化解"担保圈"风险，深化银企合作关系。

"互惠贷"基金的成功创立，是汽摩配行业协会探索解决小微企业"融资难""融资贵""融资慢"等问题的有益探索，其推广有利于更好地服务小微企业，更好地维护和支持企业的发展，从而为会员单位提供更加便利的服务。与此同时，能够加强银企间的紧密合作，有助于解决孟河经济发展中的突出问题，促进孟河经济的规模发展。

2014 年，孟河镇商会和行业协会为了创新服务，加大会员企业服务力度，将孟河镇的 8 家银行吸纳为孟河镇"两会"会员单位，并成立金融分会，由江南银行担任会长。此项举措扎实推进政府、企业、商会、银行的相互沟通，维护共同利益，进一步优化整合资源，缓解企业融资难的问题，帮助企业增强"三信"。金融机构可以通过商会协会多方面了解企业信息，维护支持企业，提高了金融行业的核心力，为银企紧密合作，提供咨询平台；有助于解决孟河经济发展中突出问题，增加金融机构的透明度，维护良好的金融秩序，并促进孟河社会经济的规范发展，促进各类型金融机构，提供多层次多领域的服务，更好地满足各类企业的发展。

在助推企业升级方面，孟河镇的商会和行业协会采取各种积极方式，助推企业转型升级，突出企业技术创新主体地位，增强企业自主创新能力，积极助推企业实施品牌战略，打造一批"孟河创造"的知名产品。多年来，商会和行业协会积极推动深化产学研合作，协调多家科研机构、高校研究院系落户孟河镇，形成"共同参与、利益共享、风险共担"的产业技术创新战略联盟。同时，重点配合抓好"一基地二中心"建设，加大汽摩配产业集群优质产品示范区的培育力度，抓住各种契机，利用孟河汽摩配件生产基地优势，规划集现代汽车服务、汽车经贸、汽车商业、汽车文化、汽车生活等为一体的汽车城，为孟河的第二产业升级而努力。

第四节　重点企业分析

孟河镇已产生一些具有带动作用的龙头企业，它们在市场开发、科研开发、产品升级等方面起了领头作用。这些企业有的规模大、竞争力强，有的产品新、发展速度快，有的发展潜力巨大，是孟河镇企业中的代表。另外，一些中小型企业也具有很强的代表性。

一　常州瑞悦车业——孟河规模最大的汽摩配企业

常州瑞悦车业有限公司（以下简称瑞悦车业）是孟河汽配产业基地中的"领头羊"。企业注册资金 500 万元，固定资产 8000 多万元，现有员工总数 500 余名，其中工程师 20 余人，高级工程师 10 名，技术研发人员 80 余人。公司 2011 年销售额 1.39 亿元，2012 年销售额已突破 2.23 亿元，2013 年销售额已达到 3.48 亿元，2014 年销售超过 5 亿元。目前瑞悦车业已积极为上市做各项准备工作。

　　瑞悦车业有限公司（见图 3—2）成立于 1986 年，是专业研发、生产和销售汽车内外饰件、车身冲压钣金总成件的综合性民营企业、国家高新技术企业。常州瑞悦车业具备轻型客车和皮卡车车身及内外饰制造型企业。目前轻型面包车车身和皮卡车身生产产能分别为 5 万台套和 6 万台套。到 2014 年底具备汽车生产的四大工艺，即冲压、焊装、涂装、总装，并形成 5 万台整车生产能力。公司还拥有 3000 吨模具制造的能力。在 2015 年还将有同平台的 SUV 产品和承载式窄体面包车的推出。

图 3—2　瑞悦新建的厂房

　　公司旗下已拥有四个事业部，瑞悦一事业部、瑞悦二事业部、模具事业部以及瑞悦全额控股的江苏瑞普车业有限公司。公司现有员工 1000 余人，大学专科以上学历的科技人员占企业当年职工总数的 30% 以上，总占地面积达到 348500 平方米，建筑面积 162800 平方米，拥有 15—24000 吨注塑机 30 余台，净化度达 1 万—10 万级，现代化冲压、焊装、涂装、总装生产线 10 余条，形成了科技自动化产品生产设备流水线。其中瑞普公司生产的 118 皮卡车身，在不断完善品质的同时与世界皮卡潮流接轨，产品通过了中国国家强制性产品认证和 ISO 9001：2000、TS 16949 质量管理体系认证。而瑞悦二事业部是以新型多功能商务车（R2）为主要产品平台，目前正在投资建设 10 万台（套）车身冲压及整车焊装项目。项目计划总投资 11.25 亿元，分三期完成。项目全面投产后，产能将达到每年 10 万台套车身的冲压与焊装规模，年销售收入将达到 15 亿元。新模具中心以自制大中型冷冲压模具为主，规划产值：3000 吨/年；现有数控设备共 11 台：新增 2 台日本大隈（其中 1 台为五面铣）、7 台龙门铣床和 2 台加工中心；研合和调试压力机共 5 台（最大吨位为 1250 吨）；企业立足以科技创新为中心，专注于新产品研发，现有专利技术 40 项，其中 35 项已授权。公司本着合作共赢、强强联合的运营方针，经过与厦门金龙汽车车身有限公司多次研究协商，双方在 2013 年共同出资成立了金龙汽车车身（常州）有限公司，主要开发新型轻客汽车车身等项目，该项目有望在未来几年投产，成为集团销售新的增长点。企业力争从 2015 年到 2019 年 5 年实现整车生产 5 万台，2019 年实现产值 50 亿元。

企业立足以科技创新为中心，长期投入科研经费，研发新产品。公司每年投入大量资金用于产品研发，现有专利技术 80 项，并与国内知名大学合作，长期聘请江苏大学、湖南大学、南京工程学院的专家教授来公司指导生产、监控产品；为培育公司自有人才，每年派遣员工前往各地学习、培训。2004 年，公司富满牌汽车配件被评为"常州市名牌产品"；公司"富满及图形"商标，2009 年被评为常州市知名商标，2011 年被评为江苏省著名商标，2012 年获得"全国驰名商标"称号；同时 2012 年公司获得"江苏省高新技术企业"称号。2002 年、2003 年、2004 年、2006 年企业四次被中国人民银行南京分行确认的资信评估机构评为"AAA 资信等级企业"。2013 年与南京工程学院建立校企联合，并获得常州市工程技术中心、常州市质量管理奖、两化融合示范企业及"高新技术企业"称号；获得常州市名牌产品 4 项，江苏省名牌产品 2 项。

"富满"汽配产品已在全国 18 个省市广泛销售，并长期与一汽、上汽、江淮、福田、金龙、长城、华泰、北汽、金杯等国内 20 多家知名汽车主机厂合作。2004 年，"富满"牌汽车配件被评为常州市知名商标，2011 年被评为江苏省著名商标，2013 年被评为江苏省驰名商标。公司致力于"富满"品牌建设，在消费者中获得一致好评并多次受到国家机关褒奖。

"凝聚高科技精华、创行业知名品牌"是公司的目标，始终坚持"以质量求生存，以创新求发展，以顾客为中心，追求完美品质"的企业宗旨。

二　浩峰汽车附件有限公司——孟河镇重点企业

江苏浩峰汽车附件有限公司（以下简称浩峰公司）是孟河镇重点企业。公司始建于 1995 年 10 月，前身是武进恒力电器厂，1999 年 11 月 15 日改名武进市恒峰汽车附件有限公司，2002 年 11 月 20 日更名为常州市浩峰汽车附件有限公司，2008 年 11 月 10 日核准变更为江苏浩峰汽车附件有限公司，注册资金 1000 万元。公司经营范围：汽车零部件及配件、摩托车零部件及配件、机械零部件、冲压机、五金制造、加工，金属材料销售；自营和代理各类商品和技术的进出口业务等。

办厂初期公司没有厂房，相继租赁了武进特种拉丝厂厂房和白兔小学的校舍，固定资产为 1 万元人民币的 1 台 15 吨的脚踏冲床和一些辅助设备，客户仅丹阳第四微型电器厂一家，来料加工汽车电机电枢冲片。朱建方总经理主动跑市场，接订单，前后拓展了常州叶迪车灯公司和常州市空气滤芯器厂等厂家，配套生产摩托车车灯配件、电表表架和空气滤芯器等产品。仅仅 3 年时间积累了一定的资本，于 1999 年开始新建第一幢 600 平方米车间。经过十多年的努力，公司相继于 2008 年和 2012 年进行了两次扩建。公司现有占地面积 65 亩，厂房面积从开厂初期的 600 平方米到现在的 52000 平方米。固定资产从开厂初期的 1 万元到现在的 9000 多元。年产值从开厂初期的 80 万元到现在的 1.5 亿元。员工从开厂初期的 3 个人到现在的 312 人。

公司经过 10 余年的不懈努力和市场开拓，现具有年配套制造能力 1200 余万件，主要归纳为以下三大类产品。

1. 高效电机电枢铁芯以及汽车转向系统关键零部件

该产品是汽车转向系统关键零部件，广泛用于汽车电动助力转向系统，完成电机内电磁变换功能，保证电机的高效运行，保障汽车的安全性和舒适性，并提升节能效果。随着汽车行业的巨大需求，本产品在国内也将拥有巨大的市场潜力。该系列产品 2014 年实现生产能力 380 万件，销售收入将达到 3600 余万元。

2. 高可靠性调速电阻和电子控制模块

该产品是汽车空调系统风速调节的关键部件之一，起调节汽车空调系统风机转速，控制输送冷或热气流的强度，保证系统高速运行，稳定性高，增强了汽车的安全性、节能性。该系列产品 2014 年实现生产能力 250 万件，销售收入将达到 4500 余万元。

3. 高性能汽车空调储液干燥器、气液分离器

该产品是汽车空调系统的关键部件，是维持空调冷凝器可靠运行的关键件，保障汽车空调系统可靠运行，保证汽车的舒适性和安全性，并且节能减排。该系列产品 2014 年实现生产能力 360 余万件，销售收入将达到 3800 余万元。

公司通过十余年的资本积累和拓展，到目前已拥有各种先进制造设备 350 多台套，电机电枢铁芯采用机电一体化全自动生产线，拥有最高端 G2—80W—200W 双点高速冲床 18 台套，各种不同系列型号电枢铁芯和壳体等盘盖类高速自动生产线 10 条；2011 年引进进口 SMD 电子式调速电阻自动生产线一条；各种型号冷挤压机、精密压铸机、CNC 数控加工中心等设备，汽车空调储液干燥器自动生产线 3 条。先进高端的设备，科学合理的布局，使公司的生产能力和质量保证能力有了显著的提高。

公司是一家集研发、生产、销售为一体的，专业从事汽车空调用蒸发风机、冷凝风机、鼓风机、冷凝器、水箱散热风机、冷却风扇、雨刮器、电动座椅智能模块等汽车附件的生产企业。十多年来一直注重技术研发，积极瞄准国际前沿技术及行业发展趋势，不断采用新技术、新工艺、新材料和新方法，依靠科技创新、机制创新和管理创新，通过对品牌的培育和拓展，业绩取得了高速的发展，产值、销售、利润连年翻番。2010 年 5 月，公司建立了"江苏省汽车转向系统关键零部件工程技术研究中心"和北京浩峰新源科技有限公司，聘请博士主持新产品、新技术的研发；2010 年 8 月被授予"江苏省高新技术企业"；2011 年成立了"于志伟劳

模创新工作室"。公司建立了 1000 平方米的产品材料、零部件精密测量试验室和电器件模拟环境、耐久性试验室，设备总价值 500 万元人民币；中心建成后拥有电机研究、材料分析、模拟性能分析、精密测量室等成套试验设备，为企业的技术创新，产品的工艺优化以及新产品开发提供了技术支撑。目前汽车电动助力转向系统、空调气液分离器、智能调速模块等研发项目产品已通过国家相关部门认证，进入量产阶段，特别是汽车系列智能控制模块市场前景广阔。并且在国内率先推广应用了汽车空调储液干燥器，实现了密封技术改进，引领了汽车空调调节装置的发展潮流。目前，已研制开发 20 多个系列，共 60 多个品种规格的产品。

通过新产品开发和技术创新，目前企业共申请了发明专利 18 项，已授权 8 项，实用新型专利 17 项，已授权 12 项。2002 年公司通过了 ISO 9000 质量管理体系认证；2006 年 10 月通过了 ISO/TS 16949 质量管理体系认证；前后共注册了 5 款商标。2010—2014 年公司研发投入逐年增加，占销售收入的 4.36%—5.12%。公司目前在加快自主品牌建设，大力推进商标战略实施。在常州市知名商标的基础上，创建江苏省著名商标，中国驰名商标已于 2013 年 4 月向国家商标局提出申请。目前公司自主研发的车控电子自主品牌产品，车用冷却风扇智能控制模块等系列产品，已在北京现代、悦达起亚等国内主流品牌实现整车配套，在一汽海马、富力奥、北汽福田等新能源汽车中使用，产品同时出口美国等欧美等地区，率先在日系、德系、韩系常规汽车及新能源汽车维修中使用。在此基础上，制定电子产品的企业标准，力争形成汽车电子行业标准。

发展方向：重点在高精度自动冲压、精密压铸、加工中心和汽车车控电子控制器等方面进行研发和产业化。

发展规划：公司对现有资源进行整合，进行产业结构调整，并于 2013 年销售收入超亿元的基础上开始了第二次创业，制定了 5 年和 10 年规划。5 年新建 3 条电子产品自动贴片生产线，年产能达到 500 万套；建成 5 条汽车空调气液分离器自动化生产线；10 条电机电枢铁芯自动化生产线。新建 2000 平方米实验室，打造 3 个亿元级车间；10 年共投资 3.5 亿元，在原有生产规模上，再打造自动化精密压铸、CNC 机加工公司，形成 5 亿—7 亿元规模的集团化公司。

三 常州明宇交通器材有限公司——孟河汽摩配企业发展的一个缩影

（以下内容节选自《常州晚报》2012 年 6 月 18 日报道）

从上海小糸明宇制造基地的生产车间里，我们读到了现代化、标准化、规模化的孟河汽摩配产业发展的未来。

车子一路在孟河行驶，窗外闪过一个又一个汽摩配厂子的门头，眼前的这家最特别：厂区很整洁，门口几个大字书写工整："上海小糸明宇制造基地"，日本小糸是世界最大的车灯制造公司。来自孟河的本土企业常州明宇交通器材有限公司 2007 年开始与其合作，是至今为止在苏皖地区小糸唯一的制造基地。孟河镇党委书记高炎说，本土的汽摩配企业主动寻求与业内世界级的大佬公司合作，这样的成功案例代表了孟河汽摩配产业将来发展的方向。而一直以来，这里传统的汽摩配企业走的是完全自主发展的路，这里面也涌现出了一批优秀企业，比如创建于 1980 年的瑞悦车业有限公司，以研发制造车身冲压、焊装件为主营业务，预计 2012 年全年销售额可突破 3 亿元。

起步：家里变厂房，从夫妻老婆式的小作坊做起

今年 46 岁的姚小明是土生土长的孟河人，他的创业故事可以从 30 年前讲起。20 世纪 80 年代初，高中毕业的姚小明在村里人开的小家庭作坊里帮着做车灯，他回忆说，那个时候孟河镇上这种为汽车、摩托车做零配件的家庭式小作坊已有几百户。做了半年后，姚小明和当地很多年轻人一样，开始全国各地跑业务，随身带着周边小企业的样品，接到几笔单子后再统一回家乡组织货源。用他的话来讲，"那时我们那里只要是男同志，都想着到外头去跑业务"。之后，姚小明进了当时的武进光学仪器厂做供销员，端上了"铁饭碗"，这个厂专做汽车的后视镜，他仍旧全国各地跑。

1992 年初，姚小明辞职回家，家里的 3 间楼房和 2 间平房几乎全部腾出来当厂房，业务来自姚小明之前当供销员时的积累，他和爱人既是老板也是做手，专做车灯和后视镜。孟河大部分汽摩配企业的发家方式都和这差不多，在 20 世纪八九十年代，由夫妻老婆式的小作坊开始。

一年后，随着业务的扩大，这家小厂搬进了附近中学的旧校舍，并且增加了二三十名工人。到了1999年，姚小明的厂子搬进了富民工业园区，主要产品仍旧是车灯，15亩地，100个左右的工人，仅仅7年时间，他的企业已做得像模像样。富民工业园区是孟河的第一个民营企业工业园，现在已经有150多家企业入驻，大部分为汽摩配企业。

现在：委托世界一流车灯制造企业经营管理，这种办厂理念代表着一种发展方向

姚小明的忧虑出现在2006年。那时，他已在富民工业园二期拿下了60亩地，开了新厂，新增了300多个工人。这次的扩大规模并不如之前十几年的发展那样顺利，姚小明坦言自己遇到了"创业以来最艰难的时刻"："投入了这么多年来积蓄的所有家当准备一搏，而那个时候国际市场汽车零部件的价格下降了10%左右，对产品的要求也陡然增高。企业的规模上去了，但是技术和管理却没有跟上要求，品质上不去。"

这个时候，姚小明得知日本小糸在上海的公司准备在江苏寻找制作基地，当时找上海小糸洽谈合作事宜的公司已有三四家。因为姚小明的企业一直以来诚信经营，在业内口碑不错；也因为它专做车灯，做专而不做全，2007年8月，经过对方的几轮筛选，这家企业最终脱颖而出，成为上海小糸在江皖地区唯一的合作基地。由此姚小明本人正式退出了对这家企业的管理和经营，他只是持有所有权，其余一切，都委托了小糸打理。如今，这家企业生产包括上海大众、上海汽车、南京依维柯、名爵、奇瑞等多家汽车生产厂商的汽车车灯。

看起来，工厂所有人只要把厂子委托给大公司，从此自己不用太多操心，安得做个"甩手掌柜"，这样的事岂不很好？但其实不然。"你看我们这里有几个老板舍得把自己一手创办的企业托付给他人的？但我们的技术还需要完善，管理能力跟不上，在做品牌方面也没经验，委托世界一流的企业管理，我能学到很多。"姚小明说。

图 3—3　明宇公司的流水线

第五节　第二产业发展战略

孟河镇的第二产业在全镇产业中所占比例最大，优势明显，是地方经济发展的支柱。在"产业强镇"战略中，第二产业做大做强的同时，加快推进产业转型，推动企业从传统制造业向先进制造业转变，应该是第二产业发展的大方向。

一　坚定不移发展优势产业

孟河镇的优势产业是汽摩配产业，做强做大汽摩配产业，发展相关新型产业是坚定不移的发展方向。在产业发展方向上，应继续推动汽摩配产业规模、提高科技含量、增强产品质量、扩大市场影响力，同时适应市场需求，大力发展新材料和新能源产业。

在政策扶持上，要积极拓展发展空间，利用中心镇"扩权强镇"契机，加大建设用地清理，盘活存量土地，做好用地储备。进一步完善工业园基础设施建设，采取多种措施，推动园区的拓展延伸，扩大园区规模，增强产业聚集和辐射功能，吸引更多企业入驻。完善重大项目推进机制，创新项目组织方式，确保项目引得进、落得下、推得动，早日形成新的经济增长点。鼓励和扶持骨干企业向科技型、创新型发展，切实增强经济发展后劲。

根据市场需求，孟河镇应重点开发汽油机增压器、电涡流缓速器、轮胎气压监测系统（TPMS）、随动前照灯系统、LED前照灯、数字化仪表、电控系统执行机构用电磁阀、低地板大型客车专用车桥、空气悬架、吸能式转向系统、大中型客车变频空调、高强度钢车轮、载重车后盘式制动器等汽车关键零部件。

近年来，政府相继出台了《汽车产业调整和振兴规划》《关于开展节能与新能源汽车示范推广试点工作的通知》，其中《国务院关于印发节能与新能源汽车产业发展规划（2012—2020年）的通知》拟定的目标是到2015年中国电动汽车累计销售要达到50万辆，2020年达到500万辆。

2015年上半年，全国新能源汽车总销量达到71102辆，是2014年上半年29575辆的2.4倍。其中，插电式混合动力车增长更为显著，2015年上半年销量突破2万辆，达到20884辆，与2014年同期的5495辆相比增幅高达280%，已经超过2014年全年插电式混动车的总销量17489辆。纯电动车也继续保持快速增长，上半年卖出29743辆，与2014年同期的12222辆相比，增幅为143%。由插电式和纯电动车组成的电动车上半年总销量为50627辆，与2014年上半年的17717相比，增幅达到185%，也已经接近去年全年的58548辆。

未来的重点发展方向，是以资产为纽带，进行资产、资源的优化配置，生产孟河品牌的新能源汽车，并进行产业延伸，最终形成一个产业基地和三个中心。一个基地即新能源汽车产业基地；三个中心即产品研发中心、检测中心和路试中心。

二 深化产学研对接

孟河镇汽摩配企业根据自身产业的性质特点，主动与高等院校、科研院所、专业机构联合，共同解决产品的科技难点，提升产品的科技含量，为自身的发展注入强大的活力，同时也让参与研发的高等院校、科研院所得到一定的研发经费，为双方科学可持续发展提供保障。

近年来，为进一步加强孟河镇企业与重点高校、科研院所之间的合作。孟河镇积极与各高校联系，鼓励高校、科研院所的科技知识产权推进到产业基地，推动企业科技创新与产业转型升级，促进了产学研交流与合作。孟河镇采取"走出去，请进来"等形式开展产学研对接活动。组织企业家赴吉林大学、四川大学、湖南大学、江苏大学等高校开展产学研对接，就区域合作、产业合作、创新平台、人才培养等方面进行全面合作，邀请湖南大学、武汉理工大学等高校教授来镇指导，2012 年与江苏大学签订了全面合作框架协议，包括联合成立"江苏大学车辆产品实验室灯光检验室"等，与湖南大学合作共建产品创新设计中心。据不完全统计，近三年，孟河镇企业与各高校、科研院所签订产学研合作协议 50 多项。

孟河镇还鼓励企业增加科技投入和引进人才，提升产业层次。鼓励企业"以内引外、以资引智"等方式与马自达轿车、金龙客车、黄海客车、长安面包、长城皮卡、大长江摩托车等企业的对接，加强企业的产业链合资合作，构建车辆配件专业生产基地。提高了产品的竞争力，积极搭建公共服务平台。

三　建立人才库，提高研发能力

孟河的工业发展正处于升级换代阶段，企业对人才需求旺盛，尤其是科技开发、管理专业人才等，要引进人才，有效的办法之一是建立国内外有关人才资料库，做好人才储备。

孟河镇正在积极制定鼓励措施，吸引孟河镇籍企业家、科技人员、技术工人回乡创业。采取请进来、送出去和定点培训的办法，下苦功建设一支高素质科技人才队伍。重点培养、建立一大批以董事长、总经理为主体的、具有现代科学创新知识和现代经营管理知识的企业高层领导队伍，使他们能够领导企业强力推进体制、机制创新和自主科技创新、经营管理创新；能够把握发展机遇，不断开拓企业发展的新路子，提高企业产品在国内外市场的占有份额，使企业持续、稳定地发展壮大。积极引进、培养一大批能掌握现代小排量汽车零部件发展趋势、能进行产品创新、工艺创新的技术带头人和小排量汽车零部件研发的专家队伍。加强在职技术工人的培训，努力提高职工队伍整体素质。

四　加强品牌意识，扩大市场规模

建立多元化交易平台，提高竞争；建立网络交易平台，扩大国内外影响力。充分发挥行业协会的纽带作用，继续扩大与慧聪网等电子商务网站之间的合作，通过专业的 B2B 网站在网络上树立孟河镇汽摩配产业的形象，推广企业各类优秀产品和服务，开拓国际市场。

五　强化产业关联，构造企业集群优势

形成集汽摩配研发设计、生产、贸易、资讯、会展、检验检测为一体的产业链，汽摩配产业在自主创新、自主知识产权、自主品牌等方面居国内同行前列。将孟河镇打造成为全国汽摩配产业集群的重要产销地之一，建设成国内知名的优质汽摩配件产业集群。随着瑞安等地一批龙头企业入驻中国汽车零部件（常州）产业基地，将会使产业发展上一个新的台阶。

根据孟河镇自身经济发展特点、产业结构的特征和资源优势，以打造全国优质汽摩配产业集群为抓手，以"创新、创优、创响品牌"为主线，推进技术创新化、产业集群化、管理短能化、资源集约化为特征的现代汽摩配产业发展，形成集汽摩配研发设计、生产、贸易、资讯、会展、检验检测为一体的产业链，着力建成国内重点优质的汽摩配产业集群区。

根据国家颁布的《车辆零部件产业政策》，到 2020 年要把我国车辆零部件产业建设为国民经济的支柱产业。车辆零部件产业是车辆产业的基础，为适应电动车辆发展的需求，以《孟河镇车辆零部件产业发展规划》和《孟河镇"十二五"规划》为统领。在已经制定的《孟河镇汽摩配产业中长期发展战略规划》的基础上，进一步落实配套措施，细化产业发展规划，同时制定相应的配套政策，引导企业的自身发展规划，鼓励企业发展电动汽车配件和低排量车辆零部件，以提高汽摩配产业发展水平。

瞄准国际汽车零部件发展新动态，鼓励企业积极开发具有自主知识产权的小排量新产品，争创孟河镇区域小排量集群品牌，重点抓好向小排量轿车配套行业发展。鼓励龙头企业对上下游企业的联合兼并，鼓励企业联合形成配套体系，推动行业内的重组，探索龙头集团企业通过资金、技术、人才等方面的支持和服务，帮助上下游中小集群企业拓宽发展路子。具体措施如下：①争创孟河镇区域集群品牌。以省市著名品牌为依托，吸

引中小企业进入共有集群品牌体系，辅以统一质量检测，形成系列化产品配套的品牌联合体，积极争创孟河镇汽车小排量零部件的区域集群品牌。②组建汽车零部件产业集群集团。以系统产品或关键汽车零部件为龙头，以行业生产证、市场营销网络等优势条件作引导，由核心企业牵头，组建"小巨人"型集群集团，形成规模化紧密或半紧密的小排量企业联合体。推动小排量汽车零部件企业联合重组，强强联合或优势互补。积极鼓励优势企业低成本扩张，实现资源共享，建立配套体系，以降低成本，提高质量，增强实力。③积极引进外来强势资本。特别是国内外先进小排量汽车零部件公司，对本地小排量汽车零部件企业进行优势重组，从融资、厂房扩建或搬迁、技术改造和研发经费等都给予大力支持，千方百计争取孟河镇小排量汽车零部件产业集群企业纳入国际国内汽车集团的采购体系。

六　重视企业职工培训，提升企业素质

政府要组织企业家学习参观、考察同行业先进管理经验，学习他们善于把握新机遇，积极应对各种经济危机的经验，通过学习使企业家们真正明白，我们与先进的差距主要是在思想观念认识上，创新引进新型管理人才与开拓产品的方法上。不但要学习先进的发展市场经济的新思想、新观念、新认识，还要学习先进的不断竞争拼搏与创新发展市场经济的经验。更要树立企业家"事业报国，追求卓越"所需要的企业精神和不断竞争的创新理念，一个真正的企业家要确立远大目标和创新竞争的理念，要不断走出去考察学习，以借鉴先进管理理念，用科学观发展武装思想，促使自己的观念不断转变和思想解放，增加市场经济与行业的竞争力。要学习温州人积极应对金融风暴后续影响，要丢掉一切依赖政府的思想，在市场经济的大浪中，学会靠自身的努力自强拼搏不息。在思想观念上先为常州打造一个千亿元产业集群基地和汽摩特色产业名强镇，奠定坚实的新经营理念思想和基础。

第四章

大有发展潜力的第三产业

　　孟河镇由于地理位置优越，历史上商业较为发达，近年来，商业服务业日渐繁荣，汽摩配产业配套服务业不断壮大，同时，随着文化历史资源的深度挖掘，文化旅游产业的潜力将成为孟河镇第三产业的新增长点。目前，孟河已成为江苏省级特色景观旅游示范名镇，正在精细规划乡村旅游与休闲观光农业相结合的文化、养生、休闲旅游产业格局，充分挖掘孟河小黄山、万顷良田、齐梁故里、孟河医派等资源，其中孟河小黄山休闲旅游区项目规划面积26.8平方公里，总投资300亿元，规划建设主题景区、商服配套、运功休闲公园、休闲农业、主题社区五大板块。

第一节　第三产业发展现状

一　孟河商业发展历程

　　孟河镇域的商业可追溯到东汉年间，光武初年开渎，从长江口掘至小黄山脚下，孟河成为通江口岸，货物交易渐盛。唐元和年间，孟简受命扩展旧渎河道，其后1200多年又多次疏浚，清雍正末年又开通小河港。这些水利工程不仅利于农业，更使交通便利，商业繁荣。历史上的古孟河是水路通江达海、陆路四通八达、集市贸易非常繁荣兴旺的集镇，是方圆百里涉及各县市、沟通长江南北的农副产品集散地。

　　自清代开通小河港之后，古孟河逐渐失去航运作用，小河日渐成为商贸集散中心，形成了小河、石桥、萌沙、庙边四个大小集镇。清末至民国间，油坊、粮行、杂货、饭馆酒肆、丝绸布店等一应俱全。

1949 年至 1978 年，孟河、万绥、小河三地商业主要以国营供销社和集体商业为主，还有少量个体商贩和集市贸易。1978 年以后，个体商业逐渐恢复发展，集市贸易迅速发展。如小河到 20 世纪 80 年代初，已形成七个专业市场，包括旧木市场、树竹市场、粮油市场、家具市场、蔬菜水产市场、苗猪市场和摊贩市场。

孟河镇在 2003 年合并之前，小河镇的第三产业较为发达，小河镇率先积极以第二产业为依托，利用"温州模式"大力发展第三产业，坚持第一、二、三产业共同发展，在做强工业的同时，努力促进第三产业的发展，走依靠二产办三产，办好三产促二产，第三产业社会化，第二、三产业互动发展的路子，推进城镇化进程。乡镇合并后，第三产业进一步得到快速发展。

个私经济的快速发展，使第三产业得到了较快的发展。以合并之前的小河镇为例，2001 年末，小河镇从事第三产业的经营户达 2873 户，从业人员为 8231 人，占全镇劳动力总数的 38.73。特别是邮电通信、交通运输、证券彩票、商场超市、各类修理、餐饮住宿、文化娱乐、建筑装潢和服务业均有较快、较大的发展。一定规模的饮食与食品店有 18 家，宾馆酒店 15 家，休闲浴室 10 家，娱乐场所 16 家，证券彩票交易点 6 个，连锁超市 5 家，通信器材 16 家，加油站 10 家，燃气供应点 5 家、运输公司 3 家，还充分利用小河镇地理位置得天独厚的优势，用"温州模式"吸引客户到小河经商。如常州商厦 1999 年与小河商场联营，经营服装鞋帽、工业材料、五金家电、文具用品、电信器材、金银首饰、化妆品等，办起了规模较大的苏果超市，闯出了一条城乡一体独特的经营模式，包括工业材料销售，2001 年营业额已突破亿元。市供销社明都集团与小河的个私业主联合经营，共同投资办起了大型明都超市和宾馆酒店。

随着第二产业的快速发展，配套的服务业也得到了一定的发展，服务于汽摩配产业的专业市场建设，进一步带动了第三产业的发展。孟河镇的汽摩配产业以小河为中心，2001 年建成了华东地区有较大规模的 400 多个门市的"江苏小河汽摩配件市场"，是常州市十大特色市场之一，2001 年被评为常州市小城镇建设十大精品，个体工业园区和第三产业的快速发展成为经济增长的"亮点"，为争创新型现代示范小城镇奠定了基础。以专业市场建设为龙头，发展现代服务业来提升第三产业的发展，以汽摩配件市场和第三产业来支撑汽摩配件，以三产促进二产，以二产回报一产，形成了良性循环。

新镇合并后，第三产业得到了进一步的发展，2003 年，孟河镇第三产业国内生产总值为 3.37 亿元，到 2014 年，孟河镇的第三产业已达国内生产总值 21.3 亿元，增长了 5.32 倍。

二　孟河镇第三产业发展特点

随着改革开放的不断深入，孟河镇在发展工农业的同时，稳步推进商业和现代服务业发展，第三产业进一步壮大。

（一）第三产业逐步扩张

近年来，孟河镇根据自身的资源优势和区位优势，转变引资方式，扩大引资领域，注重引进企业和个体经营者进入规划区域，积极发展商贸物流三产服务业，做强商贸，以商贸富镇，形成功能齐全、布局合理的市场体系，加快第三产业的发展。通过商贸活镇的多项举措，孟河镇的餐饮业、商贸物流业、交通运输业、房地产业等第三产业日益兴旺发达。

孟河镇加快三产发展，实现商贸活镇的举措，一是转变引资思路，由原来的政府招商为主转变为政府搭建平台社会产业自主招商为主，变招商引资为选才引智和选商选资并举。二是优化引资办法，重点采用集约化招商引智和产业链选才选资，充分利用汽摩电配件行业为全省重点产业集群之一的优势和现有企业的厂房、土地等资源，采取合资、合作、产权转让等形式，全方位、多渠道促进项目进驻。三是拓宽选商引资领域，从工业招商拓宽到三产贸易、商贸流通和现代服务业的全面招商引智。加快选商引智工作的开展，培育融资、物流、租赁等新兴服务产业，进一步加强三产贸易、商贸流通和现代服务业选商引智力度。“十二五”期间，转变招商理念。实现由“项目招商”向“产业链招商”“服务招商”转变，注重瞄准汽摩配等产业上下游龙头企业开展招商，提升产业集聚度。加强与大企业的联系与合作，做好“以民引外”“以内引内”文章。

在生产服务业方面，孟河新镇成立以后，利用区位优势，努力培育现代服务业，如在通江工业集中区利用常泰高速、新 S338 省道和新孟河 3 级航道交通优势，建成新型生产资料市场，汽摩配产品交易市场和维修市场。其中联合近 60 家数控、模具加工企业成立的常州市孟河镇数控模具加工中心，为汽摩电配件产业集群企业设计制作开发、加工数控模具，取得了良好的经济效益。同时，在集镇区规划建材、装饰材料、家具和超市等生活资料市场。金融保险、信息咨询等服务机构依托汽摩配产业发展和新镇区功能的不断完善，得到了较快的发展。到 2013 年，共有 8 家银行在孟河设分行网点，以及一家农村小额贷款公司。

同时，为做好产业配套，孟河重视现代物流业的扶持和发展。2008年，孟河镇投入了 5000 多万元，用地 100 多亩，建设成立孟河镇常澄物流公司，并联合 10 多家物流企业，成立孟河镇物流服务中心，常澄物流、物流服务中心等三产企业迅速发展，使本地物流服务成为新的经济增长点。

在商业服务方面，孟河镇开发出了立新街、兴镇路中心商务区，在汽摩配市场开发了餐饮一条街，积极引进金融保险、信息咨询、家政等服务机构，大力发展房地产业、餐饮业、文化娱乐业、现代物流等产业。2009年建成全镇规格最高的天乐大酒店（见图 4—1），以满足来自全国各地客商的需求，开发了世豪房产、南天房产、中鑫房产、山峰宾馆等商住楼项目，同时不断引进酒店服务业进入孟河，提高商业配套服务。

图 4—1　天乐大酒店

在生活服务方面，孟河近年来做强投资环境，进一步整合资源，在新镇区新建一批规模的生活资料市场，如综合性市场、大型超市和多功能综合商场，农贸市场等，引进名店名品牌，开发商业步行街。孟河镇区原来只有苏果超市一家较大的综合超市，2010 年，孟河镇扩建了小河农贸市场，引进了民资开办常乐购超市，将大中型超市引入镇区，极大方便了镇居民的生活。同时，规范管理各农贸市场等各类专业市场，让镇上居民享受安全放心的购物环境。2009 年，小河农贸市场被评为"江苏省诚信计量集贸市场""常州市二星级文明市场"。

在房地产开发方面，随着城镇化的发展，孟河镇近 10 年来开发了多个居民安置小区，使农村人口安置问题得到妥善的解决。孟河镇的安置小区主要包括富民安置房小区（见图 4—2）共四期和富民景园安置小区共三期建设，其中 2010 年的富民安置房小区三期和富民景园建筑面积达 30万平方米，2013 年建设的富民景园三期建筑面积达 14.6 万平方米，投资32388.46 亿元，2015 年正在筹建富民景园四期安置房。在商品房开发方面，近年主要开发的大型商品房项目有齐梁·金府、映像江南、孟河首府、御龙豪庭、世豪商业广场等商品房。根据公开信息统计，其中齐梁·金府一、二期住宅建筑面积 8 万平方米，孟河首府一期至四期住宅建筑面积 7.7 万平方米，映像江南花园一、二期住宅建筑面积 4.8 万平方米。另外，部分商品房开发项目还配套了商业房，如孟河首府二、三期开发的商业房总面积为 8200 多平方米，映像江南花园商业房面积达 2.1 万平方米，世豪商业广场商业房总面积为 3.8 万平方米。

孟河镇加大安置房和商品房开发力度，从多个层次更好地满足了居民对住房的不同需求，进一步改善和提高了居民的居住条件，增强新镇区的配套服务功能，促进地方的繁荣和发展。从房价来看，2011 年至 2013 年间开发的新建住宅价格，普通住房在 4000—5000 元/平方米左右，精品房在 6000—9000 元/平方米。商业房方面，2011—2012 年开发的商业房价格在 12000—18000 元/平方米，2013 年的新建商业房价格则为 10000 元/平方米。而目前孟河镇的二手商品房住宅价格，从公开信息看，在4000—8000 元/平方米。

图4—2　富民安置房小区

表4—1　　　　　　2003—2014年孟河第三产业国内生产总值　（单位：万元；%）

年份	国内生产总值	第三产业生产总值	第三产业构成	第三产业增长
2003	92117	33693	36.6	
2004	119077	37568	31.5	11.50
2005	144591	43685	30.2	16.28
2006	176113	51098	29	16.97
2007	217429	61356	28.2	20.08
2008	254636	75601	29.7	23.20
2009	293253	90211	30.8	19.33
2010	342697	105612	30.81	17.07
2011	422891	125619	29.71	18.94
2012	521019	151026	28.99	20.23
2013	618479	180813	29.23	19.72
2014	714246	213002	29.82	17.80

资料来源：根据《孟河统计年鉴（2003—2014年)》整理。

（二）服务业典型企业分析

孟河镇的商贸服务业从总体上来看，规模较小，还有待于进一步的发展。其中苏果超市分店属于规模较大的服务业企业。

苏果超市是江苏省一家较大的综合性连锁超市，苏果超市有限公司成立于1996年7月18日。其前身是江苏省果品食杂总公司下属的果品科。"苏果"二字，取自"江苏省果品食杂总公司"。

孟河镇的苏果超市加盟店是1999年成立的小河苏果超市，这是全镇最早成立的大型的综合超市加盟店，加盟方是孟河镇企业常州市统和物资有限公司，该公司成立于1993年，有员工130多名，下设常州统和塑料分公司、常州统和钢材分公司、常州商厦小河商场、常州市小河苏果超市。

对于为何敢于率先在孟河镇投资连锁超市，加盟超市管理的统和公司有以下一番感悟：

> 作为连锁超市历来展示给消费者的是一种环境舒适优雅、商品价格便宜、商品品质优良和购买轻松方便的形象。这已被一、二级市场的广大消费者认可、接受和喜欢。随着整个社会经济的发展和零售超市业不断向市场深层渗透，乡镇零售业表现形式由农村商业合作社、个体杂货店已逐渐向稍具规模的乡镇超市发展，并且越来越被农村消费者接受和喜欢，乡镇超市业的竞争也开始激烈起来了。当然，由于农村乡镇市场的超市业仍然处于初级水平，这给零售业老板们带来了"成王败寇"的博弈机会。那么，如何建设乡镇连锁超市才能使自己"胜者为王"呢？于是在1999年我们正式加盟"苏果超市"。

对于企业的发展方向和速度，该公司认为：

> 综合店是针对专门店而言的，是指多类别商品的销售集中于一店。是目前农村、乡镇市场所需求的，也是适于在乡镇建设的一种超市形态。当前大多数农村、乡镇的商业市场主要是由乡镇商业合作社、杂货店、小型超市等零售业态组成，这些业态由于其店面规模、经营品种、零售价格等众多方面的局限，已无法很好地适应当前乡镇

居民、农村消费者的消费需求，而综合形式的连锁超市因为包含了大多数日常消费品、耐用消费品等农村、乡镇消费者所需求的商品，甚至做到了"一站式"购物，从而获得广大消费者的认可和追捧，是农村、乡镇零售业的发展趋向。

从苏果加盟店管理者的感悟中，可以感受到小城镇服务业企业对城镇化进程中消费者需求趋向、动向的准确分析，以及他们善于把握市场机会的能力。

三　孟河镇第三产业面临的问题

孟河镇第三产业面临的主要问题是现代商贸业总体规模小、产能低、辐射力弱，商业网点少，大型零售商业发展滞后。同时，作为未来发展重点的旅游产业，从目前来看，尚未形成规模效益，2012 年，孟河镇年接待旅游者共计 33 万人次，旅游收入过千万，解决了近 300 人的就业问题，但在第三产业和整个经济总量中比例还很低。从第三产业的发展速度来看，落后于第二产业，也落后于全镇总体经济增长。今后将有机会在新的发展战略指导下，获得广阔的发展空间。

第二节　第三产业发展潜力和方向

孟河镇第三产业拥有较大的发展潜力，一方面是现代商贸业、生产服务业、信息产业、金融服务业等现代服务业还有很大的上升空间；另一方面是孟河的历史文化资源和特色自然资源将为第三产业向特色、纵深发展提供有利的条件。孟河镇政府近年来也大力发掘历史文化资源潜力，将齐梁文化、孟河医派文化和小黄山休闲旅游。

一　服务业的发展方向

孟河镇经过多年的探索，已将发展战略确定为"生态立镇、文化兴镇、产业强镇"的三大战略，这三大战略中均含有第三产业极大的发展空间，孟河镇正在依托"第三产业发展规划"，全力筹划发展第三产业，使经济进一步可持续发展。孟河镇在第三产业发展方面，正在全面规划，其近期规划包括以下几个方面。

（一）进一步做大做强生活服务业

1. 依托存量，做大做强生活服务业。做好商业网点规划建设，做大做优规模型商贸流通企业，形成层次分明、结构合理、功能互补的商业网络，继续引进大型商场和超市连锁机构，让大型超市及连锁店进入新镇区居民集中区，方便人民群众的生产生活。依靠现有初具规模的服务业企业做大做强，规范发展，如天乐大酒店、亮点餐饮、华美盛超市等。只要积极引导这些企业进行产业升级、观念改变，也能提升该镇整体服务业发展水平。

2. 增量引进，提升服务等级。作为全国重点镇和国家历史文化名镇，孟河镇在国家新型城镇化试点中已经定位为小城市，服务业发展前景宽广。近期已引进如清沐、莫泰等连锁酒店，并将根据现有资源，加大全国连锁大型超市、星级酒店、城市综合体的招商力度，积极争取肯德基、麦当劳等餐饮连锁门店入驻新镇区，提升全镇服务业发展水平，从而扩大重点镇对周边城市的辐射功能。

3. 扩充商会，规范良性发展。孟河镇计划在政府有关部门指导下，按照行业不同建立行业商会，如餐饮、浴室等民生性服务行业，组织较大规模单位首先进入行业会员单位，由行业商会负责日常统计、行业自律、信息共享和与政府沟通等功能，参照本行业评级标准，开展本镇区域的行业星级评定工作，增强行业单位争先创优意识，使服务业进入健康有序的发展轨道。

（二）积极推进生产服务业发展

1. 加快发展现代物流业。孟河镇处于高速公路、国道、省道交会处，汽车配件产业是主导产业，工业经济已经形成相当规模，具有发展商贸物流得天独厚的条件，现代物流业将成为经济发展新的经济增长点。2015年，孟河镇计划首先利用区域、产业优势，积极宣传上级发展物流业的优惠政策，鼓励具有大量物流业务的本地企业注册成立第三方物流企业。

2. 加快专业市场的建设。孟河镇在汽摩配生产的原材料、机械配件等市场需求庞大，计划根据本地产业市场需求，争取土地指标，落实塑料、模具、机械等专业批发交易市场的选址与招商工作，做大做强专业市场，为工业企业提供价廉物美的材料配件。

3. 加快高新技术企业研发的分离。孟河镇计划依托企业主辅分离的优惠政策，对拥有省级工程技术研究中心的企业进行调研，引导鼓励企业将研发项目从制造系统分离出来，注册成立新的第三方企业，纳入全镇重点服务业统列企业行列，增加全镇重点服务业企业销售统计数值。

二　旅游休闲业的发展潜力

孟河镇第三产业拥有较大的发展潜力，旅游休闲产业将成为新的第三产业增长点，孟河得天独厚的历史文化资源和特色自然资源、交通区位优势，为开拓特色旅游休闲产业向纵深发展提供了有利的条件。孟河镇政府近年来也大力发掘历史文化资源潜力，尽全力申报成功"中国历史文化名镇"，以此为依托推动依靠齐梁文化、孟河医派文化和小黄山自然资源的旅游产业规划的实施。

（一）孟河镇发展旅游产业的思路

孟河人文历史悠久，历史遗迹众多，历史掌故丰富，齐梁文化底蕴深厚，孟河医派影响深远，小黄山自然资源得天独厚。孟河镇各界很早就意识到应该保护、传承利用这些历史人文和自然资源，从古镇保护开始，逐渐发展到较为完整的包括小黄山旅游区在内的孟河古城旅游开发规划和中心镇建设规划。

"十一五"期间，孟河镇编制了《孟河镇历史文化齐梁故里专项规划》《小黄山旅游观光区规划》，开始探索保护和开发的路径，2009 年，孟河镇开始筹划申报"中国历史文化名镇"，并逐渐开始落实各项工作，如 2009 年已筹划修复梁皇宝殿等，2011 年，新北区规划局开始委托东南大学编制《孟河镇历史文化保护规划》，2012 年开始，古镇保护全面启动，当年 4 月成立的镇第三产业发展办公室，根据规划要求，梳理出近期急需开展的工作——古运河工程恢复修建，并会同相关单位制订了复建方案。按照国务院颁布的《历史文化名城名镇名村保护条例》，结合历史文化名镇申报，对全镇历史文化遗存和古迹进行了排查摸底，共排出图公所等 20 个修缮保护项目，并报送区相关职能部门。2012 年，孟河镇在常州创意产业基地的牵头下，配合开发商对小黄山九龙湖主题公园实地调查，编制详细的开发规划，逐步启动小黄山休闲旅游度假区开发及历史文化保护工作。

2013 年初，经专家评审完善后的《孟河镇历史文化保护规划》正式公布，2013 年 4 月，孟河镇正式申报第六批中国历史文化名镇名村。孟河成立了历史文化名镇申报领导小组，明确分管领导和相关职能部门，负责历史文化名镇申报各项工作。按照历史文化名镇的标准和要求，结合孟河的现状和实际，全面厘清了孟河的历史沿革，提炼了当地齐梁文化、孟河医派、军事及商铺文化资源特色，摸清了文物家底，全镇现有 14 家文保单位、33 处历史建筑、11 条历史街巷、6 条历史河道、8 座古桥梁、19 口古井、22 棵古树名木、7 处文化遗迹等。2013 年，孟河镇还成立了历史文化名镇创建领导小组，明确分管领导和相关职能部门，负责历史文化名镇创建各项工作。

在保护挖掘文化资源方面，孟河镇按照"保护为主、抢救第一"的要求，坚持量力而行的原则，启动抢救性文物保护工作，通过梳理排查和现场勘查，制订历史遗存抢救实施计划，修缮和保护图公所、东岳庙、齐梁遗址、四大名医故居、孟城北门历史文化街区等文化遗存，夯实历史文化名镇建设的基础。同时，重点对小黄山休闲旅游度假区开发争取突破口，确立了历史文化与旅游开发有机结合的思路。在招商引资方面，确立了政府主导、市场化运作、社会化参与的原则，通过"定原则、定规划、给政策"的方式，鼓励社会资金、民间资金、外来资金积极参与历史文化名镇保护和旅游开发建设，引进实力强、质态优、发展前景好的企业和项目投资人，培育发展本地文化旅游产业，努力打造既有文化底蕴又有优美生态环境的特色旅游古镇。重点打造古镇文化游、生态养生游、休闲度假游，开发旅游相关产品，带动三产服务业与交通运输业的崛起，一改孟河汽摩配一枝独秀的经济增长现状，探索多元化发展途径。

2014 年 3 月，孟河镇被国家住建部公布为第六批中国历史文化名镇，孟河镇的发展进入一个新的阶段。围绕着"孟河镇历史文化保护规划"及"孟河镇总体规划"，积极开展中国历史文化名镇保护与修复性建设工作，复查并制订了全镇范围内不可移动文物点的保护方案。同时，推进小黄山旅游开发的项目也取得了新的进展，确定了区政府牵头、龙控集团主导、孟河镇政府配合开发的模式，在已编制的小黄山风景旅游区整体策划方案基础上，委托常州城市规划设计院对小黄山旅游度假区作总体规划。

根据最新的发展战略，孟河镇将坚持不懈地发展旅游经济，充分挖掘丰富的文化资源，积极探索旅游带动型城镇化建设。孟河镇规划将依托历史文化名镇建设及小黄山旅游开发重大机遇，制定相关扶持"文化＋旅游＋商贸"产业发展的优惠政策，策划小黄山旅游开发方案，鼓励引导社会资金、外来资金、民间资金积极参与名镇保护和旅游开发。同时，孟河镇也将重视加大对外旅游宣传，将"齐梁文化""孟河医派文化"等独具地方特色的文化资源搬上银幕，以电影、电视剧或纪录片的形式打响孟河旅游名片。同时加强"非遗"申报和传承，以点带面，丰富名镇建设和旅游开发内涵。

（二）孟河旅游休闲产业的规划

孟河镇最新的旅游休闲产业发展规划，以"孟河古城文化休闲旅游区"和"小黄山旅游度假区"项目为龙头，将孟河各类旅游休闲资源纳入整体规划，将孟河的悠久历史以文化长廊的形式挖掘展现出来，建立孟河旅游品牌的一条时间主线，同时，以小黄山生态旅游区为核心，辐射老孟城和万绥历史文化保护区、万顷良田生态区和孟河主镇区，形成四位一体、联袂成片的旅游休闲空间带。最终将孟河定位成以山水为体、文化为魂、健康为先的旅游休闲带动型城镇化先导区，打造长三角文化旅游新名片，创建国家级生态文明示范区。

在规划中，"产城融合"将重构孟河发展新方向，孟河将新增两大主导产业——文化旅游产业、健康养老产业，并细分为 4 类，包括：

· 观光游览：古镇观光、郊野探秘、历史遗存、田园风光。

· 运动休闲：极限攀岩、山地滑草、趣味骑行。

· 教育培训：国医学堂、禅修教育、服务平台、人才培训。

· 生命健康：中医疗养、膳食保健、心理护养、专业医护。

通过以上项目的开发，形成文化旅游和健康养老产业集聚区。

孟河镇经过反复规划，结合具体条件和形势发展，初步确定了项目实施的理念为：根据《小黄山风景区概念性总体规划》将现状和景点进行分类打造。尊重现状、保护历史，充分利用现有资源，形成孟河古镇、小黄山郊野公园、万顷良田三大旅游综合片区，将其串点成链，积极打造孟河小黄山旅游度假区。将规划定位为：整合孟河古镇文化、山水文化、帝王文化、田园文化、中医文化，突出"孟河"大品牌，打造集文化、休闲、康体、度假为一体的国家森林公园旅游度假胜地。带动孟河产业升级，形成产镇融合一体化发展。其中具体规划分以下几个部分（见图4—3）。

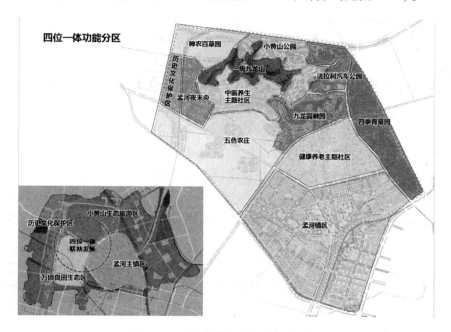

图4—3　孟河旅游规划四位一体分区

1. 孟河古镇区采取保护性修缮，使其焕发新意。规划结构为一条水路，三个景区：一条水路为开通北街、南街至万绥的水上航线，航线总长3000米，河道宽10米，由北街码头作为水上航线起点，至万绥老街。三个景区为：北街以顺来茶园、东亚客栈、益泰酱园为核心。南街以四大医派故居为核心。万绥老街以东岳庙、古戏楼、图公所、明清老街为核心。另在各街区配套武进志中记载的历史遗存点丰富景区。景区开放式经营，不收门票。

2. 小黄山郊野公园采取提升性开发，确立核心。设划五大区域，打造历史文化观光区、宕口生态体验区、文化艺术博览区、军事文化游览区和剑龙文化创意区，形成小黄山公园慢行观光带和旅游服务中心的"一带一中心"格局，以中国最大丘陵山地、景观最丰富、历史遗迹最多、文化底蕴最丰富的城市郊野公园为核心。配套住宿餐饮等服务，以特色吸引游客，开发一日游及多日游项目。

3. 辅助旅游点开发。包括：（1）齐梁生态园旅游区的规划，以吃农家饭、认养农家田、做农家活、垂钓、有机蔬菜种植、瓜果采摘等元素组成。（2）万亩良田生态园旅游区规划，以观赏草坪种植基地、油菜花海、有机蔬菜种植、采摘等元素组成。（3）革命教育园区规划：以恽代英纪念碑、祭扫广场、纪念馆、孟河劣势墓群等元素组成。

通过整合以上资源，最终将形成山水文化游、齐梁文化游、古镇文化游、田园文化游、寺庙文化游、红色文化游、美食文化游等系列旅游产品。

三　小结

目前，孟河的产业发展和城镇建设正处于关键的转型期，文化旅游将成为新的增长点，孟河镇位于常州城市规划"一城七片"中的一片，相比其他片区，依然保持天然的江河格局与乡村田园风光和得天独厚的文化历史资源。

孟河作为新北区唯一的一片卫星城区，"三区两片"中最重要的一片，是全区最具特色、最有潜力的发展区域。孟河镇如能抓住并沿袭常州发展优势与机遇，找准发展切入点，寻求自身突破，将再一次抢占改革先机，引领并带动区域的经济发展。

孟河镇的第三产业将以文化旅游产业为新的发展方向，以小黄山文化旅游区综合开发、孟河主镇区、历史文化保护区、万顷良田生态区，四位一体、联袂成片，将使孟河产业结构、发展特色、城乡面貌和区域地位得到历史性的提升。

孟河镇由于地理位置优越，历史上商业较为发达，近年来，商业服务业日渐繁荣，汽摩配产业配套服务业不断壮大；同时，随着文化历史资源的深度挖掘，文化旅游产业的潜力将成为孟河镇第三产业的新增长点。目前，孟河已成为江苏省级特色景观旅游名镇示范，正在精细规划乡村旅游与休闲观光农业相结合的文化、养生、休闲旅游产业格局，充分挖掘孟河小黄山、万顷良田、齐梁故里、孟河医派等资源，其中孟河小黄山休闲旅游区项目规划面积 26.8 平方公里，总投资 300 亿元，规划建设主题景区、商服配套、运功休闲公园、休闲农业、主题社区五大板块。

第五章

财税与金融

第一节　财　政

一　财政管理机构

1982 年 2 月，孟城乡、万绥乡和小河乡根据武进县人民政府〔1981〕109 号《关于批转县财政局〈关于建立公社财政的请示〉的通知》文件精神，建立公社财政管理所。1983 年 8 月，机构体制改革后，乡、镇财政管理所更名为乡、镇财政所。乡、镇财政所一方面作为乡镇的职能部门之一，属乡镇直接领导；另一方面业务由县财政局指导。1986 年 7 月，孟城乡、小河乡和万绥乡始设财政所副所长，所长由乡长兼任。1988 年 6 月，小河撤乡建镇，小河乡财政所同时也更名为小河镇财政所；1989 年 11 月，孟城撤乡建镇，孟城乡财政所也更名为孟城镇财政所；1995 年 8 月，孟城镇改名为孟河镇，孟城镇财政所也更名为孟河镇财政所。

2002 年 4 月前，孟河镇、小河镇、万绥乡财政所由奔牛区（片）财政所领导，实际负责镇财政所工作的为专职副所长。1999 年 11 月万绥乡和孟河镇合并。2002 年 4 月，武进区辖原县级武进市的孟河、小河、西夏墅等 7 个镇划归常州市新北区管辖。2003 年 10 月，原孟河镇、小河镇合并建为新的孟河镇。2013 年，孟河镇财政所更名为常州市新北区财政局孟河分局。

经过近 20 年的发展，在几经行政区划调整后，镇财政分局的人员规模、人员素质、办公设施、财政收入和管理职能等方面都得到了长足的进

步。工作人员从建所初期的 3 人（全民 1 人，集体 2 人）增加到现在的
16 人（包括财政分局 9 人、财政集中收付中心 7 人），人员素质也发生了
很大的变化，由建所初期的初、高中毕业，经过进修、函授到目前的大
专、本科以上的文化程度，财政分局的 9 名工作人员都是中共党员。同时
引进了大学生村官，公开招录了公务员；办公场所由原来的一间办公室、
只有 30 多平方米发展到现在的财政分局和集中收付中心两个工作场所，
面积超过 300 平方米，管理职能由简单的财政收付、出纳型发展为宏观综
合管理型，会计核算、文书档案管理等，会计工作由手工记录发展到全部
由计算机系统统一进行，建立了区镇统一数据管理网络。

　　历年来，孟河镇各财政管理机构和财政干部多次获得各类上级表彰。
例如，1993 年，孟城镇财政所获得"江苏省文明财政所"称号，1994 年
和 1996 年，孟城镇财政所、小河镇财政所陆续获得"常州市文明财政
所"称号。

二　财政收支

　　根据合并前后的资料，1984 年，万绥乡年财政收入 44.96 万元（其
中预算内全口径收入 32.05 万元），支出 32.53 万元。1999 年，乡财政收
入合计 451.26 万元，比 1984 年增长 10.03 倍，乡财政支出合计 442.20
万元，比 1984 年增长 13.59 倍。小河镇 1984 年全镇财政收入 249.25 万
元（其中预算内全口径收入 225.85 万元），支出 258.25 万元。2003 年，
镇财政收入合计 7049 万元，比 1984 年增长 28.28 倍，镇财政支出 7181
万元，比 1984 年增长 27.80 倍。孟河镇 1984 年财政收入 119.69 万元
（其中预算内全口径收入 51.56 万元），支出 115.60 万元。1999 年 11 月
孟河镇和万绥镇合并后，镇财政 2000 年合计收入 1807.03 万元，支出
1832.60 万元。

　　2003 年 3 月孟河镇和小河镇再次合并后，镇财政 2004 年合计收入
13154 万元，合计支出 13128 万元。2012 年，镇财政合计收入 48284.17
万元（其中预算内全口径收入 35385.17 万元），比 2000 年增长 26.70 倍，
比 2004 年增长 3.67 倍；镇财政各类支出合计 48262.17 万元，比 2000 年
增长 11.83 倍，比 2004 年增长 3.67 倍。

表 5—1　　　　　　　　2003—2014 年孟河镇财政收入　　　　（单位：万元）

项目 年份	预算内收入	国税部门	地税部门	财政部门	预算外收入	上级补助收入	合计
2003	7617	4366	2676	575	4433		12050
2004	8868	4872	3258	738	3725		12593
2005	9370	5537	3262	571	4765		14135
2006	11354	6635	4120	599	4620		15974
2007	14769	8586	5072	1111	6128		20897
2008	18462	11064	6000	1398	6117		24579
2009	21010	12330	7378	1302	6707		27717
2010	25502	14582	9881	1039	4661		38309
2011	32724	18532	13064	1128	6068	4901	43693
2012	35385	19944	13128	2313	12877	3222	51484
2013		21695	14103	2490			38288
2014		22171	14686	5209			41066

注：2013 年、2014 年，不再统计预算内和预算外收入。

资料来源：根据《孟河统计年鉴（2003—2014 年）》整理。

表 5—2　　　　　　　　2003—2010 年孟河镇财政支出　　　　（单位：万元）

年份 项目	2003	2004	2005	2006	2007	2008	2009	2010
农业支出	928	616	1075	1224	1385	2158	2081	2494
企业挖潜支出	180	130	20	20				
文教卫生支出	3027	3100	2760	2255	3011	3575	3651	4786
抚恤救济、社保	441	688	724	1279	1566	1681	3403	4043
离退休支出	301	753	794	823	1018	1135		
行政管理支出	1256	1099	2059	2173	1543	1693	1701	5232
城市建设维护费支出	1804	1036	975	1062	1002	1895	3844	5042
专项支出	296	255	122	116	180	313	551	263
其他支出	1036	1229	1097	1176	931	826	1285	397
合　计	9269	8906	9626	10128	10636	13276	16516	22257
其中：上解支出	3329	5257	4506	6142	7809	11649	11602.57	16309.91

注：2009 年开始，抚恤救济、社保、离退休支出合并为社会保障和就业。

资料来源：根据《孟河统计年鉴（2003—2010 年）》等资料整理。

表 5—3　　　　　　　　2011—2014 年孟河镇财政支出　　　　　（单位：万元）

年份 项目	2011	2012	2013	2014
一般公共服务	5176.37	3626.18	4800.29	4430
公共安全	1043.9	925.48	1197.73	1548
教育	1752.46	1277.37	3085.26	2665
文化	307.68	194.37	1016.18	600
社会保障和就业	2302.49	2612.75	2735.55	5433
医疗卫生	2610.5	2641.64	1988.93	2244
城乡社区事务	5390.08	3321.52	5424.8	5265
农林水事务	2667.28	2061.52	3735.81	2689
其他支出	211.62	424.82	446.72	200
基金支出	234.62	308.92	156.1	162.2
合计支出	21697	17394.57	24587.37	25236.2
其中：上解支出	23734.32	26800.17		

资料来源：根据《孟河统计年鉴（2011—2014 年）》等资料整理。

三　财政管理

解放初，农税由乡（镇）财粮员具体经办，农村建立信用社后，一度由信用社代收。后来，由税务部门的农税代征员征收。1982 年，公社建立了财政所，由财政所征收农业税。1983 年 8 月，乡、镇财政机构建立后，完善了由乡、镇人民代表大会通过的预决算制度，做到年初有预算安排，年终有决算，促进了乡（镇）有资金的管理和合理使用，统筹兼顾，保证重点，同时，安排了必要的生产发展基金，使全乡（镇）农、工、副、文教、卫生、市镇建设等各项事业全面协调发展；加强了国家拨给乡级单位使用的各项经费效果的监督和考核，提高了经济效益；帮助指导和监督企事业单位财务管理，乡（镇）财政所按季定期对乡（镇）企事业单位的财务进行会审和抽查。

1984 年，财政体制改革，实行"划分收支范围，确定收支基础，收支挂钩，比例分成，分段计算，超收奖励，一年一定"新的财政体制；乡（镇）财政预算按照"收支平衡，略有结余"的原则进行安排，改变了过去用钱靠上头的"吃大锅饭"状况，调动了乡（镇）增产增收的积极性。1987—1989 年，乡、镇财政管理体制内容不变，坚持改革开放的方针，支持企业发展生产，促进经济发展，培养财源，增加财政收入；支出安排坚持"量力而行、尽力而为、当年平衡"的原则，保证重点兼顾一般，合理安排各项经费。1991 年，县对乡、镇财政收支包干基数予以调整；工商税收和其他收入基数按 1988 年、1989 年、1990 年平均数的90% 确定，支出包干基数按当年开支标准计算确定，并适当提高公费医疗经费、计划生育等 4 项手术费和公务费的标准。同时按重新核定的收支基数调整超收分成比例。

1991 年，据财政部（〔1991〕财地字第 215 号）通知，明确乡镇财政所主要职责：一是负责组织、管理和监督乡镇预算内、外的各项财政收入与支出，编制年度财政预算草案，执行乡、镇人民代表大会批准的财政预算；监督乡镇单位预算的执行；编制年度决算。二是筹措资金，支持生产发展，培植税源，增加收入，对乡镇财政资金进行综合平衡，加强乡镇政府的调控能力，促进农村经济和社会事业的全面发展。三是负责管理乡镇行政、事业单位、乡镇办企业、农村集体经济组织和其他经济组织的财务会计工作。四是负责管理和监督乡镇范围的公有资产。五是负责《预算法》《会计法》和《税收征管法》在本乡镇的贯彻实施。

1993 年，乡、镇实施预算外资金专户储存、集中管理，增强乡、镇财政调控能力。1993 年，孟城镇财政收入超千万元。1994 年乡、镇实行分税制财政体制"划分税种，确定基数，收支挂钩，比例分成，超收奖励"的管理方法，各乡、镇在核定的收支基数内按比例留解分成，经济薄弱乡万绥乡分成 50%，小河镇、孟城镇分成 30%，其中农业特产税经济薄弱乡万绥乡按实际征收数分成 100%，小河镇、孟城镇按实际征收数分成 70%。1994 年是财税体制改革实行地税包干的第一年。

1995 年，孟河镇、小河镇为全体镇干部和人事局纳编人员办理参加养老保险手续。1996 年，设立事业单位财政专户，实行收支两条线管理。1998 年，对乡镇居民生活困难户实行最低生活保障制度。1999 年，孟河镇、小河镇撤销有关镇属事业单位财务科室，成立镇属事业单位综合财务科，由镇财政所负责人兼任科长。2000 年 5 月，加强镇级事业单位预算外资金管理，进一步强化财政监督。2001 年，制定并下发孟河镇、小河镇《政府采购目录》，实施镇级政府采购管理；实行农村税费改革，取消镇统筹费、农村教育集资、屠宰税，调整农业税、农业特产税，改革村提留征收和使用办法，减轻农民负担。2002年起，对农村生活困难户实行最低生活保障制度。2004年始，对全镇农户免征农业税及附加费，实现农民在农业生产环节"零赋税"。同时对种粮农户实行粮食直补，粮食每亩补贴20元，农资每亩补贴103.4元，种植小麦粮种每亩补贴10元，种植水稻粮种每亩补贴15元。2005年7月，对39个镇属事业单位在职人员建立住房公积金缴存制度。2006年全镇预算内全口径财政收入突破1亿元。2008年开始实施的失地农民保障工作，对被征地农民实施基本生活保障制度。11月，对全镇39个镇属事业单位在职人员办理参加社会保险手续。2009年开始实施的全部农民养老保险工作；同年，增加农资综合补贴标准。

目前，孟河财政分局主要职责为：编制年度镇财政预算草案并组织执行，向镇人大报告财政决算，管理和监督镇各项财政收支；加强镇属行政事业单位财务集中统管和收支两条线专户管理，强化预算外资金和专项资金监督约束；负责对各类专项资金的监管，提高财政资金使用效率；负责镇各项税收的征收管理，管理镇非税收入；提出加强财政资金管理，负责财政、税收政策法规的宣传工作。管理各类政策性补贴等资金，建立惠农资金补助对象管理新机制，继续实行"一折通"，发放粮食直补和农资增支补贴，对城镇居民困难户和农村居民困难户提供最低生活保障；组织全镇788名会计人员继续教育培训，指导镇属事业单位财会工作，监督全镇各单位执行国家有关财政管理等方面的法律、法规和规章，拟定和执行镇财政发展规划及其他有关政策；负责政府采购，配合工程决算审计和工业园区财务核算，加强镇级债务管理，防范化解财政风险；构建镇级公共财政框架，促进地方建设事业发展。

四　财政集中收付中心

孟河镇财政集中收付中心成立于2006年9月，并相应成立办公室，面积60平方米，从孟河镇财政分局分离出来，业务上由财政所负责指导，是财政分局的直接下属单位。财政集中收付中心主要工作：①认真贯彻执行国家有关财经法律、法规和制度，正确进行会计核算和监督，建立健全各项会计核算和内部牵制制度，支持会计人员依法行使职权，保障会计人员的合法权益。②组织落实会计人员的后续教育和考核工作，积极开展业务竞赛，不断提高会计人员的业务素质和专业技能。③负责所有事业单位的核算及全镇所有资金的集中收付管理，审核核算会计登记的账簿和编制的会计报表，保证会计信息的真实性、完整性，对审核中发现的问题及时提出相应的处理意见或建议。④定期和不定期地对各单位进行现金盘点，确保现金账面余额与实际库存相符。发现不符，及时查明原因，做出处理。⑤加强与货币资金相关的票据的管理，明确各种票据的购买、保管、领用、背书、转让、注销等环节的职责权限和程序，并专设登记簿进行记录，防止空白票据的遗失和被盗用。⑥对各单位的各项债权债务及时通知核算单位、提醒催收和偿还，以维护核算单位的权益和信誉。⑦负责全镇的融资事宜，保障全镇的资金正常运转。⑧配合镇中心工作及完成上级领导交办的其他工作任务。

2008 年孟河镇财政集中收付中心荣获常州市妇女联合会授予的"巾帼文明岗"称号；2009 年孟河镇财政集中收付中心荣获新北区妇女联合会授予的"巾帼建功"先进集体称号；2012 年孟河镇财政集中收付中心荣获共青团常州市委授予的"青年文明号"称号。

第二节　税　务

一　管理机构

孟河镇及相邻镇的税务管理机构包括由常州市高新区派驻的国税、地税征收管理机构组成，镇内成立协税护税办公室、个体私营经济管理办公室，协助税收管理、宣传等各项工作。

（一）孟河地区国家税务征收管理机构

1984 年，武进税务与财政分设，成立奔牛区税务所，下辖孟河分所、小河所、万绥所 3 个分所。1994 年 1 月实行分税制，至 1994 年 9 月税务体制改革。1995 年 1 月 1 日成立武进县国家税务局孟河中心所，下辖孟河所、浦河所、小河所、万绥所、西夏墅所 5 个所。1997 年至 2000 年，成立武进市国家税务局孟河国家税务分局，下辖孟河所、小河所、万绥所、西夏墅所、浦河所 5 个所。2000 年至 2002 年，孟河划归新北区国家税务局魏村分局管辖，设孟河所和小河所。

2002 年 10 月 1 日，成立新北区国家税务局孟河国家税务分局，下设孟河、小河、西夏墅、罗溪四个征收小组。2006 年 3 月至 2014 年 6 月，成立常州市高新技术开发区国家税务局第二分局，下辖孟河、西夏墅、罗溪三个征收小组。

常州市高新技术开发区国家税务局第二税务分局位于孟河镇小河汽摩市场 1 号，至 2013 年，共有工作人员 13 名。其中，本科毕业 4 名，大专毕业 7 名。管辖一般纳税人 1500 多户，个体户 800 多户。由于全体工作人员能严格按照征收管理法办事，能齐心协力，办税服务公平、公正、公开，服务态度细心周到，年年受到上级嘉奖或纳税人的好评。2006 年成绩突出，被区局评为先进分局，2007 年被评为先进科室，2008 年、2009 年两年被新北区评为人民满意好站所，2010 年被区局评为"风险管理成果"二等奖。多位个人获得先进个人称号。

（二）孟河地区地税征收管理机构

1994 年 9 月实行分税制后，成立武进县地方税务局小河中心所，下辖 5 个所：孟河所、浦河所、小河所、万绥所、西夏墅所。1997 年 1 月至 2000 年 6 月成立武进市地方税务局小河地税分局，下辖 3 个所：孟河所、小河所、西夏墅所。2000 年 7 月至 2003 年 4 月，小河地税分局划归新北区地方税务局管辖，更名为新北区小河地税征收管理分局，下辖四个所：孟河所、小河所、西夏墅所、罗溪所。2003 年 5 月至 2005 年 2 月新北区小河地税征收管理分局原来管辖的 4 个所撤销，合并至小河地税征收管理分局办公。2005 年 3 月至 2011 年 5 月，新北区小河地税征收管理分局名称变更为新北区地方税务局征收管理五科。2011 年 6 月撤销新北区地方税务局征收管理五科，合并至新北区地方税务局办公。

小河地税征收管理分局坐落于孟河镇仇巷路 8 号，成立以来有在册人员 13 人，其中大专及以上学历 13 人，注册税务师 1 人，管辖孟河、小河、西夏墅、罗溪四镇企业 1800 户，个体工商户 1500 户的地方税收及基金、费的征收管理。

2003 年 11 月新北区小河地税征收管理分局获得"江苏省文明单位"称号。2008 年 3 月新北区地方税务局征收管理五科获得"常州市党员示范岗"。此外，还有多位个人获得先进个人称号。

二 税制、税种

（一）国税负责征收的税种

1984年实行改革开放，搞活的方针，从单一税制发展到多税种。孟河管辖区内工商企业计征税目有：营业税、产品税、所得税、城市维护建设税、教育附加税、固定资产调节税、屠宰税。1994年国、地税分设后，各自明确征税范围，孟河国税分局重点征收工商税收制度中的增值税，同时征收消费税，2002年起对新办企业（公司）开征企业所得税（见表5—4）。

表5—4　　　　2007—2013年孟河国税分局国税征收情况表　　（单位：万元）

年份	增值税	消费税	企业所得税	减免税金
2007	9155.03	105.07	681.02	1191.81
2008	9672.24	74.27	603.73	814.43
2009	10395.21	56.94	645.88	479.73
2010	12392.2	76.08	1160.06	596.93
2011	14411.08	93.15	2790.41	478.38
2012	17073.07	147.77	2343.27	460.26
2013	19855.5	89.38	1774.27	473.8

资料来源：孟河镇政府提供。

（二）地税负责征收的税种

1994年9月实行分税制以来小河地税征收管理分局及新北区地方税务局征收管理五科负责孟河、小河、西夏墅、罗溪四镇管辖范围内的地税税收及基金、费的征收管理，具体税目及基金、费项目有营业税、城市维护建设税、企业所得税、个人所得税、房产税、城镇土地使用税、印花税、土地增值税、教育费附加、地方教育费附加、工会经费、职工教育培训费、防洪保安金、残疾人就业保障金、乡镇综合规费等（见表5—5）。

表5—5　　　　　2003—2011年地方税收情况表　　（单位：万元）

年份	税收收入	基金费收入	减免税
2003	12335.77	5844.65	1210.33
2004	13586.65	5654.87	877.96

续表

年份	税收收入	基金费收入	减免税
2005	14369.23	5857.44	1223.56
2006	15899.47	6642.35	1357.24
2007	16755.83	7226.59	1269.86
2008	17859.64	7311.52	1354.78
2009	18552.17	8453.67	1587.29
2010	21586.31	8725.12	2104.22
2011.1—2011.6	12135.28	4177.43	952.44

资料来源：孟河镇政府提供。

三 协税护税

2002 年，孟河镇成立协税护税办公室，办公室负责人由财政所所长兼任主任，工作人员 13 名，工作职责根据《中华人民共和国征收管理法》《中华人民共和国税收征收管理法实施细则》的有关规定，负责孟河镇内协税护税管理工作，宣传各项税收政策，支持税务机关依法执行公务，协助税务机关完成辖区内个体工商户及其他个人应当缴纳的增值税。计税标准：销售收入的 3%。按照规定的税种、范围、标准、期限代征税款。

孟河镇个体私营经济办公室成立于 2006 年 1 月 1 日，办公室主要职能：负责做好税法及各项税收政策的宣传、教育、解释工作；督促、指导纳税人建章立制，规范建账核算，督促纳税人如实进行纳税申报，及时向税务部门反映税收管理中的有关问题，协助有关部门对纳税人进行监督检查；依据与税务机关签订的《委托代征税款协议书》条款履行职责，在授权征收的范围内开展税收代征，协助税务登记管理、税款催缴、漏征漏管户清理、日常税务巡查等工作；按税务机关规定及时向主管税务机关申报并解缴代征税款。孟河镇个体私营经济办公室获得 2011 年新北区地税局年度工作奖、2012 年新北区地税局年度特别贡献奖、2013 年新北区地税局先进工作奖（见表 5—6）。

表 5—6　　　孟河镇个体私营经济 2006—2012 年税收情况　　　（单位：万元；%）

年份	完成税收	同比增减
2006	754	
2007	970	28.65
2008	1206	24.33
2009	1187	−1.58
2010	1698	43.05
2011	2238	31.8
2012	2800	25.11

资料来源：孟河镇政府提供。

四　税务代理

税务师事务所是除了企业，税务局以外的第三方非官方、相对比较中立的中介税务事务机构。孟河镇目前有两家税务代理机构。1995 年 8 月，常州市国瑞税务师事务所成立。在孟河镇（小河）设立分所，同年，由于常州市行政区域重新调整划分，孟河税务师事务分所并入常州市金瑞税务师事务所。税务师事务分所目前总人数为 14 人，其中注册会计师 1 人，会计师 2 人。主要工作内容为税务相关的中介和代理业务，包括税务咨询、税收筹划、涉税培训、企业所得税汇算清缴纳税申报的鉴证、企业税前弥补亏损和财产损失的鉴证，代办税务登记、纳税、退税、减免税申报、增值税一般人资格申请，等等，并向企业收取一定比例的服务代理费用。

常州德威税务师事务所成立于 1995 年 9 月，在孟河镇（小河）设立分所，下辖孟河办事处、小河办事处、西夏墅办事处、罗溪办事处，总人数为 10 人，其中注册税务师 2 人、注册会计师 2 人、助理会计师 3 人。2012 年 5 月变更合并为尤尼泰（常州）税务事务所有限公司，成为全国首家 5A 级税务师事务所。

第三节　金　融

一　金融机构总体情况

1984 年前，孟河镇只有 3 家信用社，分别为武进县小河信用社、武进县孟河信用社、武进县万绥信用社。1985 年行社分开，分别成立了武进县农业银行小河办事处和武进县农业银行孟河办事处。2003 年 5 月升格为中国农业银行常州市小河支行，当年 9 月撤销武进农业银行孟河办事处，将孟河办事处并入小河支行办公。2002 年 7 月孟河镇 3 家信用社分别更名为常州市新北区信用合作联社小河信用社、常州市新北区信用合作联社孟河信用社、常州市新北区信用合作联社万绥信用社。2009 年 12 月，常州市对信用合作联社进行股份制改造，通过增股扩股后分别又更名为江苏江南农村商业银行股份有限公司常州市小河支行、江苏江南农村商业银行股份有限公司常州市孟河支行、江苏江南农村商业银行股份有限公司常州市万绥支行。

1994 年 4 月在原小河成立了中国建设银行武进县小河办事处，同年 5 月成立了中国建设银行武进县孟河办事处。2011 年 12 月机构升级，两办事处名称分别变更为中国建设银行常州市小河支行、中国建设银行常州市孟河支行。1994 年 5 月在原小河成立了中国银行武进小河办事处，2003 年 3 月机构升级为中国银行常州小河支行。2008 年 7 月 9 日，在常州市孟河邮政支局的基础上，经邮政储蓄银行常州市分行批准，新增设了邮政储蓄银行常州市分行孟河支行，在原有邮政汇兑业务中新增加了邮政储蓄服务等金融业务。2008 年 8 月，在孟河镇成立了中国邮政储蓄银行常州市小河支行。2010 年 2 月，在孟河镇成立了中国工商银行股份有限公司常州孟河支行。2012 年 9 月，在孟河镇成立了中国交通银行常州孟河支行。2013 年 8 月在孟河镇成立了中国民生银行常州孟河支行。

2009 年 12 月，由常州市新北区新业房地产开发有限公司发起，联合孟河镇山峰车业配件有限公司等 6 家知名企业及 3 位自然人成立了常州市新北区汇通农村小额贷款有限公司，是常州市新北区首家专业性农村小额贷款公司。

至 2013 年，孟河镇有 8 家银行机构，1 家农村小额贷款公司，共有 147 名金融工作人员，9 个自助银行金融服务网点，其中中国农业银行常州市小河支行在兴镇路上设有一家大型自助银行金融服务网点。各金融机构共有初级职称 52 人、中级职称 31 人；高级理财规划师 2 人、AFP 金融理财师 16 人、货币鉴别师 31 人、货币识别师 59 人。截至 2014 年底，8 家银行存款余额为 58.08 亿元，发放贷余额为 31.73 亿元（见表 5—7）。

表5—7　　　　孟河镇2003—2014年各金融机构存、贷款余额　（单位：万元）

指标名称 年份	各项存款合计	其中：企业存款	居民储蓄存款	各项贷款合计	其中：企业贷款	其中：农业贷款
2003	121091	33723	87033	34853	33473	1380
2004	124826	31211	93615	37823	37623	200
2005	132316	33567	98749	39849	39649	200
2006	152163	38913	113250	43834	43814	200
2007	168046	30425	137621	36600	36400	200
2008	236540	25600	210940	32200	31530	670
2009	265721	38178	227543	57960	56754	1206
2010	365812	119889	245923	202231	199578	2653
2011	332347	56493	275854	163918		
2012	386660	67230	319430	207400		
2013	478532	79125	399407	296315		
2014	580841	98762	482079	317320		

资料来源：根据《孟河统计年鉴（2003—2014年）》整理。

二　金融企业

（一）江苏江南农村商业银行股份有限公司

江苏江南农村商业银行股份有限公司常州市小河支行是在原农村信用社基础上逐渐发展起来的地方银行。1984年1月至2002年6月，原有三家信用社，分别为武进县小河信用社、武进县孟河信用社、武进县万绥信用社；2002年7月至2009年12月更名为常州市新北区信用合作联社小河信用社、常州市新北区信用合作联社孟河信用社、常州市新北区信用合作联社万绥信用社；万绥信用社于2000年3月并入孟河信用社管理，2006年1月，孟河信用社并入小河信用社管理。2009年12月，再次更名为江苏江南农村商业银行股份有限公司常州市小河支行、江苏江南农村商业银行股份有限公司常州市孟河支行、江苏江南农村商业银行股份有限公司常州市万绥支行。

江南农村商业银行小河支行下辖孟河支行、万绥支行，在职职工共40人，其中小河支行本部在职职工27人，孟河支行在职职工8人，万绥支行在职职工5人。岗位分布情况：小河支行行长、副行长各1名，孟河支行、万绥支行行长各1名；客户经理、柜员等共36名；本科及本科以上学历29人、大专学历9人、中专学历2人；中级职称5人、初级职称15人；AFP高级理财师规划师2人、货币识别师7人、货币鉴别师3人。

江南农村商业银行小河支行是孟河镇规模最大的商业银行，主营业务包括吸收本外币公众存款、发放本外币贷款、办理国内国际结算、办理票据承兑与贴现等。该支行以"支持三农、支持中小企业、服务城乡一体化建设"为市场定位，吸收的公众存款100%投放于本地实体经济，镇区80%的规模企业得到了信贷支持，为地方经济和民营企业的发展壮大起了巨大的作用。在支持地方经济建设和提供全方位金融服务的同时，还承担了大量涉及本镇居民民生的金融业务，如代理发放粮食直补资金、尊老金、养老金、低保金等；代理缴纳和发放农保金等，被称为是"孟河老百姓自己的银行"（见表5—8、表5—9）。

表5—8　江南农商银行小河支行2003—2012年总存贷指标（单位：万元;%）

年份	存款	比上年增长	贷款	比上年增长
2003	41686		11262	
2004	45691	9.61	12431	10.38
2005	49570	8.49	13782	10.87
2006	52811	6.54	16563	20.18
2007	59673	12.99	18758	13.25
2008	64192	7.57	21698	15.67
2009	70659	10.07	25700	18.44
2010	89202	26.24	55021	114.09
2011	102858	15.31	61048	10.95
2012	112260	9.14	72332	18.48

资料来源：由相关金融机构提供。

表 5—9　　　江南农商银行小河支行（本部）存贷指标　　　（单位：万元；%）

年份	存款	比上年增长	贷款	比上年增长
2003	24564		11262	
2004	26361	7.32	12431	10.38
2005	29063	10.25	13782	10.87
2006	29989	3.19	16563	20.18
2007	33939	13.17	18758	13.25
2008	37576	10.72	21698	15.67
2009	43289	15.2	25700	18.44
2010	57710	33.31	54099	110.5
2011	66389	15.04	59530	10.04
2012	71431	7.59	68829	15.62

资料来源：由相关金融机构提供。

表 5—10　　　　　　江南农商银行孟河支行存贷指标　　　　　　（单位：万元；%）

年份	存款余额	比上年增长	贷款余额	比上年增长
2003	12072			
2004	14030	16.22		
2005	15007	6.96		
2006	17022	13.43		
2007	19724	15.87		
2008	20316	3		
2009	20860	2.68		
2010	21019	0.76	922	
2011	25303	20.38	1518	64.64
2012	27911	10.31	3503	130.76

资料来源：由相关金融机构提供。

表 5—11　　　　　　　江南农商银行万绥支行存款指标　　　（单位：万元；％）

年份	存款	比上年增长
2003	5050	
2004	5300	4.95
2005	5500	3.77
2006	5800	5.45
2007	6010	3.62
2008	6300	4.83
2009	6510	3.33
2010	10473	60.87
2011	11166	6.62
2012	12918	15.69

资料来源：由相关金融机构提供。

（二）中国农业银行

1984 年 2 月至 1989 年 5 月，农业银行与农村信用社一体阶段，机构名称为"中国农业银行武进小河营业所"。1985 年 1 月，农行与农村信用社实行"行社分离"，改名为中国农业银行武进小河办事处，2003年 5 月升格为中国农业银行常州市小河支行，当年 9 月撤销武进农行孟河办事处，将孟河办事处并入小河支行办公。2005 年 5 月新建一处自助银行金融服务网点，2012 年底在兴镇路新建一处大型自助银行金融服务网点（见表 5—12）。

农行小河支行共有员工总数 11 人，其中大专及本科以上文凭 9 人；助理会计师 3 人、AFP 金融理财师 1 人、货币鉴别师 8 人。

农行小河支行的主要经营职能包括：吸收公众存款、发放贷款、办理国内国际结算、办理票据承兑与贴现等基本业务及民营企业信贷业务。扶植的企业多为当地的龙头企业：常州瑞悦车业有限公司、常州市飞拓模塑有限公司等。

表 5—12　　农业银行小河支行 2003—2012 年主要存贷指标　　（单位：万元；%）

年份	存款	比上年增长	贷款	比上年增长
2003	16500	—	2800	—
2004	21600	17.4	3700	30
2005	28800	15.2	6300	40
2006	31600	21.3	8500	34
2007	39400	30.5	11000	29
2008	55600	28.1	13100	19
2009	62100	11.6	15600	19.1
2010	67200	10.1	18200	16.6
2011	72000	5.2	21000	15.3
2012	77000	6.0	25600	21

资料来源：由相关金融机构提供。

（三）中国建设银行

中国建设银行于 1994 年开始在原小河（现孟河）设立办事处，1994年 4 月 26 日成立了中国建设银行武进县小河办事处，同年 5 月 28 日成立了中国建设银行武进县孟河办事处。2002 年 7 月常州市建行调整，两机构名称分别变更为中国建设银行常州市建行小河分理处、中国建设银行常州市建行孟河分理处。2011 年 12 月机构升级，两机构名称分别变更为中国建设银行常州市建行小河支行、中国建设银行常州市建行孟河支行。

建行孟河、小河两个支行共有员工 17 人，其中本科以上 16 人；AFP金融理财师 2 人、货币鉴别师 7 人。

建行小河支行和孟河支行的主要职能包括：服务大众，吸收存款的同时大力扶植乡镇企业发展，选择性地支持当地一些基础设施及房地产企业的信贷需求，扶植了一批地方企业。如天龙光电、飞拓等，为当地经济发展作出了贡献（见表 5—13）。

（四）中国银行

中国银行武进小河办事处成立于 1994 年 5 月，2002 年 9 月改名为中国银行常州小河分理处，2003 年 3 月至今为中国银行常州小河支行。共有员工 12 人，学历均为本科以上，其中 AFP 金融理财师 2 人、货币鉴别师 5 人。

表 5—13　　建设银行小河、孟河支行 2003—2012 年主要存贷指标

（单位：万元）

小河支行			孟河支行		
年份	存款	贷款	年份	存款	贷款
2003	11600	6200	2003	12400	0
2004	13300	14501	2004	14300	0
2005	15000	7700	2005	16500	0
2006	17250	5200	2006	19100	0
2007	18900	0	2007	20900	0
2008	23600	0	2008	26800	0
2009	26400	1600	2009	30641	0
2010	27100	5900	2010	31200	0
2011	27600	6500	2011	31500	6950
2012	29500	17100	2012	33000	12800

资料来源：由相关金融机构提供。

　　中行小河支行自成立以来主要吸收公众存款、发放贷款、办理国内国际结算业务、直接办理银行承兑汇票的开立、贴现以及电子银行承兑汇票的拆分、贴现及托收等基本业务及民营企业信贷业务。办理个人和公司外币结汇、售汇业务。为外贸企业和个人办理出国业务，提供外币兑换、结算业务。国际结算业务是中国银行的优势业务，支行加强了境内外机构联动，实现国际结算及贸易融资业务的快速发展。主要发展中小企业信贷、个人消费信贷业务及国际信贷产品业务，与客户建立了长期稳定的合作关系，为当地经济发展作出了贡献（见表 5—14）。

表 5—14　　中国银行小河支行 2001—2013 年主要存贷指标　　（单位：万元）

年份	人民币两项存款	外币存款	企业贷款	个人贷款
2001	7430	20		
2002	9100	25		
2003	8420	25		

年份	人民币两项存款	外币存款	企业贷款	个人贷款
2004	9300	37		
2005	11000	43		
2006	11800	56		
2007	12900	55		
2008	15342	865	500	
2009	24120	80	3350	3400
2010	29700	95	8040	62000
2011	41700	110	11080	13200
2012	47500	90	16800	15610
2013	52100	130	17800	23580

资料来源：由相关金融机构提供。

（五）中国邮政储蓄银行

中国邮政储蓄银行在孟河镇开设了两家支行，包括小河支行和孟河支行。2008年3月28日，在常州邮政局小河支局基础上，新成立中国邮政储蓄银行常州市小河支行。邮储银行小河支行现有在职职工共13人，包括支行行长、副行长、行长助理各1名，信贷客户经理4人、柜员、理财经理等共6人；均为本科及大专以上学历，中级职称13人。

邮储银行小河支行根植于当地经济、服务地方、服务基层，弥补当地金融空缺；以扶持当地小微企业、支持地方经济和行业发展为重点；以小额贷款为特色主打产品，解决了一大批微小企业和作坊式企业主融资难的问题。银行成立6年来，累计发放小额贷款5200余笔，为1000余户企业主顺利融资，成为地方首家无营业执照也可以办理经营性贷款的银行性金融机构。下一步工作重点，紧密结合地方实体经济，综合考虑客户和地方需求，积极创新符合当地经济特色和产业特色的金融产品，进一步提升邮储银行的地方知名度和社会影响力。同时吸收公众存款、办理国内国际结算、办理票据承兑与贴现、代理各类金融产品等，全方位服务客户、支持地方经济建设（见表5—15）。

2008年7月9日，邮储银行孟河支行成立，在原有邮政业务的基础上新增加了邮政储蓄、金融保险、代发工资、发放邮政银行卡、代理收付款、代理发行与兑付政府债券、办理小额贷款、办理基金代售、办理国内外结算、提供个人存款证明等金融业务。邮政储蓄银行孟河支行（邮政支局）现有从业人员11人，全部是大专以上学历，其中直接从事邮政业务3人、储蓄金融业务6人、管理人员2人。

近年来，邮政储蓄银行常州市分行孟河支行（邮政支局）利用邮政庞大的数据库资源、"中邮快购"网平台、特别是邮政金融业务贴近"三农"及中小企业等优势，着力做好服务人民群众与中小企业发展工作，建成"苏邮惠民"加盟店3家，覆盖到行政村，延伸邮政储蓄服务，打造具有邮政储蓄特色的社会综合服务平台，努力实现城乡服务均等化。支行（支局）的改造完成后，营业、投递网点服务能力进一步升级，使服务"三农"、服务民生进一步加强（见表5—16）。

表5—15　邮储银行小河支行 2008—2012 年主要存贷指标　（单位：万元;%）

年份	存款	比上年增长（%）	贷款	比上年增长
2008	21320			
2009	23250	9.05	1530	
2010	25623	10.21	4650	203.92
2011	28420	10.92	7856	68.95
2012	32156	13.15	9860	25.51

资料来源：由相关金融机构提供。

表5—16　邮储银行孟河支行 2008—2013 年邮储存款完成指标　（单位:万元;%）

年份	存款	比上年增长
2008	5540	
2009	6830	23.28
2010	9650	41.29
2011	12560	30.43
2012	14530	15.68
2013	16240	11.17

资料来源：由相关金融机构提供。

（六）中国工商银行

中国工商银行股份有限公司常州孟河支行成立于 2010 年 2 月 8 日。支行主要提供个人存贷款、结算业务、理财产品业务、保险产品购销业务、公司结算及存贷款业务。其中提供的联保贷款政策，帮助当地中小企业解决了资金困难（见表 5—17）。

表 5—17　　　工商银行孟河支行 2010—2013 年主要存贷指标　　（单位：万元）

年份	两项存款	贷款
2010	11779	13889
2011	21680	19570
2012	35066	30915
2013	43321	34979

资料来源：由相关金融机构提供。

（七）中国交通银行

交通银行常州孟河支行成立于 2012 年 9 月 10 日，现有行长 1 位，有职工 8 人，全部是大学本科以上学历，其中拥有金融理财师 1 名、货币识别师 1 名、货币鉴别师 1 名；初级技术职称 2 名。

孟河支行是交通银行常州分行在新北区辖区镇开设的首家支行，也是常州交行积极响应常州市委、市政府加大对经济强镇，加大对民营企业金融支持，为民服务、创先争优的又一战略举措。2012 年底，支行存款 2522 万元；2013 年底，存款余额 1.2 亿元，贷款余额 3300 万元。

（八）中国民生银行

2013 年 8 月 5 日，中国民生银行常州孟河支行成立。民生银行孟河支行目前有 19 名员工，平均工作年龄 3 年，本科及以上学历 18 名，占全体员工比例 95%；其中金融理财师 1 名、货币识别师 1 名、货币鉴别师 1 名。

民生银行孟河支行主要金融业务包括：吸收公众存款、发放贷款、办理国内外结算、办理票据承兑与贴现、代理发行、代理兑付、承销政府债券、信用证服务、代理收付款款项及代理保险业务，以及经中国银行业监督管理委员会批准并由总行授权的其他业务。

截至 2013 年 12 月 31 日，民生银行孟河支行储蓄存款余额 3.45 亿元人民币，金融资产余额 3.79 亿元人民币，理财销售合计 4992.4 万元，客户总数 2889 户。

（九）农村小额贷款公司

常州市新北区汇通农村小额贷款有限公司成立于 2009 年 12 月 17 日，由常州市新北区新业房地产开发有限公司发起，联合孟河镇山峰车业配件有限公司等 6 家知名企业及 3 位自然人组建而成，是新北区首家专业性农村小额贷款公司，公司设董事长 1 名，公司现有员工 12 人，其中会计师 1 人、助理会计师 1 人、会计员 5 人。

汇通公司是以服务"三农"、服务中小企业、服务地方经济为经营理念，以人民银行基准利率为基础，结合当地银行利率，根据客户的风险状况、资金情况、贷款期限、抵押品或信用状况商定不同的利率，为孟河广大客户提供小额贷款服务。公司以申请便捷、办理快捷、品种丰富、还款灵活、额度循环、随还随贷为主要经营特色，主要业务范围包括信用贷款、担保贷款、抵押贷款、质押贷款、融资性担保业务、保险代理业务。自公司成立以来，已为 537 家农户和中小企业发放过贷款。截至 2014 年 4 月 10 日累计房贷 1113 笔，房贷金额为 299140 万元，有效地缓解了当地中小企业和农户融资的问题。公司贷款余额为 22475.2 万元（见表 5—18）。

表 5—18　　汇通农村小额贷款有限公司 2010—2013 年主要放贷指标（单位：万元）

年份	当年放贷	累计放贷	当年利息收入	当年上交税费	累计上交税费	当年实现利润	累计实现利润
2010	99724	99724	4305	508.04	508.04	2566.25	2566.25
2011	81305	181029	13103.53	1104.23	1612.27	5294.04	7860.26
2012	60465	241494	22094.03	1250.16	2862.43	5131.89	12992.18
2013	57646	299140	27734.38	889.17	3751.6	3938.36	16930.54
合计	299140			3751.6		16930.54	

资料来源：由相关金融机构提供。

表 5—19　　　　孟河镇金融机构 2013 年存、贷款情况统计表　　（单位：亿元；%）

项目　　　金融机构	存款情况						贷款情况			
	年末存款余额	比上年同期 ±%	其中：对公存款	比上年同期 ±%	其中：对私存款	比上年同期 ±%	年末贷款余额	比上年同期 ±%	其中：贷给本镇范围单位和个人	比上年同期 ±%
江南银行小河支行	13.8	25.45	3.9	21.88	9.9	26.92	9.8	30.67	9.8	30.67
农行小河支行	9.47	5.2	0.77	10	8.7	4.8	1.8	-21.74	1.8	-21.74
建行小河支行	7.21	1.55	0.81		6.4	1.75	2.78	-19.17	2.78	-19.17
中国银行小河支行	5	-0.38	1.1	-21.43	3.9	2.63	3.6		3.6	
工行小河支行	4.3	29.91	0.8	31.15	3.5	29.63	3.5	16.67	3.5	16.67
小河邮政储蓄银行	3	0.71			3	0.71	1.5	66.67	1.5	66.67
民生银行孟河支行	3.87		0.45		3.42		6.12		6.12	
交通银行孟河支行	1.2		0.08	2566	1.12	342	0.5		0.5	
合计	47.85		7.91		39.94		29.6		29.6	

资料来源：孟河财政分局提供。

表 5—20　　孟河镇金融机构 2014 年存、贷款情况统计表　　（单位：亿元；%）

项目　　　金融机构	存款情况						贷款情况			
	年末存款余额	比上年同期 ±%	其中：对公存款	比上年同期 ±%	其中：对私存款	比上年同期 ±%	年末贷款余额	比上年同期 ±%	其中：贷给本镇范围单位和个人	比上年同期 ±%
江南银行小河支行	15	8.69	3.1	-20.51	11.9	20.2	10.7	9.18	10.7	9.18
农行小河支行	10.2	7.7	0.9	16.88	9.3	6.89	3.5	94.44	3.5	94.44

金融机构 项目	存款情况						贷款情况			
	年末存款余额	比上年同期 ±%	其中：对公存款	比上年同期 ±%	其中：对私存款	比上年同期 ±%	年末贷款余额	比上年同期 ±%	其中：贷给本镇范围单位和个人	比上年同期 ±%
建行小河支行	8.29	14.98	0.69	-14.81	7.6	18.75	0.76	-72.66	0.76	-72.66
中国银行小河支行	5.8	16	1.6	45.45	4.2	7.69	3.7	2.77	3.7	2.77
工行小河支行	4.84	12.56	1.57	96.25	3.27	-6.57	2.98	-14.86	2.98	-14.86
小河邮政储蓄银行	3.55	18.33	0.5		3.05	1.66	2.5	66.67	2.5	66.67
民生银行孟河支行	5.5	42.12	1.4	211	4.1	19.88	6.6	7.84	6.6	7.84
华夏银行孟河支行	2.81		1.77		1.04		0.55		0.55	
交通银行孟河支行	2.09	74.17	0.35	338	1.74	55.36	0.44	-12	0.44	-12
合计	58.08	21.38	11.88	50.19	46.2	15.67	31.73	7.19	31.73	7.19

资料来源：孟河财政分局提供。

第六章

中心镇的发展与规划

孟河镇近年来极为重视城镇发展和规划，不断更新思路，转变发展方式，利用自身优势，积极争取政策扶持，不断向更高的发展平台迈进。孟河镇已被评为全国重点中心镇与中国历史文化名镇，成为常州市唯一的一个双料国家级重点镇和历史文化名镇。孟河镇在后续发展建设中，将以小城市的标准规划城镇建设，这将为孟河的发展带来新的机遇与优势。

第一节　中心镇的建设与发展

一　孟河镇中心镇建设

2004 年，孟河镇被建设部、国家发改委、民政部、国土资源部、农业部、科技部列入全国 1887 个全国重点镇名单。全国重点镇是当地县域经济的中心，承担着加快城镇化进程和带动周围农村地区发展的任务。按照要求，全国重点镇要力争经过 5—10 年的努力，将全国重点镇建设成为规模适度、布局合理、功能健全、环境整洁、具有较强辐射能力的农村区域性经济文化中心，其中少数具备条件的要发展成为带动能力更强的小城市，使全国城镇化水平有一个明显的提高。

2011 年，常州市将包括孟河镇在内的 8 个镇选为优先发展的市级中心镇，中心镇模式的新型城镇化强调以发展强大的经济实力和发达的产业体系为支撑，以项目建设带动人流和物流的集聚，一方面通过产业集聚带动小城镇人口集聚，吸纳本地农民和外来人员就业；另一方面不断完善基础设施，提升公共服务功能。

同时，常州市在中心镇的培育过程中，指导中心镇不断提高规划水平，明确和优化中心镇功能定位；支持中心镇抓好产业集聚，充分整合资源要素，加快科技创新和转型升级，推动具有中心镇区域特色的产业集群发展；强调中心镇推进公共服务，特别在交通节点、医疗卫生、文化教育、网络信息等方面向中心镇优先倾斜，抓好配套建设，大力推进公共服务均等化。2014 年，常州市又将孟河镇等 5 个乡镇列为第一批市级"强镇扩权"试点镇。

近十年来，孟河镇积极探索中心镇建设的道路，在新型城镇化建设上不断积累有益的经验。在经济社会各项领域全面发展的同时，着力做好中心镇的规划和建设，以科学规划引领中心镇的准确定位，为孟河镇的发展谋划可持续发展的路径。2014 年，国家 7 个部委共同公布了全国重点镇的新名单，孟河镇是常州市区唯一上榜的重点镇。

在中心镇建设上，孟河镇精修规划，中心镇发展深入细化。按照全国重点中心镇和中国历史文化名镇建设要求，常州市委《关于加快推进中心镇建设的意见》（常发〔2011〕6 号）以及《常州市率先基本实现现代化指标体系》《新北区国民经济和社会发展第十二个五年规划纲要》《孟河镇土地利用总体规划》《孟河镇城镇总体规划》和中心镇培育目标，对照"一年一个样、三年大变样"的建设发展要求，将总体规划、历史文化名镇保护规划、小黄山旅游规划、现代农业产业规划统筹协调，多规合一，进一步完善修编孟河镇 2014—2030 年总体规划。同时形成了"一镇四区"的建设格局目标，对《常州市新北区孟河镇中心镇建设三年行动计划（2013—2015 年）》做了进一步修订，使中心镇建设有章可依，有据可循，确保顺利实施。结合中心镇区位优势，积极搭建孟河镇第三产业架构体系，根据苏南现代化建设指标体系要求，编制《孟河镇第三产业发展规划（2013—2017 年）》，为经济转型和城镇化加速做足、做好先进制造业和现代服务业两篇文章。抓住常州市"产城融合"试点城市机遇，积极编制了孟河镇"产城融合"发展规划，创新驱动，内生增长，加快加速转型发展。

从孟河镇制订的《孟河镇建设三年行动计划（2013—2015 年）》可以看到，孟河镇中心镇建设的发展定位、行动目标和主要任务，以及落实的实效。

（一）发展定位

坚持以科学发展观总揽经济社会发展全局，紧扣全面建成小康社会的目标任务，全力打造"产业特色鲜明、城镇功能完善、文化底蕴丰厚、生态环境优美、百姓富裕幸福"具有孟河特色的全国中心镇。

产业特色鲜明——紧紧围绕汽摩配主导产业，做大做强区域经济，最终实现以特色产业带动产业集聚、企业集群。

城镇功能完善——坚持高起点规划、高标准建设、高水平管理，加快城镇建设步伐，加快镇区功能完善和基础设施建设，重点抓好"一镇四区"建设着力形成三个集中：居民向镇区和中心村集中，企业向园区集中，土地向规模集中。

文化底蕴丰厚——全面整合文化资源，深入挖掘齐梁故里历史文化，把齐梁文化、小黄山、孟河医派等有机结合起来，整体培育开发，促进历史文化与现代文明交相辉映。

生态环境优美——按照"点上靓起来、线上美起来、面上动起来"的要求，把镇区和中心村作为环境整治重点，以水清、岸绿、貌美为硬目标，大力实施村庄环境整治提升工程，积极创建国家级卫生镇，切实改善群众的生产生活环境。

百姓富裕幸福——大力发展现代农业、高效农业、特色农业和规模农业，进一步完善农民持续增收的长效机制。保障和改善民生，加大对民生的投入，多办惠民利民实事，让发展的成果与民共享，进一步提升群众的幸福指数。

（二）行动目标

根据中心镇培育的总体目标，通过实施规划带动、政策推动、投资拉动、改革促动等措施，加快构建产业发展平台、完善城镇基础设施、统筹城乡社会事业发展，初步形成特色鲜明、产业发达、人口集聚、设施完善、功能齐全、环境优美、宜业宜居的现代中心镇。

1. 着力人口集聚，城镇建设实现新跨越

以孟河汽摩配产业为依托，在做优做强工业园区的基础上，着力打造中心镇。三年实施 58 个项目建设，累计完成全社会投资 137.99 亿元，其中政府性投资 30.26 亿元，占 21.93%；企业和社会投资 116.06 亿元，占

78.07%。三年使用建设用地1430亩。新镇区面积新增2平方公里，到2015年扩大至12平方公里。积极实施人口集聚计划，力争到2015年，新镇区常住人口达7.8万人，其中新集聚人口2.1万人。

2. 强化产业提升，经济发展迈上新台阶

三年完成工业、农业和第三产业投入39.82亿元，形成现代农业区、汽摩配产业基地工业园、新镇区和小黄山旅游区四大功能板块，重点提升通江和富民两大工业园区，汽摩配产业基地建设，确保主要经济指标可持续发展。同时深化经济转型升级，加快商贸项目投入。力争到2015年全镇GDP总量达100亿元，年均增长25%；财政总收入达5亿元，其中一般预算收入3亿元。

3. 致力民生服务，社会发展谱写新篇章

三年完成教育、卫生、文化、体育等公益性社会事业投资4.77亿元，形成结构合理、保障有力的社会事业网络。社会保险基本实现全覆盖，至2015年城镇职工养老、医疗保险参保率达96%，城乡居民养老、医疗保险参保率达96%。建立健全中心镇四大服务中心建设，形成高效便民的公共服务体系。以"学有所教、劳有所得、病有所医、老有所养、住有所居、难有所助"六个所有为目标，不断改善民生，提升人民群众的幸福指数，到2015年城镇居民可支配收入达55051元，农民人均纯收入达到25438元。

4. 注重生态文明，人居环境展现新面貌

三年完成生态环境建设投资1.63亿元，其中以新镇区为核心，投资8500万元，完成道路沿线及老镇区环境整治。投资7500万元，确保生态环境改造，形成便捷畅通、运行安全的市政设施网络，形成中心镇防灾减灾、园林绿化、水质水源大气保护体系，形成整洁、优美、舒适、安全的生产生活环境，使居住环境显著提高，城市品质进一步提升，创业投资环境不断优化，实现从小城镇到现代卫星城市的形象转变。

5. 力求思想解放，体制创新注入新活力

建立区政府牵头、各方支持、多方联动、功能较强、自主运作的中心镇培育推进机制；加快形成财权与事权相匹配、有利于激发发展活力、增强发展实力的体制机制；推进改革创新，合理配置镇内设机构及所属单位，加快形成公办民营的学前教育办学体制，着力推进按居住地登记的户籍管理制度，构筑数字化、社区化、专业化的中心镇行政和社会管理体制。

图6—1 孟河公交车站

（三）主要任务

按照全区"率先基本实现现代化、建成国家创新型科技园区"的总体要求和孟河镇"生态立镇、文化兴镇、产业强镇"的"二三四"工作思路，以推进人口集中、产业集聚、功能集成、要素集约为目标，加快发展经济、加速体制创新、加强服务管理，全面推进孟河镇中小城镇向新型城市的跨越。

（四）中心镇建设的实效

在新的中心镇发展目标指引下，孟河镇进一步扶持优势产业、推进第三产业，经济、社会发展取得了显著的实效。

2013年，孟河镇全年完成地区生产总值61.8亿元，增幅18.85%。一般预算收入1.89亿元，增幅9.25%。完成全部工业总产值172.15亿元，增幅18%；销售收入162.39亿元，增幅18.45%。完成规模工业总产值53亿元，增幅20.55%；销售收入50.5亿元，增幅23.59%。完成全社会固定资产投资40亿元，其中工业投入30亿元。内资注册完成6.99亿元，比上年增长121.9%，实际利用外资到账552万美元。自营出口完成 8005 万美元，年增 21.2%。实现第三产业增加值 18.08 亿元，增幅 19.72%。实现农民人均纯收入 17488 元，增幅 7.3%。

到 2014 年，孟河镇全镇实现地区生产总值 69.22 亿元，同比增长 12%；其中服务业增加值完成 21.5 亿元，同比增长 18%。预计完成一般预算收入 2.27 亿元，同比增长 20%。预计完成全部工业总产值 200.2 亿元，同比增长 16%；完成全部销售收入 188.2 亿元，同比增长 16%；完成规模工业总产值 63.2 亿元，同比增长 18%；完成规模工业销售收入 59.3 亿元，同比增长 18%。预计完成全社会固定资产投资 48.2 亿元，同比增长 18%，其中工业投入 32.6 亿元，同比增长 20%。预计实现进出口总额 1 亿美元，同比增长 25%，实际到账外资 253 万美元，完成内资注册资金 9.12 亿元。预计实现农民人均纯收入 19606 元，同比增长 12%。

在不懈努力下，孟河镇于 2013 年和 2014 年先后被列为江苏省和国家级历史文化名镇称号，在申报历史文化名镇的过程中，孟河镇抢抓机遇，积极推进旅游开发。按照历史文化名镇建设和保护的标准与要求，以"保护为主、抢救第一"为宗旨，修缮和保护图公所、古戏楼、城北老街等文化遗存，积极开展名镇申报工作，先后通过江苏省省级历史文化名镇和国家级名镇验收。东岳庙戏楼、大殿修缮方案已定，正积极准备招标。四个文保点巢渭芳故居、顺来园茶店修缮方案专家论证结束，施工图已出；河庄路马宅、东亚客栈修缮方案正在编制中。复查并制订了全镇范围内不可移动文物点的保护方案，在小黄山发现了一处有价值的古代墓葬，组织考古队对部分已暴露或已破坏的残墓进行抢救性清理，出土了一批遗物。孟河镇政府与龙控集团合作，共同打造小黄山 10 平方公里的旅游开发项目，现已建成长 2.3 公里、宽 16 米的直通小黄山的道路并通车。龙控集团组织编制了详细规划小黄山旅游开发和孟河旅游产品设计方案，并解答了对外招商与宣传力度。同时，孟河镇还同金慧集团、卓达集团、中船集团等实力雄厚的大企业接洽，积极对接小黄山开发的多个大型项目。

从中心镇的建设过程来看，孟河镇目前保持着较好的发展态势，开发活动较为活跃，主要集中在新镇区、现代农业产业园和小黄山旅游度假区。作为基层乡镇，孟河镇能够把握住机遇，创造条件，利用好自身优势，挖掘发展潜力，使城镇建设步入了快行道，其经验值得借鉴。

二　历史文化名镇的申报成功

2013 年 2 月起，在常州申报历史文化名城的大背景下，在市、区两级党委、政府的大力支持下，孟河镇按照《省住房和城乡建设厅、省文物局关于组织申报第六批中国历史文化名镇的通知》的要求，开始中国历史文化名镇的申报工作。首先组建了申报工作领导小组，开展文字材料的搜集、历史建筑的清理、历史地段环境整治等工作，2013 年 6 月顺利通过省级专家组实地考评和验收，并于 2014 年 3 月被国务院列入了第六批中国历史文化名镇名录。列入中国历史文化名镇，为孟河镇带来了新的发展契机，孟河镇围绕中国历史文化名镇的申报，从城镇发展战略、城镇建设及产业发展方向都产生了深远的影响（见图 6—2）。

图 6—2　中国孟河——历史文化名镇石刻

（一）常州申报历史文化名城背景下的历史名镇申报工作

按照常政发〔2013〕23 号文件职责分工，孟河镇在新北区任务量为：负责孟河历史文化名镇的申报、规划编制与修缮保护，万绥东岳庙戏楼的修缮保护，辖区内文物保护单位的扩容与修缮利用；会同有关单位做好齐梁文化等地方历史文化的研究和挖掘工作，形成一批研究成果。其中2012—2013 年完成规划编制及审批，启动马培之故居、巢崇山故居、孟城老街东亚客栈、梁皇殿（齐梁博物馆）、九龙禅寺内的梁皇宝殿及万绥东岳庙戏楼等修缮保护；2014年底申报省级历史文化名镇（已完成）；2015年启动传统风貌建筑的修缮。整个名镇建设大概需要4.5亿元，其中万绥地区9930万元、孟城北街地段7890万元、孟城南门区域3850万元、九龙禅寺4000万元、古运河18660万元、其他815万元。

（二）历史文化遗产的保护、修复和开发

在申报历史文化名镇的过程中，孟河镇加大了历史文化遗产的保护和修复、开发。2013年至2014年，孟河镇完成了东岳庙、书画院等项目的动迁补偿（不包括安置费）和土地补偿；八路八口景观提升工程；九龙寺的维修、征地、规划设计、改善环境等建设项目；万绥图公所的保护维修和宣传、推广；"申名"沿线环境整治及广告牌的设置等工作，总计投入资金3924.57万元。2013年4月，孟河镇完成候选历史建筑的挂牌工作，包括东亚客栈、益泰酱园在内的54幢历史建筑成为保护对象。

2014年，孟河镇具体实施历史文化名镇修复建设工程，包括万绥东岳庙大殿、山门、子孙堂；万绥东岳庙戏楼；河庄路马宅（有疑问）；巢渭芳故居及九龙禅寺大雄宝殿等项目的修缮工程。不涉及新增建筑面积的工程总修缮面积2954.22平方米，其中万绥东岳庙大殿、山门、子孙堂修缮面积476平方米，万绥东岳庙戏楼修缮面积148.5平方米，河庄路马宅修缮面积957.6平方米（含院落），巢渭芳故居修缮面积1022.12平方米（含院落），九龙禅寺大雄宝殿修缮面积350平方米。项目总投资估算为2259.23万元。

孟河镇还计划全面提升部分历史镇区周边和历史镇区至万绥历史地段的环境，包括孟河大道（环城东路至新338省道段），孟浦公路（孟河大道至万绥街区段），环城东路（孟河大道至马桥段）等重点道路东岳庙三老殿和齐梁博物馆的规划建设；全面开展孟城北街历史地段相关房屋的征收工作。

（三）今后15年的工作目标

孟河镇计划，从2015年到2030年，全力做好历史文化名镇的建设工作，大致目标如下：

1. 做好文保单位和历史建筑的修缮保护工作。文保单位共14处，历史建筑共33处，以及孟城北街区域传统民居均需参照历史建筑进行修缮保护。

2. 修复一批历史遗迹。《常州市孟河历史文化名镇保护规划（2014—

2030）》初稿基本形成，根据规划内容，启动一批历史遗迹的恢复建设，具体为齐梁博物馆、梁皇宝殿、三老殿、观音堂、皇家花园及码头等。并着手开展运河古道、城墙延伸等一些工程。

3. 继续加强历史镇区及周边的环境改造和基础设施工作。包括：孟城北街道路及市政基础设施改造，地面恢复青石板，立面改造使风貌协调，铺设管线等；东岳庙整体及庙前广场环境提升按规划进行改造，提升环境形象；万绥及小河老街道路、立面改造；孟城北街南、北入口改造按规划新建牌坊等标志性建筑。

4. 加强宣传，提升历史文化名镇的影响力。利用孟河多种文化传统、表演艺术，开展一系列的文化推广活动，是提升孟河在周边地区乃至更大范围影响力的必要途径。2015 年，孟河镇在宣传工作方面，继续开展"三个一"工程（一张地图、一套丛书、一部电视剧），及时完善更新已出版的手绘旅游地图，编著一套反映孟河历史文化的史话丛书，在孟河医派人物传记电视剧已经开拍的基础上，策划《孟河医派》《梁武帝萧衍》等电影电视剧。也可以运用动画等形式，投入少，见效快，让公众了解孟河悠久的历史文化。采取多种途径收集孟河医派古医书籍、中药标本等，策划相关文保单位、历史建筑的功能布置和利用。在古镇区宣传相关法律规范的严肃性，避免违章乱搭乱建等行为，保持古镇现状风貌，加强消防安全方面知识宣传，增强群众安全意识。加强环境卫生的长效管理，消除脏乱差现象，为古镇的保护与展示利用创造条件。

（四）历史文化名镇建设中面临的问题

1. 资金问题

历史文化名镇建设中，要做多项修缮工程，需要大量的资金支持，需要上级单位给予相应的补助，建设资金由上级建设部门负责还是财政部门负责需要厘清。

2. 关于对建设主体、开发模式、资金来源的基本考虑和建议

孟河历史文化名镇的建议是一个综合性的系统工程，除了刚性的保护要求外，还要对其历史文化进行传承和合理利用，结合孟河发展的实际需要，可以结合小黄山开发、农业园区的生态条件以及新镇区的建议，形成四位一体的发展格局，形成旅游带动型的全国重点镇，旅游业必将成为孟河未来的又一经济支柱，与工业产业一起形成双轮驱动，使孟河"二三

四"工作思路得到具体实践。

从其他古镇最终形成旅游业的具体实践来看,都是以政府为主导,吸收民间资本共同参与进行操作的。

首先,基础设施、环境提升、古运河开挖、修缮保护类的项目政府必须首先进行投入,孟河作为全国镇的建设任务已经相当繁重,资金压力相当巨大,所以这些项目建议由区政府进行全额承担,区建设局作为建设主体,孟河镇做具体工作。

其次,涉及旅游经营的一些项目建议,由龙控集团结合孟河镇小黄山开发来组建新的平台公司,进行商业运作。

最后,关于古镇开发模式,经过宣传、建设、规划、社会事业等孟河镇部门的一些相关考察和调研,认为孟河古镇的操作模式还应进行全面征收、整体开发的模式,便于实际操作和后续管理。在操作中,可以有意回迁部分居民采用回租形式,弥补有些专家认为的这种模式最大的缺憾,即没有生活气息。

第二节 城镇发展规划与前景

2003 年 12 月,原孟河镇与小河镇合并,名为孟河镇,为适应形势发展的需要,更好优化资源配置,促进城镇科学协调发展,2004 年,孟河镇编制了《孟河镇总体规划 (2004—2020 年)》。在新的宏观政策环境和新的区域发展形势下,为在新一轮发展中占领先机,2014 年 11 月,孟河镇和常州市规划设计院合作编制了新的《江苏省常州市孟河镇总体规划 (2014—2030 年)》,在新形势下重新定位、重整发展思路,为孟河未来的发展筹划了最新的蓝图。

一 城镇发展的战略方向

在《江苏省常州市孟河镇总体规划 (2014—2030 年)》(以下简称《规划》)中,规划了孟河的城镇性质和功能定位、城镇化发展策略以及产城融合的目标。

(一)城镇性质和功能定位

《规划》将孟河镇的城镇性质定位为全国重点镇、中国历史文化名镇，以特色产业为主导的先进制造业基地，兼具历史文化与山水资源的旅游度假区，常州市西北片区中心。将功能定位为：①历史名镇。充分挖掘、利用孟河现有历史文化资源，打造成在全国具有一定知名度的历史文化名镇。②产业重镇。现有的特色产业汽摩配逐步走向集群化和高新产业化；大力发展第三产业，把孟河镇打造成产业先进、研发创新的产业重镇。③旅游新镇。充分挖掘丰富的旅游资源，打造成在长三角具有一定影响力的旅游新镇。④生态绿镇。把孟河镇打造成山清水秀、环境优美，在常州独具特色的生态型城镇。

《规划》计划至规划期末，把孟河镇建设成生态环境优美、文化底蕴深厚、产业特色鲜明、旅游品牌突出的辐射常州西北片区的小城市。

《规划》预测，孟河镇到 2020 年，将实现地区生产总值 200 亿元；2030年达到 410 亿元，服务业分别达到占 GDP 比重 42% 和 55%，城镇化率分别为 60% 和 80%，城乡居民人均可支配分别达到 7.8 万元和 12 万元（见表6—1）。

表6—1 孟河镇 2020 年、2030 年主要指标

	指标名称	单位	2020 年	2030 年
经济发展目标	地区生产总值	亿元	200	410
	人均地区生产总值	万元	11	20
	服务业增加值占 GDP 比重	%	42	55
	城镇化率	%	60	80
人民生活目标	城镇居民人均可支配收入	元	78000	120000
	城市居民公共交通出行分担率	%	35	45
社会发展目标	城乡基本养老保险覆盖率	%	>98	>100
	城乡基本医疗保险覆盖率	%	>98	>100
	失业保险覆盖率	%	>98	>100
	每千名老人拥有养老床位数	张	50	53
	每万劳动力中研发人员数	人年	135	160
	每万劳动力中高技能人员数	人	850	1000
	人均拥有公共文化体育设施面积	平方米	3.5	4.5

指标名称		单位	2020 年	2030 年
生态环境目标	单位 GDP 化学需氧量排放强度	千克/万元	< 2	< 0.5
	单位 GDP 二氧化硫排放强度	千克/万元	< 1.2	< 0.4
	空气质量达到二级标准的天数比例	%	80	90
	地表水好于Ⅲ类水质的比例	%	100	100
	生活垃圾无害化处理率	%	95	100
	城镇污水达标处理率	%	95	100
	康居乡村建设达标率	%	95	100
	林木覆盖率	%	> 25	> 30
	城镇绿化覆盖率	%	> 40	> 45
人口	户籍人口	万人	8.31	8.54
	外来人口	万人	5.23—8.31	13.5—16.6
	总人口	万人	10.21—13.84	18.8—22.4

资料来源：孟河镇、常州市规划设计院：《江苏省常州市孟河镇总体规划（2014—2030）》。

（二）城镇化发展策略

孟河镇将确立"城乡统筹、强化中心、资源约束、质量提升"的城镇化发展策略。

1. 城乡统筹

孟河未来的城镇化发展在强化镇区建设、突出小城市功能和发展质量的同时，要发掘和利用乡村发展潜力，保持乡村传统特色和乡土文化，培育现代特色。统筹城乡空间布局，以城乡一体、各具特色的公共服务来引导和保障城乡统筹发展，实现城乡同步现代化和社会协调发展。

2. 强化中心

孟河未来城镇化发展必须遵循资源环境客观规律和科学发展的要求，改变以增量为主导的、分散化的发展模式，加快以镇区为中心的集聚，强化镇区现代化服务功能，充分发挥其对区域城乡现代化的引导和辐射作用。

3. 资源约束

孟河未来城镇化发展的主要任务是资源约束条件下的现代化，必须充分考虑资源条件和环境承载能力，以节约和集约利用土地、能源等重要资源为出发点，优化城乡空间结构，提高建筑节能效率，倡导节约型生产与消费模式，通过结构性节约、技术性节约、制度性节约，走节约型城镇化道路，实现人与自然的和谐发展。

4. 质量提升

孟河未来城镇化发展的核心是将由人口城镇化向城镇化质量提升转变，应以提高城乡居民生活质量为目的，完善城乡综合服务功能，改善城乡基础设施，美化城乡生态环境，提升城乡文化品位，保障城乡居民充分就业，各得其所，使更多的人享受现代文明，让城乡生活更加美好。

（三）产城融合

产城融合是在我国转型升级的背景下相对于产城分离提出的一种发展思路，是应对产业功能转型、城市综合功能提升的必然要求，也体现了城市规划由功能主义导向回归人本主义导向的趋势，由注重功能分区、注重产业结构，转向关注融合发展、关注人的能动性、关注创新发展的转型。

产城融合的三大核心内涵可简单阐述如下。以产兴城，指的是产业是城镇发展的原动力，要重视产业的发展；以城促产，指的是城镇功能是产业不断升级的催化剂，以城镇服务功能助推产业技术进步、结构升级。产城融合，城镇生活功能和产业生产功能是集聚人口的核心因素，两者缺一不可，两者融合、协调发展正是城镇自我持续更新增长的机理所在。

《规划》建议，孟河镇在产城融合发展的战略上：要把孟河镇的产业发展布局与城镇功能空间融合一体，城镇发展以产业为支撑，产业发展以城镇为依托，同时提高建设标准，以小城市标准配套公共服务，支撑产城融合的推进。在发展空间协调战略上，以"多规合一"为抓手，推进国民经济发展、土地利用、生态保护、农业发展规划等规划的整合力度，整合空间资源，达到空间统筹协调，土地集约利用的目的。在资源综合利用战略方面，对镇域内的历史文化遗存、特色产业、自然生态、社会资源、城镇建设用地进行综合统筹，合理利用。在城镇特色塑造战略上，结合孟河镇悠久的历史文化和良好的自然生态资源，塑造山水资源与文化遗存融于一体的具有孟河特色的发展格局。

《规划》进一步分析了孟河镇的产城融合路径。

1. 以产促城：夯实产业发展

（1）产业发展定位：依托中国汽车零部件（常州）产业基地把孟河镇打造成汽摩智配产业化基地，依托小黄山生态资源、孟河古镇的医养文化、丰富的历史文化遗存打造成生态文化体验旅游区。

（2）产业发展目标：孟河镇的产业发展目标定位江苏省特色产业集群转型升级示范区，长三角工农游多产协同发展示范区。

（3）产业发展策略。

策略一：产业链整合突破：引企提级，串链促群。

围绕中国汽车零部件（常州）产业基地"一个基地＋三个中心"建设，以龙头企业骨干项目入驻提升集群等级、释放产业链上下整合信号；依托科研平台建设产业链主链，集聚吸引相关企业，串通产业升级链，建设成汽车灯具、中高端汽车电子件、汽车用新材料及新能源汽车的制造基地，建成汽车及零部件贸易物流中心、模具开发中心、研发检测中心，使孟河镇向现代化产业集群转型迈进。

策略二：多产业协同发展：借力互入，特色互印。

全面整合产业资源，紧扣历史文化名镇和中国汽摩配名镇两大王牌，通过三次产业间的横向融合与纵向延伸，促进产业发展的多元双向融合。以中国汽车零部件（常州）产业基地为依托，助推汽摩配产业集群从车身附件向重要零部件智造升级，并将其汽摩配元素融入城镇意象塑造，塑造汽摩配智造新城。借助汽摩配产业集群市场需求大力发展以供应链管理为特色的现代物流。以中国历史文化名镇、小黄山旅游度假区为依托，将农业生产、小黄山旅游度假与古镇乡俗融合，交叉形成集特色农业、文化休闲与名镇古风体验于一体的城郊生态游体系。

策略三：分类引导梯度发展：确立主次，明确门槛。

围绕"汽摩智配产业化基地、生态文化体验旅游区"的产业总体定位，分时序按主次对产业进行差别化发展引导。近期重点发展汽摩配件、通许器材、生态观光旅游、现代农业，鼓励扶持汽车电子件、环保产业等新兴产业，以保护生态品质为准则逐步淘汰非金属采矿业等污染型产业。远期发展成为以新能源整车制造、旅游度假、医疗养生、商贸物流、中介服务为主导的产业结构。

2. 以城促产：强化城镇功能

孟河镇域功能板块规划形成包括公共服务集聚区、先进制造产业园区、企业研发区、小黄山旅游度假区、历史文化地区、现代农业区、生态农业区在内的七大片区。

孟河镇规划提升产业服务功能和生活服务功能两大城镇功能。城镇生产性服务功能完善以紧紧围绕技术创新、产业升级为目标，主要强化镇区商务中介、研发咨询服务，以及制造园区的技术检测功能。城镇生产性服务功能提升以吸引产业人才、留住产业人才落户为目标，改善镇内交通出行、提高新镇区的多元化服务功能，塑造小城市标准的优质生活服务品质。同时提高小黄山旅游度假区、历史文化地区等重点区域的基础设施建设标准，加快镇区旅游集散服务中心等公共设施建设，支撑旅游业的快速发展。

3. 产城融合：优化产业布局

（1）第一产布局引导：在孟河镇域规划构建"两片三点"的农业布局空间。"两片"包括西部对接新北现代农业产业园打造以订单农业为特色的现代农业产业片区；东部结合河塘水系资源打造以生态农业为特色的生态种植农业片区；北部结合小黄山旅游度假区打造以休闲农业为主题的特色农业片区。"三点"指在各农业片区合理设置瓜果园艺观光点、休闲农业体验点、江岛生态观光点，促进第一三产融合发展。

（2）第二产布局引导：逐步引导孟河镇域外围工业向工业集中区集中，规划形成集技术研发、生产制造、流通交易于一体的二产功能，打造企业研发区和先进制造产业园区。

（3）第三产发展引导：孟河镇域三产将围绕生态旅游、生活服务、历史文化规划构建小黄山旅游度假区、公共服务集聚区、历史文化地区三大片区。

在产城融合策略上，一是通过名镇保护促进城镇持续发展：加强孟河历史文化名镇的保护与规划管理，保持其原有的历史风貌，促进城镇的可持续发展。二是通过服务业发展引领促进城镇能级提升：以小城市为建设目标，在提升、完善孟河自身功能的基础上，大力发展现代服务业，做强做大镇区，增强经济实力和辐射带动能力，全面提升孟河在区域中的综合服务功能，使之成为具有一定辐射力的小城市。三是通过产业转型促进效率质量提高：优先培育环境友好型的特色新产业，重点优化服务业结构，加快发展物流、产学研和生产服务业，积极发展现代农业，实现资源利用效率和经济发展质量的同步提升。四是通过产城融合促进城镇空间集聚：产业发展与城镇空间融合从空心化向经济社会综合体转化，以产城融合来推动城镇空间的整合与功能的完善，以达到城镇空间集聚的目标。

二　城镇发展的具体规划

《规划》全面设计了孟河镇城镇建设的各个方面，其中主要的规划包括：

（一）镇域空间布局

按照《规划》的设计，孟河镇全镇 88.26 平方公里的镇域将总体布局形成"一主、两片、三区"的空间布局结构：其中"一主"为孟河镇区，作为未来小城市建设的主要区域，主要沿东南方向拓展、沿西北方向优化。"两片"为孟城片区和万绥片区。孟城片区以打造文化品牌为主，集市井民俗、传统街市、文化展示等功能为一体的片区，主要组成部分为孟河历史镇区。万绥片区为集齐梁文化综合展示、传统街市、运河休闲等功能为一体的片区。"三区"包括：①小黄山旅游度假区——以生态保护为主，集旅游休闲、康体养生等功能为一体的旅游度假区；②西部现代农业区——镇域西部以现代农业、科技农业为特色的片区；③东部生态农业区——镇域东部以生态种植农业为特色的片区。

（二）镇区用地空间布局

在镇区用地的总体空间布局上，《规划》设计用地发展方向为"拓展东南、优化西北"。布局结构上形成"一心、两环、三轴、六片"的布局结构。"一心"指镇区中心；"两环"指内外水系绿环；"三轴"为水运人文轴、水乡宜居轴、山水休闲轴；"六片"包括公共服务集聚区、传统居住区、居住生活区、企业研发区、先进制造产业园区和综合物流区。

"公共服务集聚区"为集行政办公、商业商务、文化娱乐等多种功能于一体的综合性服务片区；

"传统居住区"是以小河老街为主体，周边地区的整体风貌与老街相协调的传统居住区；

"居住生活区"将是集中布置以居住建筑为主，并配有社区级的商业网点、文化娱乐、教育、绿化等公共设施的生活片区；

"企业研发区"是结合老镇区功能转型升级，将现状旧工业区改造成配合产业升级，集中小企业孵化、科技研发、企业信息咨询和生产性服务于一体的综合片区；

"先进制造产业园区"则是围绕中国汽车零部件产业基地建设，以通江工业园为主体，形成以汽摩配为特色先进制造产业园区；

"综合物流区"为结合汽摩配集群的市场规模，及良好的交通区位条件，形成的兼具商贸功能的综合物流区。

（三）镇村体系结构

在镇村体系结构的设计上，规划形成"一主两次多点"的镇村布局结构。

"一主"为孟河镇区，全镇经济、政治和文化中心，集聚全镇的主要公共服务功能，规划15万人，规划建设用地1503.6公顷。

"两次"即孟城片区和万绥片区，是联系镇区与村庄的纽带。孟城社区共1万人，规划建设用地92.21公顷；万绥社区0.5万人，规划建设用地42.78公顷。

"多点"即规划形成83个重点村、7个特色村、201个一般村，人口约4万人，规划建设用地434.84公顷。

（四）公共服务设施

规划孟河镇形成"镇区—片区—村"三级覆盖城乡、功能完善的公共服务设施体系。配置标准按《江苏省村庄规划导则》及相关规范、标准执行，如表6—2所示。

表6—2 　　　　　　　　　　孟河镇镇村公共服务设施体系

镇域		规划人口	配置内容
镇区	孟河镇区	15万人	行政服务中心、派出所、国土资源所、工商局、街道办事处、普高（48班）、初中（48班和30班两所）、小学（共4所，其中：48班2所、36班1所、24班1所）、幼儿园（共5所，18班3所、15班1所、12班1所）、二级医院、一级社区文化站、体育中心、商业市场、老年公寓、旅游集散中心、酒店等
片区	孟城片区	1万人	街道社区服务中心、小学（24班）、幼儿园（12班）、社区卫生服务中心、基层文化室、基层体育活动场地、二级社区商业、基层社区托老站

续表

	镇域	规划人口	配 置 内 容
片区	万绥片区	0.5万人	基层社区服务中心、小学（24班）、幼儿园（12班）、社区卫生服务中心、基层文化室、基层体育活动场地、农贸市场、基层社区托老站
多点	包含周家村、邵家村等21个新型农村社区	4万人	行政村级基本公共服务设施配套：社区卫生服务站、文体活动室、体育活动场地、居家养老服务站、残疾人康复室、慈善超市、村委会、便民服务站、计生服务室、警务室、农贸市场、农资超市、日用品超市、行政村服务中心等

（五）综合交通规划

孟河镇的综合交通规划包括对外交通规划和内部交通规划。

对外交通规划中，干线公路规划形成以江宜高速为快速对外通道，并在338省道交会处和结合小黄山服务区在齐梁大道处设置两处出入口。镇域规划形成"两纵两横"干线公路："三纵"为239省道、政泰路—238省道、叶汤公路；"两横"为新338省道、南阳公路—黄山公路。

镇域内部交通规划中，镇域内主次道路形成"六纵四横"的骨干路网体系，"六纵"包括：孟西公路、齐梁大道—银山路、文源路、239省道、政泰路、井冈山路。"四横"包括：新338省道、港西大道、精工路—孟河大道、南阳公路—黄山公路。

镇域内水运航道，新孟河规划为五级航道，由南往北穿越本规划区；直通长江小夹江规划为六级航道，是孟河与西来岛的分界河道，航道宽度约100米，浦河为等外级航道。

铁路方面，预留常州市总体规划所确定的沿江铁路线位，并与镇江预留线位对接。

（六）河流水系规划

在水安全布局上，孟河镇形成以浦河、新孟河与剩银河这三条骨干行洪河道为纲，安定河、老孟河、黄山河、长风河、井冈山河等一般河道为目的河网。同时要保障饮用水安全，合理布局集中水源地，长江是孟河供水的集中式饮用水水源地，规划新孟河作为应急备用饮用水水源地。

在航道网和港口布局上，根据《常州市航道网规划》，经过孟河镇域的相关航道有新孟河（6级）、浦河（等外级）两条。同时镇域内规划建设孟河作业区，为常州的内河大宗货物铁公水转运、集装箱运输、散杂货集散服务，同时还将承担重点市政工程建设、工业园区的部分原材料和产成品提供运输服务等。

《规划》设计，以现有河道为基础，以通江达湖重要引排河道为骨架，满足水安全、水生态、水环境的需求。根据常州市防洪排涝功能、水生态与航道网布局，孟河镇骨干河道有浦河、新孟河与剩银河，以强化骨干河道。同时，完善支河网络，结合用地分布和交通布局，孟河镇区周边规划将丰收河、东陆大沟、老孟河、孟青河与改线，便于地块开发利用，完善区域河网结构。结合农村水利建设，延伸三茅殿大沟，沟通东陆大沟等河道，从而使孟河水系成为一个相互连通的有机整体。

（七）市政公用设施规划

给水：统一由常州市城市供水系统供给，规划供水普及率为100%，生活用水量、工业用水量、其他用水量等（市政、绿化、消防等用水及管网漏失量）预测最高城镇需水量，近期为每天5.19万立方米，远期为7.00万立方米。

排水：实行雨污分流的排水体制，新建区一次分流，老区结合改造逐步实现分流。污水处理厂尾水排放视水体环境容量和资源化利用相结合。雨水管道布置应符合防洪除涝的相关标准，体现高水高排、低水低排。预测孟河镇污水集中处理量近期为每天3.28万立方米，远期为4.54万立方米。

污水处理上，近期纳入西夏墅污水处理厂集中处理，远期排入江边污水处理厂集中处理。镇区周边的村庄，有条件的均纳污水厂集中处理，距离镇区较远的村庄采取分散处理的方式。

用电量测算：用电总负荷近期67.69万千瓦，远期107.04万千瓦。

话机容量预测：近期主线电话容量近期为6.43万门，远期为11.27万门。

垃圾处理：预测孟河镇近期垃圾产生量为每天115吨，远期为189吨。规划孟河镇域的生活垃圾送常州市新北垃圾焚烧厂集中处理。同时保留孟河镇现有垃圾中转站，维持现状规模。在农村垃圾收集设施上，设计规模大于 5000 人的农村社区单独设置垃圾收集站，规模小于 5000 人的农村社区可与相邻区域联合设置。

燃气：近期，镇区规划以天然气为主气源，天然气管道气化率镇区达 80%，农村达 50%，保留部分液化石油气站点；远期，随着城乡统筹的大力推进，天然气管道气化率镇区达 95%，农村达 80%。天然气除充分满足居民、公建用气外，还适量为工业提供用气。预测对天然气的需求量近期为每年 1068.2 万立方米，远期为 1725.52 万立方米。

第七章

历史文化与保护

　　孟河镇历史悠久，文化深厚，遗存众多，是一个经济繁荣、人文荟萃之地。早在南北朝时，就出了齐梁两朝的 15 位皇帝，创造了"齐梁文化"。明末清初又诞生了孟河医派，创造了"吴中名医甲天下，孟河名医冠吴中"的医学胜景。在现代的文化艺术中，一批致力于挖掘、发扬本地历史文化的研究者，撰述了大量历史、文学著作。在雕塑、书画、文艺表演等方面也有所创新。孟河镇党委、政府也一直在努力发掘历史文化资源，使孟河申报中国历史文化名镇获得成功，还以此为基础，寻找错位发展的契机，提高区域经济竞争实力，提升孟河镇城镇建设水平，力促社会的全面发展。

第一节　悠久的历史

　　孟河是一座历史悠久的古镇，它有记录的历史有 2500 年，据《江苏通志》载：

　　　　周敬王二十五年（公元前 495 年）运河在（常州）府南，自望亭入无锡县境，流经郡治西北，达到孟河，行百七十里，吴夫差凿。

　　由此孟河被记入史册，这条 2500 年前开凿的首条江南运河确立了孟河以水而生、以水而兴的历史定位。

公元前 262 年，当时赫赫有名的四大君子之一楚国的春申君黄歇来孟河东山读书，东山被命名为黄山。清《读史方舆纪要》在常州条目下载：

> 府（常州）西七十里……志曰"津北六里亦有黄山，俱因春申君而名"。

黄歇在孟河"围圩造田"，创造了"圩田农耕文化"。

23 年，刘秀到孟河地区了解民情，登基后的建武元年（25 年）下令疏通孟、浦两渎，在《风土记》上记下了他的足迹。

> 汉光武帝潜尝罕井（即浦渎）旁，民为指途达江浒，即位命开此渎。

《武进阳湖县志》上写下了他的功绩。

> 东汉建武元年（25 年），光武帝刘秀下命在此开浚河渎，从长江口（抄瓢港）至黄山脚下西边汤巷村（今城北村的汤巷里），水路由孟渎一路凿通了万绥，浦河至养济河、牛塘河、小横河等十多条小河流，全长近 50 里。

自晋太康二年（281 年），孟河是武进县治和后来的南兰陵县，南兰陵县的县治和南兰陵郡治所在地，直至武德三年（620 年）武进县县治才迁往常州。

孟河曾建有武进古城，因孟河的万绥在武进古城的东边，万绥被称为武进东城里。武进古城（后又称兰陵城、东城）建于何时现无考，但一定建在秦以前，《南齐书》上的一段记录证明了此事。

> 宋秦始中，童谣云"东城天子路"……上（齐高帝）旧乡有大道，相传秦始皇所经呼为天子路，后遂为帝乡也。

《晋书·孟嘉传》记下了晋朝名士"孟嘉落帽"的故事。

> 有风到此，吹嘉帽堕落，嘉不知觉，温使左右勿言，欲观其举止，嘉良久如厕，温令取还之，命孙盛作文嘲嘉，著嘉坐处，嘉还见，既答之，其文甚美，四坐嗟叹。

这个"美谈"由此进入了"历史"，《孟城乡志》上留下了以下记录：

> 据《羊士谔记》，说是东晋恒温的谋士孟嘉尝隐居于此，嘉山西距孟河十里，原名龙山。《幼学句解》中有"风高九曰，孟生落帽于龙山"之句。嗣后，龙山易名嘉山，河命名为孟渎。

晋时，方士郭璞在孟河考察"风情地理"，写出了《葬经》，为堪舆学中的"阴阳五诀"打下了基础。道教丹学家葛洪采药材于东西两山，使这里的农户学会了中草药种植。

东晋太兴元年（318 年），北方永嘉之乱，山东兰陵的萧氏家族南迁，入居武进东城里后，经一百多年的拼搏，他们创建了齐、梁两个朝代，使孟河成了齐梁故里，成了南方的政治、经济中心，社会经济得到了长足的发展，创建了孟河地区历史上的第一次辉煌。由这里走出去的以萧氏家族为首的一批文化精英创建了齐梁文化，孟河成了齐梁文化诞生的摇篮。

齐梁时代除了文化的创新外，在政治制度的改革、经济的发展、法制的健全等方面也卓有成效。南兰陵萧氏在唐朝时，梁武帝的八世孙萧颖士成为常州的第一位状元，还走出了萧瑀等 10 个宰相，5 个皇后，1 个皇太后。

唐朝时，孟渎淤塞影响漕运，唐宪宗下旨，命常州刺史孟简在元和八年（816 年）疏浚孟渎，凿成后使孟渎再次承担漕运重任，孟河商埠地位又一次被确定。

早在梁朝时，万绥就被称为"万岁镇"，但那是民间的称呼，是因萧衍做了皇帝，人们抱着崇敬的心态，先把萧衍祖居的中都里称为"万岁里"，再把这个概念扩大，把万绥称为万岁。唐太宗扩建东岳庙后赐名为

"万岁东岳行宫"，使这里的"万岁"两字有了"圣喻"之意。在宋建隆元年（960年）北宋太祖赵匡胤却正式赐名万绥为"万岁镇"，《元丰九域志》上在记录武进县975—1176年的建制的文献中作了如下表述。

> 望，武进，一十五乡，奔牛、青城、万岁三镇。有孟河山、运河、滆湖。

"万岁镇"的建制直到明朝时才撤销。《武进阳湖合志》载：千秋乡万绥镇在"明时改为通江乡阜通镇"。孟河是全国唯一曾被冠名为"万岁"的镇。

倭寇是我国沿海官民对日本海盗的一个专门称呼，在明、清两个朝代，中国东部沿海地区经常受到倭寇的侵扰，明朝时为打击倭寇，嘉靖三十三年（1554年），嘉靖帝命御史孙翊建孟河城，经三年完工。这是一个围城三里，有五个城门，两个水关，城墙厚实、牢固的防御式城墙，城建好后对打击倭寇起了很大的作用。孟河建城，加强了孟河是军事重镇的地位。早在南宋时，孟城就是滨江要津。据《武进阳湖县志》记载：

> 南宋嘉熙初年（1237年），郡守何处信请于朝，始于此建立孟渎寨，并派兵二百零五名驻守。

明朝初年（1370年）后，倭寇骚扰。明王朝派兵1600名，沙桨船五十只驻此戍守，并把孟渎寨改建为孟河堡。

孟河筑城后，明朝即在此调官建署，建立孟河营。

清代设都司衙门于城西北的内驳岸上，辖海军1500名，驻城内关帝庙一带。最后的一任都司是郭开宗，把总陈德良。都司、把总制到1927年废止。

据《全国地名大辞典》载：

> 孟河堡在江苏武进县西北九十里，明嘉靖间以倭乱筑城，孟渎贯其中，置孟河营于此。清时，有都司驻之。

由此可知，孟河是沿江的一个军事重镇。

明末清初，孟河地区出现了一个地方医派，这个医派以四个家族的医生为主体形成，他们先是在本地行医，逐步走向大江南北，以高超的医德获得了民众的爱戴，再以卓绝的医技走进皇宫官府，在他们声名显赫后，进入大都市，"攻进"了上海滩。还通过办学，让中医药随着中医生一起走出国门，从而使这个医派在世界各地产生了影响，对中医药的传播做出了贡献。

由于孟河历史悠久，精英辈出，在国史《二十四史》的七部史书中，小小的孟河曾多次以武进古城、兰陵城、武进东城里的名称出现了百余次，孟河是唯一的一个在我国几万个乡镇中获此殊荣的乡镇。

第二节　深厚的文化

文化是一个地区的"灵魂"，一个地区的"根本"。很难想象，一个文化底蕴浅薄的地区能有社会的稳健发展，一座文化的沙丘上能开出灿烂的历史之花。孟河镇2500年的历史脚步证实了这一点，孟河的历史是被文化一步一步推着"走"的，孟河的发展是在文化繁荣的基础上形成的。

一　齐梁文化

齐梁文化，严格说来是指以齐梁时代文化为代表的南北朝文化，因在南北朝文化中，齐梁文化是它的巅峰。

（一）齐梁文化形成的时代背景

齐梁在中华历史中属于魏晋南北朝时期，这个时代从3世纪至6世纪，从汉帝国崩溃到隋重新统一，历时400余年。这是一个动乱的时代，也是一个变革的时代，"乱"和"变"是它的特征。

"乱"是指东汉后，形成的一个又一个"门阀"酿成的"八王造反"和北方少数民族乘机入侵出现的"五胡乱华"，这种"乱"逼晋朝南迁，使中华首次形成了南北分裂状态。历史也就由此进入了"政治大分裂，社会大荒芜，家园大破坏，民族大冲突，文化大沦落，思想大混乱"的现状。

"变"是指中央集权崩溃，"独尊儒术"的权威丧失，王权控制力减弱，再加上南北分裂的灾难和战乱，迫使有良知的"士"们能够在宽松的环境中对过去的风俗习惯、价值信仰、文化认同等进行探讨，逐渐地把握住了社会的本质，解放了思想，冲破了过去的种种桎梏束缚，进行了认真的思考。

在"思考"的过程中，各种不同的思想、不同的观念形成了，通过碰撞、交锋、选择、融洽，最终使有利于社会发展，能促进社会变革的思想占据了统治地位，这种思想诉之于实践和文字后，就形成了一种文化，因这种文化最终形成于齐梁时代，因而我们就称其为"齐梁文化"。

（二）齐梁文化的主要内容

齐梁时代在文化上的成就是非常广泛的，现列出主要的几项来作介绍。

1. 萧统开了"选学"之门

以梁昭明太子萧统为领袖的一批东宫学士经三年的努力编纂了一本《文选》，史称《昭明文选》，它是我国现有编选最早的诗文总集，选录了先秦至南朝梁代800多年间100余位作者的700余篇文学作品，把中国历史上这个时期的优秀文学作品有效地保存了下来。全书共分50卷，收集了38类文体的作品。《文选》在中华文学史上占有重要的位置，在唐时与"五经"并重，宋代称它为"文章祖宗"，明、清直到当代，对它的研究从未中断。由此可知它的"大"而"重"。这部《文选》的特点是：编选"最早"、文章"众多"、体裁种类齐全和分类明确，还是通过择优选拔而形成的一本有史以来真正的"选"集。

2. 刘勰立了首创"文学批判"之功

刘勰花了四年时间，在钟山名刹定林寺书写而成的《文心雕龙》是一部划时代的杰作，这本书由"总论""文体论""创作论""知音论"四个部分共50篇组成，"其结构经过精心安排而部伍严密，形成一个完整、严密的系统，在中国文艺理论和美学史上，具有如此完整、系统而庞大的理论体系的著作，可以说是独一无二的"。是我国首部文学批判著作，它的影响不仅在那个时代，不仅在中国，而且一直延伸至今，延伸到全世界，并形成了一门被称为"龙学"的学问。它的两个至关重要的论点是：反对文学上的不切实际的浮靡之风，提倡脚踏实地的务实之风。

3. 开创了诗歌新局面

首先是沈约创造了有关诗韵律的"四声八病说"，将四声的区辩同传统的诗赋音韵知识相结合，为"近体诗"的出现奠定了基础。钟荣编纂的《诗品》是继《文心雕龙》后的一部评论诗歌的名著，全书共评论了汉以来的诗人 122 人。他根据诗人的作品，把这些诗人分为上品（11人），中品（39 人），下品（72 人）。继《诗品》后，梁时的徐陵又选编了《玉台新咏》，这是继《诗经》《楚辞》后中国古代的第三部诗歌总集，它收录了汉以来的诗歌 769 篇，共分 10 卷，编选的宗旨是"选录艳歌"，诗文的质量虽差于《昭明文选》中的诗歌，但诗文简洁明白，少"庙堂"之气，重视民间文学，收集了许多民歌，最典型的就是那篇千古绝篇《孔雀东南飞》。同时它还选录了许多女诗人的作品，使班婕妤、鲍令晖、刘令娴的杰作能流传下来。"诗歌发展至南朝……已经显露了许多新体诗的特征，如音律、辞藻的要求更加强烈。清沈德潜说：'诗至于宋，性情渐隐，声色大开。'魏晋时期以抒情言志为特征，南朝时则公开宣称'古情拙目'而以辞采相尚了。齐永明年间，以沈约、谢朓为代表的诗人，鼓吹新变，提倡'四声八病'，写作新体诗。"这里所说的"新体诗"就是指的"永明体"的诗，谢朓是永明新变体成就最大的作家，他开辟了一个新诗天地，其创作开了唐诗发展之路。"永明体"的出现是诗歌的历史发展进入新阶段的标志。在写作内容上，继"永明体"诗歌后，梁朝又出现了以萧纲为首所写的"宫体诗"。南朝是我国诗歌繁荣的前夜，没有南朝的诗就不会有后来的唐诗宋词，它是诗歌发展史必经的一个阶段。

4. 在史学上留下的许多巨著

最有成就的要数萧子显的《南齐书》，沈约的《晋书》被选入了《二十四史》。《南齐书》是少有的当代人写当代历史的一本历史书，可信度高、真实性大。正由于是当代人写当代史，又是失败了的皇族写自己家族的失败史，就必须要有一种面对现实、面对自己祖先"国破家亡"的勇气，这对萧子显来说是一种难能可贵的精神，对萧武帝来说也是一种大度宽容，这成了历史上的一段佳话。萧子显还写了《后汉书》100 卷，《晋史草》30 卷，《普通北代记》5 卷；萧衍写了《通史》600 卷；沈约写了《宋书》190 卷，《齐记》20 卷，《高祖记》14 卷。齐梁时代写史的人还有许多，写史成了一种风尚，这意味着社会的一种进步。

5. 在艺术、雕塑和建筑业等方面的成就

齐梁时代在艺术上也有了明显的变化，一是质的变化；二是开始了南北、中外艺术的相互交融；三是艺术的自觉有了明显的表现。特别值得一提的是齐梁的绘画艺术，齐朝的陆探微，梁朝的张僧繇与晋时的顾恺之并称为"南朝三杰"。陆探微擅长人物画，"穷理养性，事绝言象"。"参灵酌妙，动与神会，笔迹劲利如锥刀马，秀景清像，似觉生动。"张僧繇创造出"凹凸花"画法。后来又有了所谓的"没骨法"的花鸟画。

6. 中医药上的成就

中医药是中国特有的一个科学分类，它是中国的国学。在魏晋南北朝的时期，对中医学和中药学做出贡献的是王叔和、皇甫、葛洪和陶弘景。齐梁时代的陶弘景对中医药的贡献很大，他经过潜心的研究，对《神农本草经》进行了注释、勘误、增补，写成了《神农本草经集注》，使中草药的品种增加了一倍，还把药草分成了上、中、下三品，对每种药的药性和使用方法都做了具体的说明，既科学，又实用，可操作性强。另外，他还写了大量的医药书传世。陶弘景一生还坚持炼金丹，这件事的本质是不科学的，但在他认真观察、详细地记录下，却取得了他本人意想不到的几个结果，一是他写下了许多有价值的炼丹处方，日后形成了我国制药里的一个分类——丹药；二是他的观察和记录，为化学合成提供了许多详细的资料，促使后人对化工合成进行了思考，所以有人把陶弘景称为合成化学之父；三是为冶炼学提供了许多数据。

7. "农学"研究首有成就

南北朝时期的贾勰所写的《齐民要术》是现存的、最早的、最系统的古代农书。《齐民要术》中所提出的许多栽培技术，是很有科学价值的，比如说轮作等方法，我国农民一直应用至今。

8. 教育开创了新的局面

南朝社会经济的发展为教育提供了基础，朝廷着手发展文教、振兴官学，建立了玄、儒、文、史四个学馆，不再专学儒家经学，玄学、文学、史学蓬勃兴起，与经学分庭抗礼。梁武帝初年设立五馆，又建国子学，招收"寒门俊才"，为平民进仕创造了条件。可见南朝已提倡教育的公平了。

9. 宗教文化特别昌盛

宗教文化在这一阶段得到了长足的发展，特别是佛教文化。萧衍写了许多"佛书"，把中国传统文化中的"心性论"融入佛教文化，使佛理有了一个带有哲理性的变化，促进了佛教的本土化。

道教组织在南北朝前非常松散，经佛道的几次争斗后，道教面临崩溃，道教中的精英人物寇谦之、陆修静、陶弘景三人发起了一场在史学上被称为"道教宫观化"改革道教的运动，这一运动不仅拯救了道教，也丰富了道教文化。

佛教的传入，道教的复兴，再加上儒教，三教的办教宗旨和指导思想都不同，自然会在理念上和争取受众上发生争斗，再加上皇权的介入，矛盾常被激化，在历史上发生过多次灭佛或抑道事件，严重地影响了社会的稳定，到了南朝时更趋严重，于是一些知识精英开始考虑"三教融合"的问题，经几代人的努力，梁武帝萧衍和道教大师陶弘景合作终成大业，萧衍把佛教的"因果"、道教的"无为"、儒教的"仁爱"融于一体，提出了"三教同源说"，陶弘景在茅山实行道佛双修，再加上皇权的大力推广，三教终在梁代实现了圆融，首次在宗教界实现了文化上的和谐。"三教圆融"也就成了齐梁文化的一个亮点。

（三）齐梁文化的特质属性

一种文化能在整个文化体系中自立一门，必有它的特异性质，这种特异性质是在原有文化的基础上产生的，又作用于原有的文化体系，促进了原有文化体系的发展，在中华文化五千年的历史长河中，也许正是因为有了像齐梁文化这样几个有特异性质支派的产生，才使它能不断地繁荣壮大，生命力如此旺盛。因而我们今天讨论齐梁文化特异性质的本意就是讨论齐梁文化对中华文化的影响和它的进步意义。

1. 思想解放的产物

"中国传统文化的特点，可以从其所赖以滋生衍化的条件和背景找出原因。"齐梁文化产生于中国历史上的第二次思想大解放的时期。当思想解放从思想意识形态演绎为文字、时态、并影响到社会现实时，思想解放也就成了一种文化。齐梁文化中的许多具体内容都是思想解放的产物，也是思想解放的表述：萧衍、陶弘景创建的"三教同源说"，萧衍把"心性论"纳入佛教，萧统通过"选"编纂了《文选》，刘勰、钟嵘开了文学批判之门；沈约的"四声八病"声律说，"永明诗""宫体诗"的形成，萧子显当代人写当代史、"有神论"的萧衍皇帝和"无神论"的范缜在皇宫内的公开论战……这一切都是思想解放的产物，也是思想解放的表述。

2. 文学的自觉

"文学的自觉"是"鲁迅先生在《魏晋风度及文章与药及酒之关系》那篇著名讲演中"提出来的，"所谓'自觉'，就是说人们不再把文学看成仅仅是某种事物的附庸，而认识到它本身就具有独立存在的价值，更明白一点说，就是人们不再像汉朝占统治地位的思想那样，只把文学作为一种为政治教化服务的工具，而认识到它的审美的愉悦……人们不再仅仅着重研究文学与其他事物（比如政治和经济生活）的关系，而是进一步深入研究文学本身的性质和规律（比如作家思维的特点，作品的风貌与作家气质素养的关系，语言运行的技巧等等）"。试想一下，若不是魏晋南北朝的那些"士"们有了"文学的自觉"的思想认识，怎会出现《文心雕龙》《文选》《玉台新咏》、"三教圆融说"等一系列的划时代的名著和思想呢？因而"文学的自觉"也就成为齐梁文化最有价值的一项特质。

3. 文化的"新"和"变"

萧子显曾说："在乎文章，弥患凡旧，若无新变，不能代雄。"萧统说得还要具体深刻："若夫椎轮为大辂之始，大辂宁有椎轮之质？增冰为积水所成，积水曾微增冰之凛。何哉？盖踵其事而增华，变其本而加厉。物既有之，文亦宜然，随时变改，难可详悉。"他们的言论说明齐梁时代的文学精英们都已普遍认识到了文学求新、求变的意义，并努力实践之。这种求新求变体现在齐梁文化的方方面面，特别体现在诗歌的创作上，从"言志论"到"永明体"到"宫体诗"；从三言、四言到五言、七律，从不注重音律到强调音律，这一切从内容到形式的变化，不仅是变，也是"求新"的过程。这种变也反映在语言上，他们在"语言上反对过去典雅深奥的语言风格，提供雅俗结合，要求文学语言平易流畅，并且有音乐性的效果"。萧子显就提出了以"不相祖述"为文学"新变"的基本标准。齐梁时代强调文字表达"不俗不雅"已成风尚。齐梁时代在追求语言的平易清丽、雅俗结合方面是卓有成效的。

4. 文化的和谐性

齐梁文化和谐性的代表作是萧衍和陶弘景等人所倡导的"三教圆

融"，他们在"三教圆融"中所倡导的"和谐"思想，不仅在宗教界，而且也在社会实践中起到了整合群众、平衡人们心理、教化人民的作用，在中国文化思想界，在广大民众心中产生了深刻的影响，它不同于儒教中的那种被束之于高阁的"和谐"，它是一种能被民间接受和实现的和谐。因而可以说是它在中国思想文化界首次播下了"和谐"的种子，使中国这个多宗教的国家，从此后基本上没有发生过宗教间大规模的争斗和杀戮，也使人们习惯了通过"共荣"的形式来构建和谐，齐梁文化的这个特质在中华传统文化中所起的作用是无可估量的。

（四）齐梁文化的传承价值

齐梁文化在中华传统文化的历史长河中占有很重要的位置，作出了很大的贡献，是中华传统文化中值得研究的一朵奇葩、一块瑰宝，因而我们必须要认真地弘扬它和积极地传承它。

从宏观来分析，齐梁文化的价值是很厚重的，首先是它总结和传承了中华文化，使中华文化在那个战乱的年代中没有断裂，得到了很好的继承，又通过"新""变"把原有文化向前推进了一大步，从而使齐梁文化成了汉文化向唐文化过渡的桥梁。第二是它开创了"文学的自觉"的时代，从而使"这个时期的文学逐渐从经学、史学中脱离出来，文学的特征逐渐鲜明，中国文学史中的主要文体基本确立，文学的团体和文学流派、文学风格都已形成，并最终获得了独立的地位，为唐代文化的发展和繁荣，奠定了坚实的基础"。第三是创建了三教圆融，使中华大地上首次形成了被广大民众能接受并自始至终能发挥影响的和谐文化，它对维持中华民族内部的团结，加强民间的凝聚力做出了杰出的贡献。这些贡献是任何一种其他文化都不能做到的。

再从现实社会发展的需要上来分析，研究、弘扬齐梁文化也是有积极意义的。思想的解放、文学的自觉、文化的求变探新，文化的和谐是社会永恒的课题，它从来不是一劳永逸的事，是需要一代又一代的人去努力推进的，当历史把这一切放在我们面前时，我们就应去挖掘、去研究、去弘扬，并借鉴这些文化来推进当代的文化向前发展，这也就是在当代弘扬、研究齐梁文化的一个重要任务。

对于孟河来说，研究传承齐梁文化还有另一层意义，因为创造齐梁文化的许多精英都是南兰陵齐梁皇室的成员，他们的祖居地就在孟河，孟河也就成为齐梁文化的一个主要发源地，因而齐梁文化被视为这个地区的光荣和骄傲，同时也是孟河人自己的责任。深入地挖掘齐梁文化，还齐梁历史与文化一个真面貌，这更是这块土地上后人对前人的一种敬畏，更是对历史文化的一种责任。同时，还应拾起那个时代精英们的"精神"，在这块土地上创建当代的文化繁荣和经济昌盛。这就是孟河的文化工作者义不容辞的一个责任，一项光荣的任务。

二　孟河医派文化

清末民初，小小的孟河镇走出了一个地方医派，这个医派经 300 多年的发展，成为扬名海内外的著名医派。

（一）孟河医派形成的基本条件

一个著名的医派在一个不显眼的乡村小镇悄然兴起，逐步发展，然后蔚然壮大，这其中的原因很多，但在以下三个方面尤为重要。

1. 优越的地理位置

孟河地处长江中下游地区，北毗长江，南临京杭大运河，又有一条沟通长江和运河的孟河贯穿全境，使它成了苏南运河船只进入长江的重要通道。这种得天独厚的地理条件，使孟河早早地就成为一个经济昌盛、文化繁荣的小镇，这种优越的地理位置是孟河医派产生的最基本的条件。

2. 丰富的药材资源

孟河处于宁镇山脉的末梢，夹于两山之中。这里不仅气温适中，雨量充沛，还因特殊的地理环境，使它形成了各种不同的小气候，是温带、亚热带药材生长的最理想的地域。据调查，西山上有各种药材 180 多种，产量很大，在深山中可采到一些稀少的珍贵药材，此处的农民还种植药材。中草药材是中医药的基础，由于孟河盛产中草药材，孟河自古以来就有许多精通中草药的民间医生，流传着许多有价值的秘方、经方，更有一支为数不少、经验很丰富的药农。这是孟河医派孕育的基础。

3. 深厚的文化底蕴

孟河是一个有深厚文化底蕴的小城镇，道教医药大师葛洪和陶弘景经常在这里活动。在魏晋南北朝时期，北方战乱，北方的许多望族举家南迁，他们带来了中原地区的文化，使苏南的文化和经济都得到了发展。特别是北方望族萧氏家族来到这里后，诞生了齐、梁两个朝代的 15 个皇帝和以昭明太子为首的一大批文人。自此后，这里人文荟萃，精英辈出，成为儒、道、佛三教圆融的一个具有深厚文化底蕴的地方。这种深厚的文化底蕴为孟河医派的产生和发展，提供了优越的文化生态环境。

（二）孟河医派的形成与发展

孟河医派的历史要追溯到明朝正德年间的费宏。费宏是武宗皇帝朱厚照执政时的宰相，受魏忠贤的迫害，一家老小流落到孟河，在孟河采药行医成了后来费家医派第一人。虽后被起用，他却把家安在孟河，使孟河有了孟河医派的第一个医家——费家。

此后，费家虽还行医，但名声并不大，也不专职，直至明末清初，费尚有（1572—1662 年）弃官从医，定居孟河后，才真正开始了费氏的医学事业，至今已 300 多年。

早于费尚有，孟河有法徵麟、法公麟两兄弟行医，善治伤寒，医术甚精。

乾隆年间（1736—1795 年），孟河又有沙家父子沙晓峰、沙达调以外科名重一时，通脉理，善外科。

安徽马氏，19 世纪到孟河行医，知名者有马省三、马荷庵、马坦庵等，以医治疮疡见长，其中马省三不仅擅长外科，也精通内科。

到乾隆年间，费氏第五代医人载入地方志，表明孟河医派初步形成。

在孟河医派稍有影响时，他们没有满足现状，而是继续努力，在医术上精益求精，在医理上深入探讨，还伺机走出孟河，把它的影响扩大到各地，经几代人的努力，终于把一个地方小医派发展成在全国有影响的大医派。

首先是费伯雄（1800—1879 年）进京为道光皇帝治好失音症，为皇太后治好肺痈，费伯雄的业绩写入《清史稿》，被道光帝称为"活国手"，使费家成为显赫的医家。

接着马家、巢家也登上了医界的舞台。

马家那时当红的人物马培之（1820—1903 年）与费伯雄齐名。马培之曾两次为翁同龢治好顽疾，还进京为慈禧太后治疾，使之成为"天下名医"。

在费、马两医家的影响下，孟河望族巢家也步入了医界精英行列，巢崇山（1843—1909 年）是家族中首位稍有名的医生，与费伯雄、马培之同代人，成名晚于费、马。巢氏后代继承了家学，并师从费、马，不出三代，也跃入了名医的行列。

在这个过程中，孟河医派不仅保持和发展了自己的特色，还从其他地区的医派中汲取了丰富的营养，壮大了自己，更结合了学理医理的滋补，使它的理论日趋完备，进入了另一个层次的发展高度。

清道光、咸丰、同治时期（1821—1875 年），孟河医派发展到了最昌盛的时期，这时孟河名医云集，业务兴旺，医术成熟，学术思想日臻完善，求诊的患者从四面八方涌来，使孟河这个小小的城镇呈现出一片繁荣景象。常州府志和武进县志上对当时的情况有如下记录："小小孟河镇江船如织，求医者络绎不绝"，"摇橹之声连绵数十里"。求医者云集后，促进了孟河的饭店，栈房（旅馆）、茶店，南北货商店的发展，南北二里长的一条小街上，开满了各种商店。药店就有 18 家，采药业、种药业也得到了发展。

孟河医派昌盛的另一个表现就是许多医家纷纷走出小镇，去外地发展。巢家医派的巢崇山于 1859 年移居上海，以针刀技术治疗肠脓肿而闻名上海，其后代开始了在上海的发展。丁甘仁也于 1890 年前往上海创办了自己的诊所，融合多家医派医术，形成了自己的特色，成为以内科见长的一代名医。

孟河医派昌盛的另一个表现是丁甘仁办学，1916 年，丁甘仁与上海名医夏绍庭（1871—1963 年）共同创建了上海中医专门学校，培养了一大批有丰富人文知识、科学知识，又熟悉中医原理和疗法的挑大梁人物，这批人成为中华医药界以后半个世纪的精英，这批精英人物中的一部分先后迁至美国、法国、英国、东南亚各地，使孟河医派走到了国外。

（三）孟河医派的医疗特色

孟河医派之所以能成名、能发展、能光大，是有自己的医疗特色的。这种特色是在正确的医疗思想指导下形成的，这种指导思想可用费家医派创始人费伯雄的一句话"和缓为大法"为代表来说明。这个指导思想经四大家族几代人的发展，形成了孟河医派的特色，轻灵纯正，变通求切，治法灵活。

费伯雄以归醇纠偏、平淡中出神奇闻名，他认为医者论理必归醇正，所谓醇正就是"在义理之得当，而不在药味之新奇"，这是孟河医派立论和费氏医家学术思想的基础。费家又兼收李东垣补阳、朱丹溪补阴之说，谓医者当吸取两家之长而弃其短，宗其法而不泥其方。用药以"切见症，切病原，切气候，切体质"为四要，谓"轻病用轻药，轻不离题；重病用重药，重不偾事"。

马氏医家的学术思想主要集中体现在马培之身上。马氏原是以疡科闻名，"以外科见长而以内科成名"，他讲究眼力和药力，说：看病辨证，全凭眼力；而内服外敷，又有"药力"。马培之主张辨证，要考虑到天时、年运、方土、禀赋、嗜好、性情等因素，细审病在气在血，入经入络，属脏属腑。马培之的理念，可略见孟河医派处方用药的绵密和平正，马氏以脉理精湛及刀针娴熟而形成风格，为马氏医派学术思想的精华。

巢渭芳系马培之入室弟子，擅内、外、妇、儿各科，尤长于时病。尝谓：求稳每致贻误，顾全反觉掣肘，审证求因，药有专任，贵在不失时机。故治伤寒每多奇效。治外科病也出手不凡，如肠痈用火针排脓，尽得马氏真传。

丁甘仁认为看病就诊一定要讲究和与缓；"和"则无猛峻之剂，"缓"则无急切之功，"和与缓"乃先贤遗风。其在处方用药上，大都以轻灵见长，最擅运用"轻可去实"之法；在临诊中务必从三个方面考虑用药多少，第一要充分估计病者的体质强弱；第二要确定病情的轻重缓急；第三要了解患者的居住饮食嗜好等习惯。在初次用药效果不明显时，必须研究分析找出其真实的原因，是用药不对症，还是用药不胜病，然后加以适当调整药量。

孟河医派医家在杂病、外证方面的突破，使孟河医派之名遂扬，竟与擅长温病证治的叶派相媲美，正如陆膺一说："叶天士之后，江浙间医家多以治温病名，独武进孟河名医辈出，并不专治温症，由是医家有孟河派、叶派之分。"孟河医派以其高深的学术造诣，创造了自己的医疗特色，再加上丰富的临床经验，不仅使这个医派扬名天下，也为祖国医学的发展做出了卓越的贡献。

（四）孟河医派四大医家的成就

1. 费氏医家

费氏医家最早始于明末清初的费氏家族，以第九世费伯雄为孟河医派之开创者，其孙费承祖（字绳甫，以字行）传其学，裔孙有费子彬、费赞臣等，迄今至第十四世费季翔，已有近 400 年。费伯雄的医学著作《食鉴本草》《医醇》二十四卷，不幸毁于战火，70 岁时，追忆《医醇》中语，著《医醇剩义》《医方论》《怪疾奇方》《费批医学心悟》等。《清史稿》称："清末江南诸医，以伯雄为最著。"

费绳甫则主治虚劳内伤杂病著称，以善治危、大、奇、急诸诊而闻名。费绳甫是费伯雄之孙，幼承家学，精于临证，求诊者日以百计。中年始居上海。其治虚证别有心得，重视调和胃气。著有《临证便览》和《费绳甫医话医案》，录验案数十则，多为病情较重而辨证独到者。侄费子彬、孙费继武均得其传授，行医于上海。次婿徐相任，从其学，蜚声沪上，为绳甫辑医案出版。

2. 马氏医家

马氏医家形成于明末清初，太医院马院判招蒋成荣为婿，蒋成荣继马氏家族大业，开创了孟河马氏世医，其中以第四世马省三、第六世马培之最盛名。马培之的医学著述有《青囊秘传》《马评外科全生集》《医略存真》《外科传薪集》《马培之医案》《务存精要》和《纪恩录》等。

3. 巢氏医家

巢氏医家是清代名医。巢崇山，名峻，晚号卧猿老人，在上海成名，巢渭芳（1869—1927 年）在孟河成名。巢崇山在上海行医 50 余年，擅长内外两科，而于刀圭尤有独到之处，其于肠痈所施的刀针手法，多得家传，留有医案若干。巢崇山多应验如神，平生诊务繁忙，故著述甚少，有医学著作《玉壶仙馆医案》《千金珍秘》《巢崇山医案》等。巢渭芳祖孙四代坚持在孟河行医，注重实践，很受乡梓欢迎，他生前曾著有医话、医案若干卷，未传。门人遗有其手抄《门人问答》，医著有《巢渭芳医话》等。

4. 丁氏医家

丁氏医家起始于丁甘仁，甘仁名泽周，是孟河四大名医家医派中医药学造诣最深者之一、孟河医派后期的领袖人物，有"孟河宿学，歇浦良医"和东南医学界"祭酒"之美誉。他师从马培之学医，能兼蓄马氏内、外、喉三科之长。丁甘仁 8 岁入私塾，读过"四书""五经"，15 岁时从学于堂兄丁松溪，丁松溪是费伯雄的学生，丁甘仁由此学到了费氏的中医药理论，他又受业于圩塘马仲清。19 岁时在马培之处学医，后又从巢氏习外科，故他通晓内、外、喉三科，能兼蓄费、马、巢三家之长。丁甘仁初来上海之后还拜了安徽名医汪莲石为师，认恽铁樵为其师兄。丁甘仁最早提出伤寒、温病学说一体论，开中医学术界伤寒、温病一体之先河。1885 年，上海疫痧症流行，经丁甘仁诊治者不下几万人，名震上海与大江南北，西方各国在沪人士亦重金争相邀请他就医。

丁甘仁联合沪上同道名医谢利恒、夏应堂集资于 1916 年创办了"上海中医专门学校"（即现上海中医药科大学之前身）。开创了近代中医学教育的先河，改变了中医培养师承家传的单一模式，被中医学家认为是中医药事业发展史上的杰出创举。后又创办了上海中医女子专门学校。为配合临床，又着手创办沪南、沪北广益中医院门诊和病房作为在校学生提供临证实习基地。

丁甘仁为学校所著述课本《脉学辑要》《医经辑要》《药性辑要》，并设置了生理解剖学、病理学等西医重点课程，吸收西医学知识为我所用，并组织学生到沪南、沪北广益中医院，临证学习，使理论与实践紧密结合。

丁甘仁所办学校，至新中国成立时止共三十届学生 869 人，造就了大批高水平的中医人才。如新中国成立后担任上海中医学院院长的程门雪、黄文东，以及新中国成立前后的著名中医丁济万、曹仲衡、刘佐彤、王一仁、盛梦仙、张伯臾、秦伯未等，均为早期毕业于上海中医专门学校的高材生，可谓"医誉满海上，桃李遍天下"。有称为"丁氏学派"者，丁甘仁之子丁仲英，孙丁济万、丁济华、丁济民、丁济南等，亦克绍家业。曾孙丁景源等在美国以及中国香港从事中医工作，尤其是丁景源，为中医针灸获得美国官方认可做出了卓越的贡献，现为美国纽约医师公会理事长。

丁甘仁先生是 1921 年上海中医学界公推为上海中医学会首任会长，并主持《中医杂志》。并发起成立"国医学会"，发行《国医杂志》，后又发起成立"江苏省中医联合会"，丁甘仁首任江苏省中医联合会副会长。

丁甘仁子仲英，孙济万、济民、济华、济南等均秉承家业，传代后世。丁氏祖孙几代共创办中医学院校四所，创办中医学杂志四种，出版中医（药）学著作近百部。丁甘仁编著的医学名书有《诊余集》《外科丸散验方录》《医经辑要》《药性辑要》《脉学辑要》《喉痧症治概要》《诊方辑要》《成药全书目录》《丁甘仁家传诊方选》和《思补山房医案》等著作。后人整理的丁甘仁学术著作，有《丁甘仁医案》《丁甘仁医案续编》《丁甘仁临证医集》等。他的大部分医学著作均存放在北京图书馆中，新中国成立后《辞海》一书也收有丁甘仁的条目。

丁氏后人整理出版的还有《百病医方大全》《医学讲义》《丸散膏丹药配制法》《丁甘仁晚年出诊医案》《丁甘仁家传内外科实用经验神效秘方》和《沐德堂丸散集》等中医（药）学术著作。

（五）孟河医派文化

分析孟河医派形成发展的众多原因，不难看出深厚的文化底蕴所起的作用，没有这种文化底蕴，就不可能有孟河医派的兴起与发展。区域文化不仅是医术发展的条件，也是医派的精神基础。反过来说，区域文化也成为医派价值的体现。

1. 孟河医派儒学文化的特征

孟河是一个文化底蕴深厚的地方，自古以来，多种文化在这里繁荣发展、互相影响，形成了以儒家文化为主导，多种文化互融互补的局面。从这块黄土地上走出的孟河医派自然而然地也深深地打上了儒家文化的烙印。

"医为仁术"是儒家从医的指导思想。孟河医派的医生大都是儒生从医，还有不少是弃官从医的，这就决定了他们从医的指导思想，行为特征与一般医生的不同，这种不同表现在医德上就是丁甘仁所说的那句话"医为仁术"，这就是孟河医派的道德指向。

孟河医派的医家很好地诠释了"医为仁术"的内涵，他们治病不分对象，不管是进皇宫、进总统府为达官贵人治疗也好，还是下山村、进茅屋为穷人治病也好，他们坚持随叫随到，从不推诿。对穷苦的患者，他们不但不收诊费，还在处方的一角盖一个"赠"字，免费提供药品。这一切都体现了一个"仁"字。正是因为有了这个"仁"，使他们得到了社会各界的尊敬和爱戴，也获得了社会各界的支持，使他们医派的发展有了一个坚实的社会基础。

不拘门户，相互学习，促进了医术的发展。在孟河医派兴起的那个时代，医术的传授基本上是以家族传授或师承的形式进行的，带有很大的封闭性，这是封建文化的特征之一。这样自然而然地影响了医术的提高与发展。孟河医派却不是这样，因他们的创始人都是儒生，他们那"医为仁术"的思想，使他们想的不是谋利而要施"仁"，他们要的不是垄断，不是封闭，而是要提高、要创新、要发展，要更好地为患者服务。所以他们勇敢地打破了门第，走出了家族，相互磋商，互助借鉴，使医术得到了交流和融合。更特别的是四大医家间建了各种亲缘和师徒的关系，使他们四家拟似一家，这就为孟河医派医术的快速发展打下了基础。到了民国时期，这种思想得到进一步的发展，就有了丁甘仁的办学，从此使孟河医派的医疗理论、方法和现代科学结合了起来，最终使孟河医派走向了世界。

"四海为家"的思想，使他们不拘泥于家乡，走出家门，走出国门，向各地发展。从商的儒家有宽阔的眼界，有"四海为家"的思想，能突破封建社会那"以乡为牢"的局限，不断地向外发展，孟河医派的医生也是如此。从表面看这种现象似乎与儒家思想没有什么关系，其实不然，儒学中有一个重要思想，即"家国思想"。这种思想来自皇家，他们把"家"当作"国"，把"国"当成了家，构架了中国封建社会两千年的统治格局。这种思想到了儒生中间，起了质的变化，他们也把国和家连在一起，产生了一种既爱家又爱国，为家、为民、为国做贡献的思想，这种思想植根于他们思想深处，成为了一种潜意识，从而使他们和一般意义上的"土财主"有了明显的区别。孟河医派的创始者们既然都是"士"，他们自然把"家""国"统为一体，把"民"记在心中，这样他们自然能克服过去医界的派系和地区的隔阂与局限，勇敢地走出家（乡）门、国门，到各地去开拓他们的事业。

儒家思想还使孟河医派的创业者们不拘泥于医，而力争在为医的基础上成为一个社会工作者。纵观孟河医派的历史，可以发现孟河医派中的许多精英人物，并不纯粹是医生，而是社会工作者，他们热衷于各类社会事业，乐意为社会奉献。最典型的要称丁氏家族，他们每一代人基本上都是慈善家，热心服务于社会，他们还关心社会的许多问题，为社会的公平正义而呼号。丁甘仁在各地办义学、造养老院、接婴堂，建义渡，放粮救灾，参加禁赌禁娼活动，丁家族人还联系社会各界人士抗议当时政府"取缔中医"的错误决定，所以孙中山大总统送了一块"博施济众"的匾额给他，以示表彰。孟河医派的马家，世代任孟河地区乡董，负责治理地方，造福乡梓。

　　他们为什么不"安分"于"医",而要从事这许多社会工作,履行社会义务呢?一句话就能解答,因为他们是"士",是有良知的"士"。他们做的这些善事,从表面看,似乎和"医"没有关系,但在实际上却为他们医疗事业的发展拓宽了另一个空间。

　　2. 儒家文化统率下的商业文化,是孟河医派发展的动力

　　医疗事业是一种社会事业,但它又是一种经营,个人办的医疗事业带有明显的商业性质。传统的儒家是"轻商"的,孟河的医生都是儒士,他们又该如何经商呢?从孟河医派的发展过程中,可清楚地看出,这些从医的儒家们巧妙地融合了"儒"与"商"的理念,正确地处理了"义"与"利"的关系。这就是深厚的文化底蕴所起的作用,又是古老的儒学和带有现代气息的商业文化巧妙结合的一种表述。

　　孟河地区在西汉时就成了长江边的一个商港,商业文化也随之形成。但孟河地区儒学的强势,决定了商业文化只能从儒学中脱胎而出,因而从它诞生的那一天开始,就带有儒学色彩,强调"公平公正",强调"君子爱财,取之有道",这样就使这个地区的商业一直处于一种良性的繁荣与发展中。孟河东岳行宫中的一块石碑就记录了清道光年间在这个地区设置128杆公平秤的历史,从这一点就可看出这个地区商业文化的属性。

　　孟河医派就是在这个环境中诞生的,又是儒家从医,他们自然会巧妙地处理好"利"与"义"的关系。费伯雄说:"欲救人学医则可,欲得利而学医术不可",丁甘仁说"医为仁术",这就反映了他们始终是把"利"放在"义"之下。用通俗的话说,他们是谋"合法的利"、"公平的利",当"利"与"义"发生矛盾时,他们主动地弃"利"从"义"。但他们又知道从医势必懂一定经营,他们在"利""义"兼顾的情况下,会作出一些正确的选择:如采用向外扩展的方法合理调整商业布局,以不断扩大经营范围,提高服务质量来招徕顾客等商业措施,使他们能不断地得到发展。他们所奉行的这种商业文化,正是孟河医派发展的原动力。

　　3. 从孟河医派"和缓为大法"的医疗指导思想看道家文化对它的影响

　　孟河医派"和缓为大法"的医疗指导思想是源于道学的。不妨让我们来具体分析一下:

　　孟河地区的道教文化源远流长。道学兴于春秋,道教建于东汉,是中

华文化的精集，孟河地区，从东汉起就流行道教，到南朝齐梁时，道教寺院遍布各地。道教信仰，深深地植根于那个时代人们的意识深处，并通过遗传的作用，逐渐地进入人们的潜意识，形成了这里人的思想定式、思维模式。这种在意识深处的观念，当它形成一种文化后，就会一代一代地传下去，再也不会消失，一直影响着人的思想，统率着人的行为。在这片土地上形成的孟河医派自然而然地浸透着道家思想。

道学的"无为"思想，"守柔""处下"的行为准则，孕育了孟河医派"和缓为大法"的医疗思想。"通常无为，而无不为"是道家哲学的最基本原则，"知其雄，守其雌""天下至柔"是道家所倡导的处世准则，道家的一系列思想既然早就深深地刻印在孟河地区人们的意识中，在这片黄土地上的孟河医派，必定要用他们固有的文化基因，有意识或无意识地来选择他们的医疗思想，从事他们的医疗事业。这时，这种"无为""守柔""处下"的思想起了作用，也许是他们理性地认为道家的这些理念是社会上万事、万物发展的必然，医病也是如此，所以他们有意识地选择了"和缓"；也许是出于他们的无意识，在他们用"和缓"的理念治好了病后，才使他们意识到利用它的意义，并把它当作经验而推广。总之，他们用"和缓为大计"的指导思想治好了许多疾病后，这种医疗思想就不断地得到加强与发展，并逐步地形成了孟河医派的特色。不管是有意也好，无意也好，总之这种"和缓为大计"的医疗思想就是道家"无为""至柔""处下"思想的应用和发展。

孟河医派的医疗理论在本质上可看成是道教医学的延续和发展。早在魏晋时代，苏南地区就盛行道教，道教的许多医药大师就在以茅山为核心的地区活动。到了南北朝时期，由于孟河成了齐梁皇室的祖籍地，孟河也就成了他们的活动中心。特别是道教医药大师陶弘景，由于他和萧衍是密友，因而经常在孟河地区活动。现在孟河万绥地区的老农都知道有个能为人看病的陶道士（陶弘景），知道他为人看病的许多故事和经方，由此可见孟河地区道教医学的盛行和它对这个地区的影响。

从有关资料中获悉，孟河四大医家的医生们都精读陶弘景等人的医学著作，经常到民间去收集秘方、经方，走访"土郎中"。这些民间的经方、土方和土郎中看病的经验，在本质上就是道教医学在民间的遗存。孟河医派的这些医生们就是从道教医药的书籍和留在民间的医术中汲取营养的。他们吸收道教医药知识，并试验、提炼、完善和发展，从而丰富了治病经验，形成了自己的医疗特色。由此可以把孟河医派的医疗理论看作是道教医药的延续和发展。

孟河医派是在这个地区固有文化影响下，随着孟河医派发展的过程而逐渐形成的。反过来，这种文化又促进了孟河医派的发展。"医术"和"文化"紧密结合，相辅相成，最终使孟河医派成为了一个在世界上有影响的地方医派。由以上分析可知，孟河医派包含的不仅是"医术"，还有深厚的文化，甚至使孟河医派本身也成了一种文化。

（六）孟河医派的传承和研究

近年来，孟河医派研究日渐发扬光大，2006 年常州市中医药学会在第 16 个世界传统医药日之际举办了首届中国常州"孟河医派医学论坛"和"孟河医派学术研讨会"。孟河医派的传承弟子，以及旅居海外的孟河医派后裔 150 余人与会，这是自孟河医派形成 300 余年的首次盛会。

2007 年 9 月 18 日，孟河医派研究会成立。2007 年 10 月 20 日，由孟河医派研究会、孟河医学研究所和江苏省中医学会在常州举办"孟河医派名家学术思想及临床经验研讨会"，来自全国 10 省市近 200 多位中医药研究学者参加。2008 年 3 月 15 日，新北区孟河医派传承学会正式成立。2009 年 5 月 8 日，新北区卫生局与孟河医派传承学会师承工作推进会议举行，决定由孟河医派传承学会分年度不断输送本地中医医师分别到上海和南京等地学习，使之成为孟河医派的合格传承人。

2011 年，孟河医派博物馆落户常州市中医医院，博物馆占地 1200 平方米，主要展览内容分别为医派之源、医派之成、医派之杰、医派之流、医派之盛、医派之继，完整展现了孟河医派从起源到兴盛以及现在的继承发展情况。常州市中医院还成立了专门学术研究机构——常州市孟河医学研究所，挖掘整理孟河医派名家学术思想，出版研究专著《当代孟河医派名家医论集萃》，制订了 21 名孟河医派学术继承人的培训计划。常州市中医药学会成立了孟河医派研究会，一些中医药企业家和老中医发起成立了常州孟河医派传承学会，常州市已从多方面、多角度地投入对孟河医派遗产的研究与保护。

在孟河医派文化理论研究方面，常州市中医学会再版了《孟河四家医集》；孟河医派研究会印发了《孟河医派研究文集》和《孟河医派论坛文萃》；2008 年孟河医派传承会编制了《孟河医派》一书；常州市市中医药学会副秘书长杨忠编著的《丁甘仁传略》于 2008 年出版。孟河镇也已成立了历史文化研究会，着重研究孟河医家的形成与传承。此外，德国籍著名学者蒋熙德（Volker Scheid）撰写的英文著作《孟河医派源流论》，梳理了 1626—2006 年间孟河医派的发展历程，是迄今首部全面系统论述孟河医派的研究专著。2010 年常州李夏亭编写了《孟河医派三百年》公开出版发行。

（七）孟河医派文化的保护和宣传

孟河医派文化的遗存，已成为省、市、镇的重点保护对象。孟河医派文化 2007 年已被确定为常州市非物质文化遗产。费伯雄故居、巢渭芳故居被列为常州市文物保护单位，马培之故居列为常州市历史建筑。费伯雄故居已重新修建完成，其他故居正在修缮。孟河镇创建的"孟河医派陈列馆"在 2007 年已对外开放。2012 年，丁甘仁故居复建完成，取名为"孟园"。

孟河中心小学是孟河医派文化教育的主阵地之一，2008 年始他们把郭重威编写的《孟河医派》作为孟河医派文化校本教材使用，多年来一直坚持在四、五年级进行教学，以使每个新孟河人都可以了解孟河医派。并让学生参与一些体验与实践活动，学习孟河中医学界名人的敬业精神，感受他们的人格魅力。

孟河医派传承学会和历史文化研究会，在 2008 年 11 月配合中央电视台十频道拍摄了近 4 集反映孟河医派文化的历史纪实专题电视片《古镇医人》向全国全面系统地介绍孟河医派文化的形成和兴衰过程。2014 年 7 月，8 集电视人物传记片《孟河医派》在孟河镇费伯雄故居开机，现已摄制完毕。

第三节 丰富的历史文化遗迹

孟河在 2500 多年的文化发展历程中，积累了大量的文化遗迹，这些历史文化遗产，经过近年来的不断发掘和整理，已经逐渐形成多个不可移动文物和非物质文化遗产资源。

一 历史文化遗迹

孟河镇域现有各级文物保护单位 14 处；历史建筑 33 处；第三次全国文物普查新发现的不可移动文物 68 处；古树名木 22 株、古井口、古碑刻、古门楼等其他历史环境要素 40 处（见表 7—1）。

表 7—1　　　　　　　　　　孟河镇文物保护单位一览表

序号	名称	级别	建造年代	坐落位置	保护范围
1	中国大运河	国家级	隋	常州	老孟河（今称浦河）河道及河堤本体
2	万绥东岳庙戏楼	省级	清	孟河镇万绥戏楼路36 号	万绥东岳庙戏楼现存建筑本体
3	胡锦昌宅	市级	清光绪十九年(1893 年)	孟河镇小河街北村委后街 11 号	胡锦昌宅现存建筑本体
4	巢渭芳故居	市级	清光绪三十四年（1908年）	孟河镇孟城村委小南门东 75 号	巢渭芳故居现存建筑本体
5	宝善桥	市级	清宣统二年(1910 年)	孟河镇小河东街36 号东	宝善桥本体
6	永安桥	市级	清宣统三年(1911 年)	孟河镇万绥村委万绥东岳庙前	永安桥本体
7	孟城北街民宅	市级	清末民初	孟河镇孟城北街30、31 号	北街民宅现存建筑本体
8	济善桥	市级	民国十五年(1926 年)	孟河镇银河村委二圩埭 72 号西旁	济善桥本体
9	朱家埭 3 号民宅	市级	民国二十四年(1935 年)	孟河镇卧龙村委朱家埭 3 号	民宅现存建筑本体
10	顺来园茶店	市级	民国	孟河镇孟城北街46 号	茶店现存建筑本体
11	九龙禅寺大雄宝殿	市级	民国	孟河镇九龙村委塘湾里 1 号	大雄宝殿现存建筑本体
12	孟河东山烈士墓群	市级	现代	孟河镇孟城村委东山东麓	包括墓基、墓道和东河墩遗址
13	孟河马氏宅第	市级	清	孟河镇孟城村委戏院路 18 号	马氏宅现存建筑本体

序号	名称	级别	建造年代	坐落位置	保护范围
14	万绥东岳庙	市级	清	孟河镇万绥戏楼路36号	庙现存建筑本体
15	费伯雄故居	市级	清	孟城镇南大门内	费伯雄故居现存建筑本体

资料来源：根据孟河镇政府提供资料整理。

孟河镇文物保护单位中，以万绥东岳庙及戏楼、九龙禅寺、费伯雄故居等为代表，都是重要的文物遗迹。

（一）万绥东岳庙及戏楼

东岳庙位于孟河镇万绥老街，为道教宫观。东岳庙最初建在萧衍祖宅北边，后萧衍舍宅为寺，建了佛教寺院智宝寺，东岳庙就在寺院的北边，且两者连成了一片。后来，萧衍倡导"三教圆融"，在东岳庙和智宝寺间建三老殿，供奉释迦牟尼、孔子和老子，把佛教寺院和道教宫观圈到一起，以倡导和推广"三教圆融"。唐贞观五年（631年）唐太宗李世民下令扩建东岳庙，并承认其萧氏祖庙的身份，东岳庙从此也称"东岳行宫"，又有"万岁庙"之称。南宋嘉定，明嘉靖，清顺治、康熙、乾隆年间多次重修。现存建筑为清道光二十六年至三十年（1846—1850年）东岳庙扩建时所遗，整个东岳庙庙宇占地2888平方米，庙宇古建筑有：山门、东岳大殿、戏楼、三老殿、财神殿、太乙殿、观音殿、三茅殿、子孙堂、十王堂、北房、南房、轩殿等等，共计九十九间半房屋，尤其是大殿和戏楼等建筑，高大恢宏，蔚为壮观。现存大殿为道光时建筑，大殿坐西向东，歇山顶，三间面阔12.8米，进深9.15米，顶高14米，桅高5.85米，飞檐翘角，气势雄伟。东岳庙中的三老殿是供养着孔子、老子和释迦牟尼的三教圆融神像，是齐梁时期和谐文化的标志之一。2003年被公布为常州市文物保护单位。

戏楼为东岳庙附属建筑，位于山门内，现为江苏省文物保护单位。戏楼坐西向东，台口直对东岳大殿，歇山顶，砖木结构，屋脊作大梁翻筋，屋檐起翘，高出屋面，发八角合顶，中绘藻井。戏楼建于清朝，它的文化价值体现在舞台一侧的披屋中设立的"乐池"。以往古戏台的建筑，都没有专门的"乐池"，奏乐的人不是坐在舞台一侧，就是坐在舞台后面，不仅影响了效果，还分散了观众的视线。东岳庙戏楼舞台一侧造了专用乐池，体现了舞台设计技巧上的一种进步，它虽不是专职乐池，但却是专职乐池的雏形（见图7—1）。

图7—1　万绥古戏楼

（二）九龙禅寺

九龙禅寺（见图7—2）位于孟河镇境内小黄山的玉皇峰南麓小河九龙村，始建于南朝梁武帝天监年间（503—519年），距今已有1500年历史。梁武帝萧衍与志公和尚是布衣之交，他登基做了皇帝以后，封志公和尚为国师，礼请志公和尚去京城建康（今南京）鸡鸣寺为住持，志公和尚未能成行，萧衍帝遂在家乡（今孟河镇万绥）舍宅名志公敕建智宝寺，同时，又命志公和尚在黄山建九龙寺，作为已故皇后郗氏的宗庙，同时在庙内设"祭祖堂"，供奉萧氏祖先，僻"慈母堂"，供奉梁武帝母亲。

原九龙禅寺历经战火，自唐代至今共修复了4次，现在的九龙禅寺是1993年修复，先后修复了大雄宝殿，新建了天王殿、玉佛殿、观音殿（大悲阁）、地藏殿、九龙殿、钟鼓楼、山门、念佛堂、客堂、斋堂、寮房、东西厢房等殿堂楼宇。现全寺占地面积15亩，建筑面积1800平方米，其中殿堂面积1450平方米。九龙禅寺坐北向南，大门内有九龙鼎。

祭祖殿内墙壁上分别陈列齐高帝萧道成和梁武帝萧衍、南兰陵一世祖萧
整、昭明太子萧统的画像。

图 7—2　九龙禅寺

　　九龙禅寺除开展正常的佛事与宗教活动外，在每年春季举行为期 7 天
的梁皇法会，以纪念寺院创始人梁武帝萧衍及他在佛教上的功德。为弘扬
萧衍对中国佛教文化的贡献，庙内拟建梁皇宝殿，位于九龙禅寺中轴线上
九龙宝殿后，其内塑造萧衍皇帝菩萨像，以彰显萧衍的业绩，让萧衍倡导
宗教和谐文化的精神永远地留在他的祖籍地。

　　（三）费伯雄故居

　　费伯雄故居（见图 7—3）位于孟河南大门内街孟河畔。原为东西两纵
列，各有 4 进，现仅存西纵第三进 3 间，硬山式，面阔 10.2 米，进深 7.7 米。
中为厅屋，两侧偏房。厅屋东向明处配置落地花格长窗，两侧偏房东向明处
为半墙矮木格花窗。房屋建于清咸丰、同治年间，称"养拙堂"。由于年代久
远，缺少维护，破损不堪，2003 年 12 月，费伯雄故居被公布为常州市文物保
护单位。2013 年，维护修缮工作完成，整个故居修葺一新。

　　除了文物保护单位，孟河镇还统计了全镇有保护价值的历史建筑
（见表 7—2），以及树龄达 100 年以上的古树名木 22 棵和古井 14 口、古
桥 10 座、古码头遗址 3 个。

图 7—3 费伯雄故居和古城墙遗址

表 7—2   孟河镇历史建筑一览表

序号	名　称	年代	所　在　地
1	孟河东亚客栈	民国	新北区孟河镇孟城北街 116 号
2	孟河益泰酱园旧址	民国	新北区孟河镇孟城北街 143 号
3	河庄路马宅	清	孟河镇新西门
4	万绥图公所旧址	清	孟河镇万绥村委新街里 7 号西
5	孟城北街石行旧址	民国	孟河镇城北村二组原马桥口
6	孟城北街竹行旧址	清	城北村二组行场上
7	孟城北街 175 号曹博寿民宅	清	孟城北街 175 号
8	孟城北街 174 号严生良民宅	清	孟城北街 174 号
9	孟城北街 172 号曹小法民宅	清	孟城北街 172 号
10	孟城北街 169 号张德柱民宅	清	孟城北街 169 号
11	益生堂药店旧址	清	孟城北街 138 号
12	荣生客栈旧址	清	孟城北街 137 号
13	孟城北街 56 号孙左清民宅	清	孟城北街 56 号
14	孟城北街 52 号严龙顺民宅	明末	城北村六组
15	孟城北街 36 号林培福民宅	清	城北村六组北街东侧
16	孟城北街邱国川民宅	清	城北村三组北街东侧

续表

序号	名 称	年代	所 在 地
17	孟城都司府旧址	清	孟河镇城北村四组
18	孟城伍丰粮行旧址	清	城北村四组北街西王家大院第五进北侧
19	孟城北街陈家大院	清	城北村五组北街西侧
20	孟城北街费家老宅	清	城北村七组街东
21	孟城南街费守寺民宅	清	孟城村大南门
22	孟城南街40、42号巢宝良民宅群	清	孟城南街40、42号
23	孟城南街孙氏民宅	清	孟城村戏院路双子井西侧
24	杀坊（屠宰场）	清	孟城村十组北城墙脚下
25	孟城南街小南门东27号民宅	清	孟城南街小南门东27号
26	春泉井	不详	孟城村委新西门17号前
27	万绥戏楼路15号民宅群	清	孟河镇万绥村委戏楼路15号
28	万绥戏楼路35号民宅群	清	孟河镇万绥村委戏楼路35号
29	万绥郑氏宗祠（兰陵郑氏西老四房）敦睦堂	清	孟河镇蔡家村委礼巷里村71号
30	小河马丰成杂货店旧址	民国	孟河镇小河街北村委凤凰弄16号
31	小河后街王宅	民国	孟河小河后街15号
32	南街头圆井	清	孟河小河街北村委南街头109号前
33	孟城北街28号民宅	民国	新北区孟河镇孟城北街28号

资料来源：根据孟河镇政府提供资料整理。

二 非物质文化遗产

至2015年5月，孟河镇有国家级非物质文化遗产1项、省级1项、市级6项、区级3项，共11项（见表7—3）。

表7—3 孟河镇非物质文化遗产一览表

序号	等级	遗产内容	属性分类
1	国家级	小热昏	曲艺
2	省级	万绥猴灯	传统舞蹈

序号	等级	遗产内容	属性分类
3	市级	孟河医派	传统医药
4	市级	斧劈石造景艺术	传统美术
5	市级	常州高跷	传统体育、游艺、杂技
6	市级	青狮舞（固村太平青狮）	传统舞蹈
7	市级	铜刻	传统美术
8	市级	孟河四爪神龙	传统舞蹈
9	区级	常州陀螺	杂技
10	区级	小河木雕	传统美术
11	区级	孟河八斤鳝丝面	传统技艺

资料来源：根据孟河镇政府提供资料整理。

以上非物质文化遗产，其中的万绥猴灯（又称白兔墩猴灯），相传是齐梁朝廷专门为萧家皇宫庆典时表演的几种舞蹈节目之一。此外，舞太平四爪神龙、固村巷"太平青狮舞"等，都是孟河传统的地方特色文化，一直流传至今。

（一）白兔墩猴灯

万绥白兔墩猴灯是一种集民间杂技、民间武术和民间舞蹈于一体的综合性表演艺术，它的表演难度较大，要有一定技巧。猴灯表演始于1700年，地方上为重修万绥东岳庙，在镇西北的白兔墩挖土时，挖出了一个白猿猴头骨，人们奉为神物，当地一个和尚便照头骨模型制成面具，并配制服装道具，模仿猿猴动作，带领村中青壮年习武练艺，进行各种表演，既能强身健体，后又形成了民间独特的一种技艺表演风格，后来演变成齐梁朝廷萧家皇宫庆典时专门表演的一种舞蹈节目，一直流传至今。

猴灯一般在皇宫庆典和逢年过节及庙会时活动，猴灯队伍一般有几十人，一律戴猴面面具，穿猴衣出动，由扮成猴王和魁星的演员领路，前面有12平方米的一面督旗和八面舞旗开道，演员们手执叉棍等器具，一路锣鼓喧天，威风凛凛。

猴灯可以在台上也可以在地上表演，首先在出场时由扮成猴子的演员向观众亮相，然后随着锣声鼓点的伴奏，表演跳猴子舞的各种动作表情，再表演各种高难度动作，慢慢进入表演高潮。猴灯整套表演的形式有：序幕、单猴、双猴、三猴、五猴、台猴、单棍、双棍、谢幕。主要表演动作有：魁星戏猿猴、穿阵、钻圈、单杠、双杠、舞势、翻筋斗、搭台角、竖蜻蜓、滚绣球、金鸡独立、倒挂金龙、野鸡叉天、老鹰磨翅、童子拜观音等，全套动作表演下来需要一个多小时到几小时的时间（见图7—4）。

图7—4　万绥猴灯在东岳庙会上演出

（二）太平神龙"四爪龙"

中国民间一般的龙灯都是没有脚爪的，唯有常州孟河镇的"太平神龙"是民间的一种特有的龙灯，它有四只爪子，当地老百姓称它为"四爪龙"。孟河的四爪神龙起源于清代时期的孟河西林寺，清代晚期，老孟河人有调麒麟的风俗，农闲时分扎制草龙、纸龙、布龙用于玩耍。由聪明手巧者根据图腾原型反复扎制，最后扎成了"一龙二柄三披四爪五节"的四爪龙。20世纪30年代前后，有爱好民俗戏乐的乡绅、商贾出面资助，支持改扎"九节"四爪龙，就此命名"孟河四爪太平神龙"。1940年清明节，太平四爪神龙参加孟河镇群龙争霸会演，技压群芳，争得霸主地位。改革开放后，龙身再次延长，变为11节。孟河太平神龙是孟河新年拜年必不可少的重头戏，最忙的时候一般有3个时段：从春节开始一直到正月半；二月二龙抬头；农历九月半的孟河庙会。

（三）固村巷太平青狮

舞青狮的起源，一种是传说 1500 多年前，长江北移，栖凤山周围逐渐成陆。顺江而下的游民因躲避战乱，栖息繁衍，渐成村落，游民中巢姓居多。当时人们无奈于疾病和瘟疫的危害。一日，固村后巷的瓜农巢某，梦见一对青狮显灵，称颇能祛邪、避祸，于是巢某应梦制作两只青狮，并组织青壮年调狮。青狮应邀到病人家调狮，却十分灵验。传说不生育的夫妇，请狮子到家中调上几招，居然怀上身孕。从此以后，栖凤山下固村巷青狮誉满周边几百里，人们视作"福星"，奉为"神器"并称其为"太平青狮"。

另一种起源说法是太平青狮起源于北宋年间，当时长江里经常有倭寇上岸骚扰掳拐村民，老百姓为了防身自救，习武成风，舞狮既有祈福辟邪的意义，又能强身健体，所以逐渐流行开来。后来毁于"文化大革命"，2009 年得以重建与恢复。

第四节　现代文化艺术与文化研究

一　文化艺术和文化研究

（一）现代文化奇人——汤友常

孟河镇的现代文化艺术中，以汤有常最为著名。汤友常先生于 1953 年出生于常州市孟河镇汤家村，是我国著名的工艺美术雕刻大师，被誉为中国文化艺术界的奇人、高人、才人、怪人，他集文、武、艺、情于一身，在书画、铜刻、玻璃阴阳刻、石雕和陶刻等众多雕刻艺术领域有较高的造诣和深厚的雕刻艺术功底，他创作的作品刷新了一次又一次吉尼斯纪录，创造了一个又一个奇迹。截至 2014 年 6 月 23 日，汤友常已创造了 51 项大世界吉尼斯纪录。

1997 年 7 月，汤友常的铜刻书法《兰亭集序》首获大世界吉尼斯之最，1999 年 7 月铜刻绘画《清明上河图》再获大世界吉尼斯之最，并以数米法纠正了历代专家对原画人物牧畜数量的考证谬误。2001 年篆书铜刻《唐诗三百首》连获三项大世界吉尼斯之最。2002 年，铜刻绘画《清明上河图》在法国巴黎开幕的"锦绣江苏——中国江苏工艺美术精品展"上作为"重点精品"展出。

2002 年 11 月 30 日，汤友常在母校小河中学举办了全国唯一一个以个人名字命名的常州市小河镇——首届汤友常文化艺术节。2003 年初，孟河镇投资 200 多万元在小河中学兴建汤友常金石长廊，将唐诗 300 首和世界名人警句由汤友常自书自刻在 400 多块"中国黑"花岗岩石上。

2012 年 4 月，汤友常文化展示中心开幕，展示有汤友常创作的铜刻、玻璃刻、石刻、陶刻、玉刻、铁刻、木刻、象牙刻作品以及书法作品等 500 多件精品和杰作。

在众多大世界吉尼斯纪录中，汤友常创作了最大独幅玻璃刻作品——《孟河赞》、字数最多的花岗岩阳刻书法作品——《毛泽东诗词集》、玻璃阳刻书法作品——《李白·将进酒》、字数最多的玻璃阴刻作品——《李白·蜀道难》、字数最多的花岗岩阳刻书法作品——《邓小平南方谈话》、最大的独幅铜刻作品——《齐梁故里走出的二十六帝图》以及最薄的成瓷双面雕刻（碗）作品——《庆贺图》，等等。

汤友常多次创造的大世界吉尼斯纪录中，单人抽动巨型陀螺的纪录屡屡被刷新，2010 年，汤友常单人抽动 107 斤、160 斤和 200 多斤的陀螺，连创 3 项吉尼斯纪录，2012 年 4 月，汤友常创造了抽动 546 斤的铁陀螺的纪录，到 2014 年 6 月，他将这个纪录提高到了 1094 斤，被誉为名副其实的世界陀螺之王。

（二）丰富的历史文化研究成果

孟河镇历史文化底蕴丰厚，地方历史、文化研究气氛浓厚，研究成果层出不穷。2007 年，孟河镇历史文化研究会成立，加强对齐梁文化、孟河医派文化等历史文化的发掘和遗存保护，开展了一系列研究工作，编写并由黑龙江人民出版社出版了一套三本的《齐梁文化研究》《齐梁文化与齐梁故里》《南兰陵萧氏源流》，共 80 万字的"齐梁文丛"；编印了多期《齐梁文化报》；还编印了《萧氏走向辉煌的祖籍地——南兰陵》《萧氏的家庙东岳庙》《梁武帝皇后的家庙——九龙禅寺》《恢复皇家辉煌、修复齐梁故里》四本小册子；编制《齐梁文化》与《孟河医派》两本学校参考书。2013 年，孟河镇启动了镇志编写，部分村还编写了村志。

孟河镇有一批优秀的文学历史研究者，近年来创作了数量不菲的作品，以下是部分主要文学和历史作品：

郭重威：《齐梁文化与齐梁故里》

郭重威：《梁武帝萧衍》（历史小说）

郭重威：《古镇沧桑》（全集三部四本）

郭重威：《追梦记》（小说）

郭重威：《潘家三姐妹》（小说）

程协润：《程协润论文选集》（2 册）

程协润：《汤友常奇人奇事》

程协润：《说说家乡齐梁文化》

程协润：《孟河医派文化》

此外，与孟河历史文化有关的学术著作还有常州齐梁文化研究课题组编著的《常州齐梁文化遗存》和《齐梁故里考证与齐梁文化新论》等。

孟河镇的新编村志，包括九龙村村委会组织编写的《九龙村志》和郑良村编印、郑纪苟编纂的《兰陵郑塔里村志》两版。

二　文化资源的整合与挖掘

孟河镇近年来在发展经济的同时，一直在积极争创历史文化名镇，以提升孟河镇城镇建设水平，提高区域经济竞争实力。

孟河镇将"齐梁故里""齐梁文化"和"孟河医派文化"作为文化资源挖掘的重点，展开了一系列工作。孟河镇党委、政府深深地认识到，文化是一个城镇的血脉和灵魂，积淀着一个地方的文明和深层次的精神追求。为了与周边乡镇错位竞争，达到发展经济与文化有机融合，更好地发展孟河经济。

在齐梁文化资源的挖掘方面，2008 年 3 月，孟河镇把建设历史文化名镇的目标和想法在福建晋江第六届环球萧氏宗亲恳亲大会上进行了广泛的宣传，齐梁历史文化研究会特邀研究员作了《为齐梁帝皇讨一个公道》的演讲，引起海内外萧氏宗亲的极大反响，萧氏宗亲表示要齐心合力，把齐梁故里建成萧氏宗亲寻根祭祖、忆旧交流、旅游观光的一个中心，为弘扬齐梁文化、教育萧氏子孙后代创建一个平台。2008 年，孟河镇还派出多人次参加萧氏宗族在全国各地举行的萧氏宗亲会议和活动，并派出一名齐梁文化的特邀研究员走访了 6 个省、15 个城市的几百名萧氏宗亲会和家族成员，认真听取了他们对建大宗祠、修复齐梁故里的意见。萧氏家族中，也有 18 个国家和地区的 1486 人次、分 18 批次来孟河参观、访问、祭祖、集会，融合了故里人和萧家人的感情，确认了孟河是齐梁故里，南兰陵就是萧氏家族1500多年前江南的祖籍地。

2008年上半年，《扬子晚报》《江苏经济报》《常州日报》和新北区《高新区报》、中央电视台和常州电视台等都对孟河镇历史文化镇的情况作了相关报道和拍摄。《常州日报》几位著名记者撰写了《齐梁旋风劲刮环球宗亲大会》《我们的故里就在常州孟河》和《孟河能成为常州首个"历史文化名镇"吗》3篇关于孟河镇历史文化情况的系列报道，引起了业内文化人士的共鸣和高度关注，在社会各界和热心市民中产生了强烈的反响与期待。

孟河镇还在上级文化部门的支持下，对孟河镇历史文化的遗存、遗物、遗迹进行了普查，逐渐查明了全镇的历史文化的遗存，进行了登记和必要的保护，设立古镇文化保护办公室。

孟河镇还积极争取上级市、区政府对申办历史文化名镇的支持，聘请相关规划设计单位编制孟河文化与自然资源保护和利用规划。

在孟河医派文化的弘扬方面，孟河也不遗余力地扩大宣传。2006年，孟河镇成立了孟河医派研讨会，同年10月召开了首届中国常州孟河医学论坛和孟河医派学术研讨会，再版了《孟河四家医集》。2007年9月孟河中医研究所、常州中医院和江苏省中医学会在常州举办孟河医派学术思想及临床经验研讨会，2008年10月又在新北区政府的世纪厅会议室召开了孟河医派传承学会第一届学会研究会。孟河医派四大家族故居正在修复。

2009年开始，孟河镇进一步加大历史文化名镇的资源挖掘和历史文化名镇的申报力度，2013年，正式申报并终于在2014年3月获得国务院颁发的"中国历史文化名镇"称号。

第五节　历史文化名镇保护

在申报成功中国历史文化名镇后，孟河镇加大了历史文化的保护。2014年8月，孟河镇委托常州市规划设计院编制了《常州市孟河历史文化名镇保护规划（2014—2030年）》，系统规划了孟河镇全镇从2014年至2030年的历史文化名镇保护和管理的范围、目标、原则、体系和重点。为孟河镇未来15年的历史文化名镇建设施画出新的蓝图。

　　规划将分近期（2014—2020 年）和远期（2021—2030 年），将历史镇区和历史文化名镇保护相关的重要区域作为规划重点，以实现以下目标：①深入挖掘孟河历史文化名镇的价值、特色与内涵，构建科学合理的保护体系。②以人为本保护历史文化资源，继承和弘扬孟河优秀传统文化，彰显孟河特色。③统筹保护与发展，完善名镇保护机制，促进名镇可持续发展。

　　规划确立了以下原则：坚持全面协调，整体保护与重点突出，合理利用、永续利用以及物质文化遗存与非物质文化遗产保护并重。

　　孟河镇的保护重点包括：

· 镇域层面主要保护中国大运河（常州段）遗产（以下简称大运河）、历史文化名镇的山川水系、历史地段和老街等。

· 历史镇区层面主要保护整体空间格局和历史风貌，包括历史镇区的自然环境、空间形态、街巷肌理、建筑风貌等；提出历史镇区整体保护的相关措施及要求，包括历史镇区的用地布局调整、整体高度控制、交通组织等。

· 历史文化街区和历史地段层面主要保护一条历史文化街区和三片历史地段，确定保护范围，提出相应的保护要求。一条老街即孟城北门历史街区，三片历史地段即孟城南门历史地段、万绥历史地段和小河历史地段。

· 各级文物保护单位 14 处；历史建筑 33 处；第三次全国文物普查新发现的不可移动文物 68 处；古树名木 22 株、古井口、古碑刻、古门楼等其他历史环境要素 40 处及非物质文化遗产。

　　在整体格局的布局上，规划设计孟河名镇是以主导文化线索为统领，与山水环境和自然要素有机融合的田园型聚落。在文化空间上，孟河名镇拥有优越的文化孕育条件与丰富的文化空间载体，是以商埠文化、医派文化和齐梁文化为特色的承载地，突出了其在区域文化空间网络中独特的地位。具体设计为：孟城南门——医文相长、经世济民的"医派文化"，孟城北门——繁盛一时、以儒行商的"商埠文化"，万绥——求新逐变、三教圆融的"齐梁文化"

　　在保护结构上，规划提出了"两山一河育一镇、一街三片蕴多点"的设计。"两山"为小黄山和栖凤山；"一河"为大运河老孟河段（今称浦河）；"一镇"为孟河历史镇区；"一街"即孟城北门历史街区，"三片"即孟城南门历史地段、万绥历史地段和小河历史地段；"多点"为众多历史文化遗存。

在历史镇区的保护上，规划建议恢复原有的老孟河故道，控制故道两侧主要界面和空间尺度，保护并重塑"一水穿城、依水成市"的历史风貌。保护孟城北街传统轴线，整治和重塑孟城中路和河庄南路的传统轴线，构筑历史镇区的南北向传统轴线。修复南门历史地段的部分城墙、定常门及南水关遗址，恢复临河古镇的门户形象等。按"整体协调、重点保护"的原则严格保护孟河"小桥、流水、人家"、粉墙黛瓦的整体风貌，保护构成风貌基底的众多文物古迹、历史建筑等。

对历史街巷，建议保护历史镇区"水陆并行、河街相邻"的历史街巷结构。重点保护历史镇区内孟城北街、孙家弄、白家堂口、王家弄、费家弄等传统街巷现有空间尺度和走向，恢复传统街巷的历史铺装，修复两侧传统建筑，保持原有建筑风貌、高度和体量，维持街巷两侧的特色空间界面。恢复孟城南街、戏院路等历史街巷，控制两侧建筑风貌、高度和体量。全面深入挖掘与历史街巷相关的历史文化内涵。

在历史文化资源的展示和利用方面，规划建议坚持以物质文化遗产为载体，结合非物质文化遗产共同保护利用的原则。坚持文化产业和旅游产业相结合，共同发展的原则。坚持利用途径多元化的原则。

对建筑遗存的利用，结合孟河旅游发展，改善文物保护单位和历史建筑的质量，对其进行功能的置换，根据各自历史功能和历史典故，将其打造成为公共空间，建立起以博物馆、展览馆、纪念馆和小型剧院等为主的文化展示空间体系。

对于其他的传统建筑和民居，可考虑以前商后宅、家庭作坊、家庭旅馆等形式进行保护利用。同时，结合建筑改造，增加餐饮设施、剧院表演场所开辟传统戏曲、舞蹈表演平台，为传统文化提供适宜的展示传承空间。

对历史典故的挖掘，要充分挖掘历史文化资源，在历史镇区适当恢复历史景点，作为现有历史遗存的补充，提升历史镇区的历史价值，增加历史镇区的观赏性，为更好地发展旅游业打下基础。

对文化传统的传承与宣扬，则利用孟河现存众多的文化传统、表演艺术，开展多种文化推广活动。举办与孟河历史文化相关的东岳庙会、黄山九龙清明庙会等文化活动，结合孟河历史镇区旅游，加强对外宣传，增强孟河历史文化的影响力，达到文化事业和旅游发展的互动。

老字号的复兴，要结合旅游发展，选择部分历史悠久、知名度较高、行业代表性较强的老字号，予以复兴，如益泰酱园、东亚客栈、顺来园茶店等。

规划还建议将产业发展与特色旅游结合，依托历史资源，合理发展旅游产业、文化产业和传统手工业。挖掘非物质文化遗存的资源，开发特色纪念品、手工艺品和特色美食等。在历史地段内恢复以销售特色纪念品、手工艺品和特色美食为主的老字号，依靠旅游带动文化产业和传统手工业的发展。

根据规划，孟河将在2014—2020年完成孟城北街、孟城南街两侧的街景整治；完成浦河两侧的沿河景观整治。历史镇区内保护框架搭建完成，整体建筑质量、风貌、空间环境良好。在2021—2030年期间，将把工作重点转变为历史镇区内功能的置换，使功能与旅游发展相配套。将镇区内沿旅游线路的部分居住用地置换成商业用地和旅游用地，进一步促进保护与旅游的和谐发展。

第八章

教育、卫生、人口

第一节　教　育

一　教育概况

孟河镇的教育机构设置，现以基础教育为主，分初中、小学和幼儿园三级，另有成人学校一所。自 2008 年开始，高中规模逐渐缩减，高中由原来 8 轨制缩减成 2 轨制，2011 年高中正式停止招生。

近年来，孟河镇根据上级教育部门的要求对教育机构进行了调整，中小学数量有所减少。目前有独立建制的中学两所，其中小河中学有 18 个班级，孟河中学有 11 个班级。小学中，具备法人资格的独立建制小学有 3 所，包括：小河中心小学有 82 个班（其中本部 34 班、中学校区 13 班，东六 18 班、石桥 17 班），孟河中心小学有 22 个班，万绥小学有 11 个班。

表 8—1　　　　　　孟河镇历年教育概况　　　　　（单位：所、人、班）

学年	学校数		在校学生人数			中小学教师数	幼儿园班数	幼儿班在校生人数
	中学	小学	小学	初中	高中			
2003—2004	3	6	5507	3178	1424	666	43	1583
2004—2005	3	6	4938	2860	1507	562	36	1325
2005—2006	3	6	4989	2778	1250	574	45	1300
2006—2007	3	6	4549	2288	1029	659	46	1392

学年	学校数		在校学生人数			中小学教师数	幼儿园班数	幼儿班在校生人数
	中学	小学	小学	初中	高中			
2007—2008	3	6	4228	2280	1059	529	49	1625
2008—2009	3	5	4115	1688	694	564	43	1702
2009—2010	2	5	3923	1573	433	457	43	1900
2010—2011	2	5	4060	1234	276	475	49	2055
2011—2012	2	5	4337	1100	119	416	50	2103
2012—2013	2	5	4510	1065	46	372	52	2403
2013—2014	2	5	4211	1003	0	382	52	2493
2014—2015	2	5	4510	1088	0	393	52	2403

注：2008—2009 学年以来的小学数量，按照小河中心小学及东六小学和石桥小学两所村级学校、孟河中心小学和万绥小学等共 5 所统计。

资料来源：根据《孟河统计年鉴（2003—2014 年）》整理。

幼儿园方面，有政府建制幼儿园 2 所，其中小河中心幼儿园班级数 38 个（含小河、石桥、东六、富民 4 个分园），孟河中心幼儿园有 16 个班（含万绥分园 4 个班）。另有私人办托儿所 25 所左右，在托幼儿数 700 人左右。

2014 年 3 月起，孟河在新镇区开工建设 8 轨 48 班小学和 6 轨 18 班幼儿园各 1 所，预计 2015 年秋季学期可以启用。

孟河镇成人学校由原万绥乡、小河镇及孟河镇三镇的成校合并建成。学校现有建筑面积 2752 平方米，有专用教室 11 个，标准计算机房 5 个，图书室 1 个。在编管理人员 1 人，专职教师 3 人。1995 年起，先后与常州物资学校、江苏电视大学、中国地质大学、中央党校、常州工学院等合作办学，累计为地方培养大中专、本科毕业生近 1000 名。

二　主要教育机构

（一）小河中学

小河中学创建于 1956 年，原是常州创办较早的一所完全中学。学校占地面积 75 亩（49995 多平方米），建筑面积 22800 平方米。小河中学曾是一所老高中，随着新北区教育布局调整，2009 年原"常州市小河中学"更名为"新北区小河中学"，学校从此被定格在初中建制，2011 年高中正式停止招生。2012 年通过常州市优质初中评估验收。学校现有教职工 96 名，本科学历占 85.5%，中高级职称占 96.6%，市、区学科带头人、骨干教师、教学能手 13 名，市、区优秀教育工作者、优秀班主任 15 名。

学校每个教室配备计算机多媒体设备，配套设施包括电脑房、音美室、实验室等，生物标本室是常州市市规模最大、品种最全的标本室之一，还建有塑胶跑道田径场、篮球场、排球场、活动联合器械等。学生宿舍楼能容纳 600 余人，实行公寓式管理。学校校园具有江南园林风格，建有"二馆一廊"，即"恽代英纪念馆"、藏书 7 万余册的图书馆和"汤友常金石长廊"。

（二）孟河中学

孟河中学创建于 1944 年春，原名"私立继宗中学"，曾名"武进县孟城中学""武进市孟河中学"。2002 年，行政区划调整，始名"常州市新北区孟河中学"。其间，1996 年 8 月，原武进县山北中学并入本校；2000 年 8 月，原万绥中学并入学校。

学校现占地 2.2 万平方米（合 33 亩，其中教学区 25 亩，生活区 8 亩），建有教学办公实验楼 3 幢，建筑面积 9378 平方米，生均用地面积和生均用房面积均超过江苏省二类学校建设标准。绿化面积近 7000 平方米，绿化率 31.8%。现建有 200 米 8 道次塑胶跑道；标准篮球场 2 个；排球场 1 个；室外乒乓桌 12 张；室外体操区 1 块。建有标准理化生实验室 3 个；建有音乐室、美术室、教工健身房等设施；拥有多媒体教室 12 个。学校现为"常州市优质学校""常州市绿色学校""常州市平安学校""常州市示范图书馆""常州市先进实验室"，还是新北区级规范收费学校，常州市先进实验室、新北区档案管理先进单位，常州市"阳光体育"先进集体，常州市"关心下一代"先进学校，《常州日报》小记者社会实践基地，《常州日报》小记者苑。

学校现有在编教职工 61 人，其中专任教师 54 人。教师本科率 82%。大专以上学历 98%。高级教师 25 名，市、区级学科带头人、骨干教师 6 人，教坛新秀、教学能手等 2 人。学校现有规模 4 轨，12 班，412 名学生。

（三）小河中心小学

　　小河中心小学（见图8—1）占地21626平方米，校舍建筑面积10711平方米，绿化面积8172平方米；石桥小学占地21336平方米，校舍建筑面积3868平方米，绿化面积10913平方米；东六小学占地14685平方米，校舍建筑面积4461平方米，绿化面积3671平方米。

图8—1　小河中心小学

　　小河中心小学是较早建成的省级实验小学。包括校本部、小河中学小区，以及东六小学和石桥小学两所村小学，是省教育学会美术教学专业委员会科研基地，华东师范大学"新基础教育"研究基地学校，常州市生命教育项目学校，市少先队工作先进集体，市优秀青少年维权岗，市体育运动项目传统学校，市巾帼示范岗。学校有2名老师是市委组织部"831"工程人才库成员，3名老师是新北区首届教育高层次人才培养对象（全区中小学、幼儿园共20人）。具有中高职称教师13人（其中3人在村校），市五级梯队（市学科、骨干）教师23人（其中1人在村校），有市学科带头人4人，区级7人，市骨干2人，区级骨干6人，市教育能手1人，新秀2人，其优秀、骨干教师的比例在全区同类学校中名列前茅。学科教学成绩位居新北区全区中等水平（含村校合并计算），按中心小学单独计算，位居新北区第一方阵，学科素养调研成绩在全区名列前茅。排球是学校传统项目，健美操是学校特色项目，近年来代表区参加市级比赛均在全市前 6 名。

（四）孟河中心小学

常州市新北区孟河中心小学是一所公立全日制乡镇中心小学，学制六年，始建于 1912 年，原址在孟河街缝纫厂西面（现孟城社区卫生服务站所在地）。1987 年秋季，伴随着城北小学的撤并，孟河中心小学搬入新址（孟河镇孟城西路 49 号），并使用至今。至今历尽百年沧桑，人文底蕴深厚。学校秉持"为学生成长奠基，为教师发展服务"办学理念，培养了一批又一批社会需要的人才。

2005—2009 年，学校校本课程特色彰显以"花卉认识、欣赏和种植""盆景制作"和象棋、围棋等为代表。2010 年至今，学校注重挖掘孟河地方文化资源，积极传承孟河医派文化精神，推广江苏省级儿童研究学会十一五课题《传承民族文化弘扬孟河医派精神的实践研究》的课题研究的优秀研究成果（2011 年获省优秀成果一等奖），开展德育特色品牌活动。大队部层面创设了"雏鹰特色章"，如"小伯雄章""小渭芳章""小甘仁章""小培之章""星级章""孟小名医章"等。中队层面还根据本中队的实际教育情况，自设争章项目。各个年级还分别根据自身的特点设置三级考核指标，并把此考核指标印制在《学生成长的足迹》上，使每一位队员都加入到主题活动中、都有自己明确的奋斗目标。

学校积极引导学生了解孟河地方文化，了解孟河医派，传承优秀的民族文化，弘扬孟河医派文化的"博爱、诚信、博学、创新"精神。学校把"雏鹰展翅，争当四好少年"活动与"四个好少年"的活动相整合，开展了相关的实践活动。3 名同学评为全国好少年，7 名同学被评为江苏省"四好少年"，35 名学生被评为常州市"四好少年"，90 名学生被评为新北区"四好少年"等。以传承"孟河医派文化精神"的德育特色品牌基本成型。

学校本着"为学生成长奠基，为教师发展服务"的发展理念，坚持"以人为本，因学论教，科研兴校，发展内涵"的办学思路，积极实施素质教育，深入开展新课程改革，初步形成了"孟河医派""书画天地""跳绳踢毽""小篮球"等校本特色，教育教学质量全面提升，得到了社会和广大家长的认可。

学校已连续举办十二届艺术节（每届包括一台精彩纷呈的文艺节目会演，一次内容丰富的学生优秀书画作品巡展），丰富了学生的"六一"节庆祝活动，展现了学校艺术教育的阶段成果，受到社会各界好评。体育节、科技节也连续举办数届，丰富了学生的校园生活，增强了健身意识和科学精神，促进了学生的健康成长。

近年来，孟河中心小学着力打造学校"cheng"（城、承、诚、成）文化，而其核心就是弘扬"孟河医派"文化精神，由此渗透到学校工作的方方面面，辐射、衍生出具有孟河医派文化精神的可传递、丰富、生长的师生精神状态和言行，演绎出有灵魂的环境文化、有生命的课程文化和有精神的活动文化，逐步构建起全方位、立体化的和谐德育，打造闪亮名片，走出了一条农村小学实施素质教育的探索之路。

（五）万绥小学

新北区万绥小学创建于1950年，1990年搬迁至万绥街白兔路，校园环境优美、绿树红花交相辉映，芳草萋萋、清丽怡人。学校占地面积16704平方米，校舍面积4063平方米，现有11个教学班，学生408名，教职工29名，市区级骨干教师6人。学校把"追求和谐享受快乐"作为办学理念，教育巩固率均达100%。学校充分保证外来务工人员的子女享有平等教育的权利。电脑室、阅览室、音乐室、美术室、舞蹈房等专用教室都达到省二类标准。建有"常州市示范图书馆""常州市先进实验室""常州市一级校园网"，先后被评为"常州市绿色学校""常州市依法治校先进单位""常州市平安校园"等。

近年来，学校积极推进中队文化建设，进一步加强和完善了特色中队的建设，开辟了"人人争当四好少年""学习园地""读书角"等；让学生自己动手设计制作的黑板报期期做到图文并茂，并且进行评比；张贴了标语、名人画像，以激励学生学习、成才。通过读书节、体育节、科技节、建队日等丰富多彩的活动，树立、培养了学生的主人翁意识，极大地调动了学生的积极性，陶冶了学生的高尚情操，增强班级的凝聚力。

2012年4月，学校依托江苏省非物质文化遗产万绥猴灯创建了万绥猴灯技艺传习所，成立了猴灯训练队，创编了猴灯文化舞蹈《猴娃乐》，在新北区文艺会演中获得二等奖，参加常州市第七届常州市第七届音乐舞蹈新作品大赛，获得三等奖；学校猴灯队常年训练，多次获邀参加各级展演，参加了江苏省音乐舞蹈类非物质文化遗产保护成果展演，获得"优秀传承奖"。

（六）小河中心幼儿园

小河中心幼儿园（见图8—2）始建于1999年，坚持以"走近每一个，欣赏每一个"的办园理念，2003年创建为江苏省示范性实验幼儿园。幼儿园占地面积7800平方米，建筑面积4340平方米，绿化面积2700平方米，户外活动面积5300平方米，园内有富有情趣的动物雕塑、种植园、玩沙地、葡萄架、小山坡、地面草坪、各种树木、戏水池和软质地面，环境优美。

图8—2　小河中心幼儿园

幼儿园现有13个班级，700多名幼儿，教职员工47名，专任教师33人，专业合格率100%，教师全部持证上岗。其中专任教师中本科学历24人，大专学历7人；中学高级教师2人，小学高级教师4人，小学一级教师19人；常州市学科带头人1名，常州市骨干教师2名，常州市教坛新秀1名。历年来，有多名教师获"市、区级优秀教师""优秀教育工作者""优秀班主任""德育工作先进者""优秀共青团员"等荣誉称号。

自建校以来，全体教师依托课题研究，不断积累，逐步创建了"多元阅读"的办学特色，成果丰硕：多名幼儿获得了"市风采宝贝荣誉"

称号、市诵读一等奖、市家庭绘本剧三等奖、区特等奖。幼儿园编排的节目曾获全国、省、市一、二、三等奖，幼儿舞蹈《雪娃》《荷塘戏水》被中央电视台甄选入少儿春节联欢晚会节目。幼儿园也先后荣获"江苏省重点课题实验研究先进单位""江苏省平安校园""江苏省巾帼示范岗""常州市幼儿教育工作先进集体""常州市绿色学校"等荣誉称号。

（七）孟河中心幼儿园

常州市孟河镇中心幼儿园于 1990 年 9 月独立建园，2007 年 1 月移地新建，2008 年 8 月搬入新园舍。新园舍占地面积 9764 平方米，建筑面积 4676 平方米，绿化面积 4062 平方米，户外活动场地 5304 平方米。孟河、万绥现共设大中小共 17 个班级，幼儿 707 人，教职工 43 人，保安保洁人员 6 人。办园理念：用实实在在的服务，育朴朴实实的孟幼人。

近年来，由于教职工的共同努力，取得了一些成绩：2009 年 4 月创建常州市示范幼儿园，先后获得"江苏省平安校园""常州市巾帼示范文明岗""常州市卫生保健一类园""常州市 A 级食堂""新北区三八红旗先进集体""新北区绿色学校""孟河镇巾帼建功先进集体"等荣誉称号。

（八）孟河镇成人学校

孟河镇成人学校，是孟河镇唯一一所成人学校。学校履行社区教育的职能，整合利用区域内的教育资源，开展多规格、多层次、多形式、多内容的社区教育活动，常年举办计算机培训、会计从业资格证、会计继续教育、少儿幼儿兴趣班等培训。抓好村（居）民学校，完成农村劳动力转移培训任务。

孟河镇成人学校在 1998 年被常州市教委确定为首批示范乡镇成人教育中心校；2000 年，获得"常州市成人教育先进集体"的称号。2006 年 11 月通过了江苏省省级乡镇社区教育中心的验收；2009 年 12 月，被确定为"江苏省社区教育示范乡镇"；2013 年被评为全国学习型社区示范街道（乡镇）。

三　教育发展水平

孟河镇的教育，目前以基础教育为主。自 2008 年开始，高中规模逐渐缩减，高中由原来 8 轨制缩减成 2 轨制，2011 年高中正式停止招生。

孟河镇的教育发展水平，总体相对落后于市区平均水平，部分教学质量在全区位于下游，尽管近年来采取合作办学等形式，有了一定的起色，但效果尚不明显。而经过教学网点调整后，中学从 3 个减少到 2 个，小学从 6 个减少到 5 个。从学生数量来看，呈现逐年减少的趋势，其中初中在校学生人数，从 2003 年的 3178 人下降到 2013 年的 676 人，同期小学在校生从 5507 人减少到 4211 人。从初中毕业率来看，2003—2010 年，基本在 95%—97%，但 2011—2013 年，下降到 91%—92% 的水平。教师数量也相应有所减少。

孟河镇对教育中存在的问题也在不断进行分析和改进，以近年的报告为例，孟河镇认为，由于历史与地理位置等因素，孟河的中小学发展极不平衡，需要解决的问题主要包括以下几方面：

1. 硬件设施、教学装备较落后

由于镇上的几所中小学校创办时间较早，办学历史较长，教学楼及设施设备等都比较陈旧，跟不上学校的发展需求，不能适应现代教育形势发展的需要。孟河中学的教学楼继宗楼即将作为危房拆除，造成原来在本大楼的功能室无法妥善安排。小学中，仅小河中心小学功能室及多媒体投影设备配备较为完善，基本能满足教学需求，孟河中心小学、万绥小学、东六小学和石桥小学这 4 所小学的多媒体设备均还没有配备到位，难以适应现代化教育教学的需要。

孟河中心小学的硬件设施是全区最差的，硬件条件难以适应现代化教育教学的需要。学校现有 3 幢教学楼，其中文泽楼 1987 年竣工，不仅框架结构不符合抗震要求，而且教室面积小，墙面破损，班级文化内容难以布置，采光不足；文渊楼竣工于 20 世纪 90 年代初，不仅框架结构不符合抗震要求，而且东面多个教室楼板之间有 5 厘米左右裂痕，已不可以当作教室使用，有安全隐患。由于没有适合建常州市示范图书室的场地，是新北区唯一没有创建常州市示范图书室的学校。在 20 个教室中，有 9 个教室没有配备多媒体设备，多媒体教室中的多媒体设备，有 2 套已到报废年限。即使是最新的教学大楼文萃楼，也是建于 2000 年，已多年没有资金维修。学校餐厅目前要供应近 850 人用餐，餐桌还是老旧的圆桌，凳子破损严重，需要更换不锈钢长条形餐桌椅，食堂仍然使用烟煤作为主要燃料，灶台使用时间已长久，急需要改造为使用液化气炉灶。除此之外，孟河中学、万绥小学以及东六、石桥两所村校还未建塑胶跑道，学校操场还是 20 世纪的石子煤渣跑道。硬件条件的落后，严重制约了全镇教育事业的发展。

2. 师资队伍结构不平衡，部分学校教师心气低落

由于孟河镇地处偏远，难以吸引年轻教师，尤其是优秀教师，导致大多

数中小学教师队伍老龄化。尤其是原孟城、万绥地区的孟河中学、孟河中心小学与万绥小学，教师队伍老龄化问题尤为严重。孟河中心小学与万绥小学教师平均年龄均在 40 岁以上。新教师难以引进，造成教师队伍梯队断层，青黄不接；教师整体素质参差不齐，难以适应全面实施新课程的要求，加上教师学科结构不配套，造成结构性缺编，需要招聘一些代课教师，但代课教师需要学校自行承担代课经费，给学校带来很大的经济压力。另外，由于高中被裁撤，小河中学处在急剧的转型期，一批年轻骨干教师相继被分流、调离他校，五年来，有近 60 名高中教师、11 名初中教师被调离本校。在校教师心中缺乏归属感，悲观情绪严重，造成消极影响，教师队伍缺乏稳定性。

3. 招生方面

由于城镇化的发展，拆迁安置造成居民居住区域的变化，对一些学校的招生造成影响，同时外来务工人员子女转进的矛盾也十分突出，如一些学校将净增学生达 200 人，由此带来设备和师资的问题，设备可以通过与教育局商量解决，但师资的短缺问题短时无法解决。初中生源流失现象严重，高峰时超过 50%，且流失的基本上是优质生源。

4. 教育经费短缺，债务压力较大

教育经费的不足是孟河镇中小学面临的普遍问题。学校硬件设施陈旧，更新建设需要庞大的资金支持，而学校实行义务教育，除了财政拨款没有更多的收入来源，政府的资金支持有限，难以较大程度地改变现有的状况。尤其是孟河中心小学、万绥小学，由于区下拨的公用经费是按学生数发的，而学校学生数不多，因此公用经费严重不足。学校虽然规模较小，但作为一个单位，"开门七件事"却是一样不缺，特别是车旅费，甚至因地处偏远而更多。而不管是改善办学条件还是师资培训都需要大量的经费投入。另外，随着新北区教育布局调整，2009 年，原"常州市小河中学"更名为"新北区小河中学"，学校从此被定格在初中建制。2011 年高中正式停止招生。然而，学校目前正面临着极大的资金困难，其中历史遗留的债务尚有 600 余万元，而且每年还得承受近 40 万元的银行贷款利息。在义务教育阶段实施绩效工资的新形势下，学校根本无力偿还。

5. 学校安全工作

由于小河中心小学是目前全新北区义务教育阶段学生数最多的单位，

也是少有的小学有住宿生的学校（新北区共 2 所）。目前，中午在校用餐师生（含东六、石桥）共 2000 余人，食堂卫生安全任务艰巨，冬天饭菜保暖工作难度很大；16 辆校车乘运 580 多名学生，道路状况不容乐观，有的车辆每天要分 3 批次接送，时间跨度较大，安全风险较大。学校已采取一些措施，如食堂采用食品统一采购制，加强对员工的教育培训，开办以来未发生过食物中毒事件；校车主要采取对驾、乘人员的教育考核。另外孟河中学教学区和生活区相距太远，管理难度大，有安全隐患。

6. 初中生源流失严重，生源基础差，尤以小河中学为重

这几年，原小河地区小学毕业外出择校风气特别严重。据统计，小学每年的毕业生有四五百人，但进入小河中学的初一新生只有 1/3 左右，其中外来务工子女占据半壁江山。有时每个班级连班干部都难以配备，更有少量学生连最基本的英语字母都不会读，连简单的数学运算都不会，加上班容量小，每次考试整体质量大受影响。这部分学生不但学习基础薄弱，而且思想品德、行为习惯、学习态度也较差，老师花了更多的时间和精力来做转化工作，往往收效甚微。

7. 幼儿教学

幼儿教师队伍不够稳定，幼儿教师的水平参差不齐，总体水平不高。近年来招聘的幼儿教师有相当一部分是非幼教专业的毕业生，小河幼儿园代课教师的数量仍然偏多，幼儿保教质量有待提高。小河、富民、石桥 3 所幼儿园的班容量过大，严重影响保教质量，管理难度大，安全隐患多。目前 25 所私办托儿所均未得到相关部门的批准，办学条件达不到开办标准，从业人员均无相应资格，安全隐患始终存在，但市场需求大，政府又不具备承办条件，所以又取缔不了。

8. 其他

如农村家长对教育重视不够，一些学生家长忙于工作，不能配合学校教育，不重视孩子的教育培养。家庭教育与学校教育的互助方面做得不好，致使一些孩子对学习不感兴趣，教育缺乏均衡发展。由于外来务工人员子女不断增加，目前小河小学学区已达 1263 名，仍有增加的趋势。由于常州市实行同城同价的政策，但各地转入的学生原有教材不一致，要求也不尽相同，给教学工作带来了难度，也影响了整体教育质量。还有环境影响，如孟河中学旁边就是孟城西路，本来车水马龙噪声就大，而且每天都有摊

贩叫卖，特别是每月逢五逢十是农村集市，吵闹声、叫卖声、车辆鸣叫声等不绝于耳，严重影响学校教学。另外，学校内部也存在一些问题，如行政人员忙于日常事务，缺乏主动学习、勤于思考、开拓创新意识，过程管理缺乏精细化；学校管理制度尚不健全，执行考核力度不大；部分教师教学观念落后，教法陈旧，课堂模式单一，制约着教学质量的提高。

目前，孟河镇正在深入实施以"义务教育均衡化、学前教育公立化、成人教育社区化、外来民工子女教育本土化"为内容的"教育四化"工程，深入推进名师、名校工程建设，努力让人民群众更多地享受均衡优质的教育资源。计划在 2013—2015 年间投资 1.4 亿元，建设 8 轨 48 班的孟河实验小学和 6 轨 18 班孟河实验幼儿园，改善各中小学、幼儿园办学条件，不断提高教育水平。到 2015 年，义务教育巩固率达到 99.4%，学前教育普及率达到 98.6%。

第二节　卫　生

孟河镇近年来重点建设和完善城乡社区公共卫生服务和基本医疗服务，积极推进新型农村合作医疗制度的实施，医疗卫生体系较为健全，目前已经基本建成中心卫生院、社区卫生服务中心、社区卫生服务站联合一体的三级医疗网络。全镇居民的医疗卫生条件不断得到改善，医疗保险保障水平逐年提高（见表8—2）。

表 8—2　　　　　　　　　孟河镇镇医疗发展水平

名称指标 年份	镇卫生院（个）	床位数（张）	卫生技术人员（人）	其中：医师（人）	护士（人）	助产士（人）	农村卫生室（个）	农村卫生员（人）
2003	2	130	154	63	35	6	32	82
2004	2	140	159	65	38	6	32	85
2005	2	140	168	64	40	4	32	87
2006	2	140	151	66	42	4	32	87
2007	1	152	161	68	43	4	32	87
2008	1	142	163	74	40	2	26	81
2009	1	142	168	72	54	1	14	60

续表

名称指标 年份	镇卫生院（个）	床位数（张）	卫生技术人员（人）	其中：医师（人）	护士（人）	助产士（人）	农村卫生室(个)	农村卫生员（人）
2010	1	150	180	79	56	2	14	58
2011	1	150	180	79	57	2	14	57
2012	1	150	172	78	61	1	12	43
2013	1	150	172	78	65	1	12	44
2014	1	150	181	75	73	2	14	44

资料来源：根据《孟河统计年鉴（2003—2013年)》及孟河镇相关部门资料整理。

一　孟河人民医院

　　孟河镇现有镇级卫生院一家，为常州市新北区孟河人民医院，该院始建于1956年，2007年7月因区域调整，原孟河卫生院与小河卫生院合并，新院址位于孟河镇新行政中心，地理位置优越，交通便捷，环境优美，是一所集医疗、急救、预防保健和康复为一体的综合性非营利性一级甲等卫生院。下设二个门诊部、十二个社区卫生服务站和村卫生室。

图 8—3　孟河人民医院

孟河人民医院占地面积 29139 平方米，建筑面积 15824 平方米，绿化面积 11917 平方米，预防保健科 311 平方米。核定床位 115 张，开放 4 个病区，并设有 200 平方米的体检中心，门诊设内科、外科、妇产科、儿科、中医科、急救室、医技科、中西药房等 20 多个科室和部门，配备有西门子 16 排 CT、柯尼卡 DR 机、GE 彩色 B 超、奥林巴斯电子胃镜、500mAX 光机、C 臂机等先进的医疗设备，初步实现信息化管理，是功能齐全的现代化综合医院。

医院现有职工 240 人，其中在编职工 150 人，副高职称 19 人，中级职称 63 人，大专以上学历占卫技人员的 76%，技术力量雄厚。全年门诊量 30 万余人次，住院 4200 人次，手术 1800 余例。目前能开展各类常见病、多发病、疑难病诊疗及危重病人抢救工作，开展上腹部、泌尿、骨科、手外科、剖宫产、宫外孕、子宫肌瘤等外科、妇科手术；开展各类计划生育技术项目。预防保健科开展健康体检、预防接种、卫生监督等工作。曾先后与常州第四人民医院、武进人民医院签约合作，并成为南京中医药大学的大学生实践基地，并多次获得卫生系统"先进集体""医院管理年优胜单位"等荣誉称号，2013 年创建成"江苏省示范乡镇卫生院""江苏省乡镇卫生院示范中医科"，2014 年通过常州市中心卫生院评审。

孟河人民医院的特色专科建设包括：

中医科：经过多年来的扶持、发展，现有针灸科、推拿科、中医痔科三个特色中医专科，是医院的中医优势科室。其中针灸科运用传统针法结合小针刀疗法治疗腰椎间盘突出症疗效较佳，周边丹阳和扬中及西夏墅、魏村等附近乡镇的病人常慕名而来。推拿科对治疗小儿腹泻病和腰肌劳损等病有较好效果。中医痔科采用中西医结合的疗法运用中医内、外治法和外科手术治疗痔疮、肛瘘较传统治疗疗效显著。2014 年创建成"江苏省乡镇卫生院示范中医科"。

手外科：孟河镇距离城区较远，同时工业较为发达，各种外伤病人较多，特别是手外科病人，经过近几年的发展及专科人才的引进，手外科在当地及周边地区已有较高的知名度，仅 2014 年已开展手外科手术 400 余例，极大地满足了群众的就医需求。

眼科：医院是新北区唯一一家开展白内障复明工程的乡镇卫生院，通过与常州市瑞普眼科医院合作，全年开展白内障手术 180 余例，在当地及周边地区已有一定影响力，低廉质优的医疗服务，赢得了群众的一致好评，很多病人慕名而来。

此外，2014年，孟河人民医院还与南京市中医院合作签约，双方开展多方面的技术合作，挂牌成立南京市中医院孟河中医诊疗协作中心，业务涵盖中医脾胃科、肛肠科、肿瘤科等各个领域。2014年11月，南京市中医院8人专家团队来到孟河人民医院开展大型义诊活动。根据两院的合作协议，南京市中医院将定期安排专家到孟河人民医院坐诊，为百姓解答各种健康问题。专家坐诊科室包括心血管科、肿瘤科、风湿免疫科、内分泌科（糖尿病专科）、脾胃科、呼吸科、肛肠科、妇科等，每周有4个专科坐诊。

二　基层卫生医疗机构建设及基本医疗保障

孟河镇由镇初级卫生保健委员会负责农村初级卫生保健、新型农村合作医疗保险和镇村卫生组织一体化管理工作，由镇人力资源和社会保障服务所负责城镇居民医疗保险工作。

在村级医疗卫生机构方面，目前仍旧停留在近十年前的建设规模和硬件条件，现有大部分村卫生室业务用房小、旧、破，硬件设备缺少，已不能满足社区群众日益提高的卫生服务需求。在孟河镇村级区划调整，新北区区政府为民办实事卫生条线工作全面铺开之际，孟河人民医院结合各村和现有村卫生室分布的实际情况，全镇村级医疗卫生机构进行一次摸排，在镇政府、村委的支持下，制定了孟河镇村卫生室设置规划。计划在三年中逐步对石桥村卫生室、通江村卫生室、孟城社区卫生服务站、万绥社区卫生服务站、南兰陵村卫生室、小黄山村卫生室和润江村卫生室等进行异地新建和原地改造，按江苏省示范村卫生室建设标准进行建设，以期高起点、高标准建设村级医疗卫生机构，建筑面积从平均160平方米提高到平均260平方米以上，至少能做到单独设立10个科室以上的建设规模。6个村卫生室、社区卫生服务站在2015年基本做到当年规划、当年开工、当年完工，使一半以上村级医疗卫生机构的硬件建设实现大跨越、大发展，让社区群众能在足不出村的情况下，有一个温馨、整洁、舒适的医疗就医环境。

在新型农村合作医疗保险方面，孟河镇积极宣传推广新农合医疗保

险，积极探索新农合支付方式改革工作，试行住院按床日付费，增加重
大疾病医疗保障试点病种，不断提高农村居民重大疾病医疗保障水平，
吸引广大农民群众积极参与，同时认真履行职责，加强督导检查，切实
将新型农村合作医疗这项惠及广大农民的实事办好。近年来，各级财政
对新农合补贴水平逐年提高。2012 年、2013 年，参加新农合的农村居
民年支付 96 元，各级财政补贴 384 元，合计为 480 元，2014 年人均筹
资标准提高至 560 元，其中各级财政补助每人 448 元，个人缴纳费用为
每人 112 元。2015 年人均筹资标准提高到 660 元，其中居民个人出资 150 元，
镇（街道）财政补助 190 元，区财政补助 205 元，市财政补助 55 元，省财政
补助 60 元。

在城镇居民基本医疗保险方面，2013 年、2014 年，孟河城镇居民医
保个人缴费标准为：未成年居民 90 元，高校大学生 60 元，老年居民 240
元，非从业居民 450 元；符合规定的“特困居民”个人缴费由政府全额
承担。2015 年度，按照常州市新北区调整后的居民医保筹资标准，其中
政府缴费补助标准统一调整为每人每年 400 元，个人缴费标准相应调整为
未成年居民 120 元/年、非从业居民 450 元/年、老年居民 300 元/年。2013
年和 2014 年，参加农村医疗保险人数分别为 65100 人和 51745 人。

近年来，孟河镇不断深化社区卫生一体化管理机制，广泛开展居
民健康行动，提高公共卫生管理服务水平。计划 2013—2015 年的三
年内投资 800 万元，新增床位 40 个，到 2015 年总床位数达 150 个，
2015 年千人医生数达到 5 个。规范社区卫生服务站建设，优化就近医
疗卫生服务点，形成中心卫生院、社区卫生服务中心、社区卫生服务
站联合一体的三级医疗网络。目前，孟河镇实际开放床位已达到 150
张，2015 年孟河常住人口 9 万左右，医院现有临床医生 75 人，已超
过计划标准。

第三节　人　口

一　人口概况

孟河镇的人口数量近 10 年来持续增加，户籍人口从 2003 年的
75616 人增加到了 2014 年的 82875 人。农业人口在近年来出现了较大

的变动，2013 年，孟河镇将原有的行政村合并，同时将城镇社区扩充为 4 个，2014 年，农业人口较上年减少了 9962 人。而随着工业的不断扩张，以及城镇化建设的加速，外来人口逐渐增加，到 2014 年，暂住人口与常住人口比例已经从 2010 年的 1∶5.83 提高到 1∶3.24（见表 9—3）。

表 8—3　　　　　　　　　孟河镇人口变动情况　　　　　　（单位：户、人）

年份	总户数	其中：农业户	户籍人口	其中：农业人口	暂住人口	常住人口
2003	25292	21141	75616	66648		
2004	25091	20236	76199	66939		
2005	25158	20297	77014	67654		
2006	25369	22660	78755	69602		
2007	25686	21744	79591	67054		
2008	26128	22185	80462	67118		
2009	26128	22185	80462	67118		
2010	26411	22275	81949	67252	14556	84905
2011	29064	22664	81846	67114	18409	85255
2012	23555	22615	82258	67909	8756	80249
2013	25138	20040	82296	68421	12980	93651
2014	25682	23120	82875	58459	26960	87272

注：1. 2011 年、2012 年户数偏差较大；2. 2012 年暂住人口数偏差较大；3. 2013 年农业户数、常住人口数偏差较大。

资料来源：《孟河镇统计年鉴（2003—2014 年）》。

目前，按照 2014 年的统计，孟河镇镇域内常住和暂住人口共 11.4 万人，其中城镇人口超过 4 万人，城镇化水平约为 40%。根据《孟河镇总体规划（2014—2030 年）》的发展目标，到 2020 年，镇域总人口将达到 13.7 万人，其中城镇人口 8.2 万人，城镇化水平达到 60%；2030 年镇域人口达到 20.5 万人，其中城镇人口 16.5 万人，城镇化水平达到80%。

二 农村劳动力从业情况

孟河镇农村劳动力10余年来有较大的增长，2014年较2003年增长了48%，劳动力人数的持续增长使地方经济的发展得到了保证。从劳动力从业的结构变化来看，包括种植业、林牧渔业等第一产业的从业人数，比例逐年下降，工业从业者则逐年上升，而服务业从业人员比例也呈下降趋势，此外，外出从业者比例总体是上升的。具体情况可参见表8—4。

表8—4 　　　　　　　孟河镇农村劳动力从事行业占比 　　　　（单位：人、%）

年份	年末劳动力人数	种植业	林牧渔业	工业	建筑业	交运邮电	商业饮食服务	科教文卫	其他	其中:外出合同、临时工
2003	33534	25.11	6.47	41.15	6.59	4.03	8.57	2.30	5.78	4.55
2004	38701	22.21	3.92	49.85	5.89	3.57	7.57	2.12	4.88	4.26
2005	38878	20.05	1.20	53.70	5.77	3.09	8.09	0.78	7.32	5.37
2006	39596	18.49	0.94	54.95	5.29	3.24	8.25	0.79	8.04	7.10
2007	40446	13.71	1.01	59.33	5.15	3.11	7.81	0.76	9.13	7.78
2008	40471	14.44	3.77	57.06	5.13	2.88	5.35	0.80	10.58	7.48
2009	41989	13.94	1.66	58.47	4.77	3.07	5.22	0.78	12.10	8.64
2010	43436	12.55	1.18	59.51	4.86	2.81	5.77	0.85	12.48	12.38
2011	46527	11.62	1.13	58.26	4.71	2.84	5.72	0.81	14.91	10.60
2012	45124	10.64	1.85	58.94	6.67	2.60	5.76	0.98	12.56	8.90
2013	48121	8.65	1.42	62.49	4.50	2.64	5.70	0.95	13.65	9.88
2014	49457	8.22	1.40	64.28	4.04	2.56	5.98	0.99	12.53	8.80

资料来源：根据《孟河镇统计年鉴（2003—2014年）》整理、计算。

综合来看，本地现有农村劳动力中，从事工业生产的比例已经超过

60%，而第一产业不到 10%，这和第一产业的专业化生产逐步扩大以及工业的迅速发展相关。而以服务业为主的第三产业从业人员近年来比例停滞不前，与孟河镇第三产业近年来尚未得到大幅度提高的状况也是相符的。今后随着城镇化程度的提高，以及积极发展旅游服务业的推动，第三产业发展的步伐将加快，预计从事第三产业的劳动力比例也将会有所提高。

同时，随着三大产业不断升级，除了本地劳动力结构发生变动外，外来人才和劳动力的增加将成为新的趋势，中高级专业人才的引进数量将会迅速增加，人口结构将会发生进一步的变化。

第九章

党政机构职能

　　从 2003 年乡镇合并以来，孟河镇不断紧跟改革开放的步伐，抓住发展机遇，进一步解放思想，实施体制机制创新战略，在机构改革中不断取得新的突破，充分获得改革效应。2015 年，孟河镇已率先在扩镇强权试点中改组为江苏省新北现代农业产业园区（孟河镇），实施"园镇合一"的管理体制，在乡镇党政机关职能改革进程中又上了一级新的台阶（见图 9—1）。

图 9—1　孟河镇委镇政府大楼正门

第一节　组织机构职能

一　机构成立

2002 年 4 月 22 日，根据《省政府关于调整常州市部分行政区划的通知》（苏政发〔2002〕56 号）精神，常州郊区更名为常州市新北区。原属武进的小河、孟河、薛家、安家、魏村等 7 个乡镇划归新北区管辖。2003 年 10 月根据《关于调整新北区圩塘镇等行政区划的通知》（常政发〔2003〕224 号），小河、孟河 2 个镇合并为孟河镇。

2003 年 10 月 29 日，根据常新委〔2003〕142 号文件，成立了常州市新北区孟河镇人大、政府筹备组。办公地点暂设在原小河镇政府。2004 年 4 月 12 日，筹备组从原小河镇政府搬迁到小河汽摩市场办公。

孟河镇第一次党代表大会于 2004 年 10 月 17 日召开，大会成立了中共常州市新北区孟河镇第一届委员会、中共常州市新北区孟河镇纪律检查委员会，选举产生了第一届镇党委书记、副书记和镇纪委书记、副书记。

2005 年 1 月 12 日，孟河镇第一届人民代表大会召开，选举产生了孟河镇第一届人代会主席团主席、副主席和镇长、副镇长。

孟河镇第二次党代表大会于 2011 年 3 月 29 日召开，大会成立了中共常州市新北区孟河镇第二届委员会、中共常州市新北区孟河镇纪律检查委员会，选举产生了第二届镇党委书记、副书记和镇纪委书记、副书记。

孟河镇第三届人民代表大会第一次会议于 2012 年 3 月 16 日召开，大会选举产生了第三届的人代会主席团主席、副主席和镇长、副镇长。

二　主要职能

镇党委主要职能：①宣传和执行党的路线、方针、政策，宣传和执行市委和区委组织和本组织的决议，发挥党组织的战斗堡垒作用和党员的先锋模范作用，支持镇党委、镇行政完成本镇所担负的任务；②组织党员学习理论，学习党的路线、方针政策、学习科学、文化和业务知识；③对党员进行严格管理，督促党员履行义务，保障党的权利不受侵犯；④对党员进行监督，严格执行党的纪律，加强党风廉政建设，坚决同腐败现象作斗争；⑤对入党积极分子进行教育培养和考察，做好发展党员工作；⑥做好机关工作人员的思想政治工作；⑦牵头负责做好文明创建工作；⑧协助区委管理机关组织和群众组织的干部，协助人事部门对机关干部进行考核和民主评议，对机关干部任命、调动、奖惩提出意见和建议；⑨领导机关工会、共青团、妇联等群众组织，支持这些组织依照各自的章程独立负责地开展工作。

镇人大主要职能：①组织代表学习和宣传宪法、法律、法规、上级人民代表大会及其常务委员会和本级人民代表大会的决议决定，并检查了解在本行政区域内的执行情况；②组织本级人民代表大会代表进行视察、参加执法检查、对本行政区域的重大事项进行调查、听取乡镇人民政府的工作汇报、评议乡镇人民政府及其工作部门和上级国家机关派驻乡镇单位的工作；③联系工地人民代表大会常务委员会委托，联系在本行政区域内居住和工作上有人民代表大会代表，协助代表组成代表小组并开展活动，及时反映代表和群众对本级人民政府工作的建议、批评和意见；④检查主席团交由镇人民政府和其他有关组织办理的代表提出的议案及建议、批评和意见的办理情况，并向本级人民代表大会及其主席团汇报；⑤做好代表和群众的来信来访工作，受理人民群众对本级国家机关及其工用人员的申诉和意见，向本级人民代表大会或者主席团汇报处理情况；⑥依法组织各选区选民办理罢免或者补选本级人民代表大会代表的有关事项，掌握各选区的人民代表大会代表变动情况；⑦承办本级人民代表大会闭会期间的其他工作；⑧向本级人民代表大会报告工作。

镇政府主要职能：①宣传、贯彻、落实党的路线、方针、政策和上级党委、政府的指示、决议、决定，在职权范围内发布命令、决定，完成上级下达的各项经济指标和工作任务；②执行本级人民代表大会决议；③负责制订并施行政府职权范围内的工作计划、工作制度以及完成计划的行政措施；④领导和监督政府各职能部门按时、按质、按量完成工作任务；⑤负责管理经济和社会事务，开展科技兴农、兴企工作，完成农业、企业生产指标和征派购等任务；⑥编制镇级年度财政预、决算，管理、审计监督村级财务；⑦指导、协调村委会发展农村经济。

三 隶属关系

中共新北区孟河镇委员会是在中共新北区委领导下的党的基层组织；新北区孟河镇人民代表大会是国家的权力机关，接受新北区人大常委会的业务指导；新北区孟河镇人民政府是孟河镇人民代表大会的执行机关，并接受新北区区政府的领导。

四 办事处机构设立、演变、职能及隶属关系

（一）机构设立、演变情况

2003 年 10 月，根据常新政〔2003〕102 号的文件精神，成立常州市新北区孟河镇政府（筹）小河、孟河办事处。各办事处挂牌名称分别为"孟河镇小河办事处""孟河镇孟河办事处"。

2004 年 4 月，根据常新委办〔2004〕20 号的文件精神，撤销合并镇驻孟河、小河办事处，并根据孟河镇实际，暂时在原孟河镇驻地设置办事点，明确 1 名镇领导干部为负责人，工作人员 4 名。

（二）各办事处职能、职责

（1）依据国家法律、法规，在本办事处内行使相应的职能。负责贯彻执行党的基本路线、方针、政策和国家法律、法规，执行镇党委、政府筹备组的决议、决定，带领干部和群众保证镇党委、政府筹备组下达的各项任务的顺利完成。

（2）办事处设主任 1 名，由镇党实行委派制，工作人员从现有镇干部中调配。

（3）办事处的办公经费由镇党委统一制定，实行包干制度，并设定单独账户实行结报制，由各办事处主任掌控。

（4）负责办事处及镇公共设施、环境卫生、集贸市场和市政绿化管理。

（5）负责办事处司法、调解、信访、环保和社会稳定。

（6）在镇切块包干范围内，负责办事处民政救济资金的发放。

（7）在镇切块包干范围内，负责办事处计划生育服务和独生子女费、计生专项经费的发放。

（8）负责办事处公共资源及集体资产的管理，防止国有、集体资产

流失。

（9）协助镇做好水利、农机的管理和农业科技的推广应用工作。

（10）负责本办事处范围内的社会治安和安全生产。

（11）负责本办事处范围内对村民委员会的日常事务管理。

（三）办事点职责

孟河办事点承接或承办一些与群众密切相关的日常事务，同时负责集镇的日常管理工作。

（四）隶属关系

各办事处作为派出机构，受镇党委、政府筹备组的领导。

五　事业单位机构演变

2004年7月，根据常新委办〔2004〕20号文件，撤销原二镇事业单位机构设置，设置12个事业单位：孟河镇农村经济服务站、孟河镇农业服务站、孟河镇水利农机管理站、孟河镇文化体育工作站、孟河镇人力资源保障站、孟河镇计划生育服务站、孟河镇村镇建设管理服务所、孟河镇畜牧兽医站、孟河镇民政办公室、孟河镇司法办公室、孟河镇集镇管理办公室（爱卫办公室）、孟河镇三产办公室。

2006年5月设置：孟河镇安全生产监督管理办公室、孟河镇个体私营经济管理办公室、孟河镇财政集中支付中心。

2008年3月，调整党政机构：撤销镇财经办公室、经济发展办公室、农业办公室、村镇建设办公室、社会事业办公室。

镇党委、政府综合设置14类助理职位，具体为：党政秘书、纪检监察助理、宣传统战和民族宗教助理、人事和劳动保障助理、农业和农经助理、工业和服务业助理、村镇建设和管理助理、科技和环保助理、安全生产监管助理、统计和审计助理、人口和计划生育助理、文教卫体助理、民政助理、司法和信访助理。

镇党政办公室、人口和计划生育办公室、社会治安综合治理办公室、财政所、司法所牌子保留。

镇人民政府设置监察室与纪委合署办公。

镇人武部以及工会、共青团、妇联等组织按有关规定和章程设置。

镇全民事业单位综合设置为5个，均为公益性事业单位：农业综合服务站（保留"水利管理服务站"和"畜牧兽医站"牌子）、企业服务站（挂"安全生产监督管理站"牌子）、社会事业服务站（挂"党校""文化体育工作站""计划生育服务站"牌子）、人力资源社会保障站、建设管理服务站。撤销"农村经济服务站"。

2009年3月成立孟河镇孟城集镇综合管理办公室和孟河镇万绥集镇综合管理办公室，分别负责孟城、万绥老镇区镇容镇貌、环境卫生、三产（农贸市场）等管理工作。

2010年5月成立孟河镇拆迁安置工作办公室，负责拆迁、安置工作日常事务处理。

2010年12月成立孟河政法综治中心将司法、信访、综治合并为一个部门。成立孟河镇小河集镇综合管理办公室，负责新镇区和小河老镇区镇容镇貌、环境卫生、三产（农贸市场）等管理工作。

2011年8月撤销镇小河集镇综合管理办公室、镇孟城集镇综合管理办公室、镇万绥集镇综合管理办公室建制，其党组织设置一并撤销。成立孟河镇城镇管理与行政执法中心，履行全镇范围内市场管理、环卫爱卫和城镇管理行政执法等方面的职责，同时设立中共孟河镇城镇管理与行政执法中心支部委员会。区行政执法大队孟河中队在镇城镇管理与行政执法中心挂牌，不再单独设置。

2011年10月成立孟河镇富民小区居委会，负责富民社区范围及新镇区范围商品物业管理、民政、双拥等工作。

2012年成立孟河镇第三产业发展办公室，负责宣传贯彻实施上级第三产业发展政策，编制实施全镇第三产业发展规划，管理和服务全镇第三产业科学发展，统计和整理全镇第三产业行业发展资料等。

2013年4月成立孟河镇监察审计室，主要履行监察和审计两项职能，原孟河镇监察室和审计室牌子不再保留。

2013年7月成立孟河镇协税护税管理办公室，与孟河镇个体私营经济管理办公室合署办公。规范孟河镇市场经济秩序，加大协税护税工作力度，抓好税收和规费的征收管理。

截至2013年7月，孟河镇机关各部门工作职责如表9—1所示。

表 9—1　　　　　　　　**孟河镇机关各部门工作职责表**

孟河镇机关各部门工作职责

序号	部　门	职　责
1	党政办公室	负责文秘、保密、档案、调研、信息、会务、接待、后勤、安全保卫、联络、综合协调等工作
2	社会管理综合治理办公室	平安建设、社会治安综合治理
3	财政分局	财政预决算、农民"一折通"、村、事业单位财务管理工作
4	司法所	负责矛盾纠纷调处、社区矫正日常工作、指导管理基层法律服务工作、对刑释解教人员的安置帮教工作、法制宣传教育、普法工作
5	信访办公室	人民来信、来访、来电接待、转、送、交办，行政复议
6	农业服务站	农业技术咨询、农业项目申报、负责种子、肥料、农药等农业投入品及新品种、新技术推广，负责农业技术指导等工作
7	农村经济服务站	农村经营管理、村组财务管理、土地流转、集体资产管理、专业合作社、减轻农民负担
8	水利管理服务站	负责全镇的水利发展规划、水利工程建设与管理、水资源保护与管理、防汛抗旱、水土保持、农田水利基本建设、灌溉排涝服务、河道沟塘长效管护、水利设施维修管护、水行政监察执法、依法征收水费；全镇农机推广、农机车辆检测、监理、年审等
9	畜牧兽医站	负责畜牧、家禽养殖信息统计建档，动物疫情防控、调查、检测和报告，动物产品检验检疫、防疫员业务指导等工作
10	企业服务站	主要包括项目推进、项目报批、企业管理、统计、招商、安全生产、汽摩配行业协会、商会、中国汽车零部件（常州）产业基地建设等工作
11	党校、文化体育工作站	组织开展各类健康有益的文化体育活动，加强文物保护工作，认真做好非物质文化遗产项目保护。配合镇党委做好党员干部的培训工作，做好各类学历和非学历教育培训工作

孟河镇机关各部门工作职责

序号	部　门	职　责
12	计划生育服务站	开展计划生育宣传教育、培训活动、督查计生技术服务、早教、流动人口和计划生育管理服务工作、指导村（居）计生工作落实情况、各类计生审批事项、计生公益金申报工作
13	人力资源社会保障服务所	负责就业登记、失业登记、失业人员档案管理、采集空岗信息配合做好城市居民最低生活保障工作，做好失地农民进城保障工作、新型农村社会保障工作
14	建设管理服务站	负责规划建设、民房援建、工程建设检查、审核、产权矛盾的调处工作
15	民政办公室	负责全镇城乡低保、救灾救济、慈善救助；五保供养、居家养老、尊老爱老；双拥优抚；村民自治、社区建设；殡葬管理、界桩维护、地名命名；残联工作；民政信访、民政宣传等工作
16	房屋征收与补偿中心	负责拆迁安置方案编制、实施计划、拆迁安置矛盾协调、信息收集归档以及拆迁安置服务等工作
17	个体私营经济管理办公室	代征税款、代售发票、协助税务管理、协助其他税务管理
18	财政集中收付中心	掌握各单位、部门资金动态、审核会计业务内容、编制各核算单位会计报表，会计档案的归档，负责在单位存款余额内办理现金、转账、汇兑等资金收支结算业务，每日编制各单位、各部门现金和银行存款日结表
19	城镇管理与行政执法中心	负责孟河镇全镇范围的环卫、爱卫、市场管理，对未取得建设工程规划许可证或者违反建筑工程规划许可证的规定进行建设影响城镇规划的行为的行政处罚、强制拆除
20	总工会	负责工会组织建设、维护职工合法权益、开展工会活动等工作

孟河镇机关各部门工作职责

序号	部　门	职　责
21	团委	负责共青团组织建设、团费收缴、团员发展、青年志愿者服务等工作
22	妇联	负责妇女组织建设、妇女干部培训教育、提供妇女儿童维权、法律援助咨询等工作

六　各群众组织

（一）工会

孟河镇总工会成立于 2004 年 11 月，是常州市首家乡镇级总工会。目前有各级工会组织 902 家，其中企业独立工会 262 家，镇事业单位工会 20 家，村工会联合会 19 家。近年来，创建了常州市工会工作模范镇，被全国总工会授予"全国百家示范乡镇工会"光荣称号。

（二）妇联

孟河镇的妇联组织截至 2013 年底共有妇联干部 40 人，专职妇女干部 18 人，兼职妇女干部 22 人。全镇共成立了 1 个镇妇联联合会，4 个社区妇联组织，13 个村妇代会组织，22 个企事业单位妇代会组织。至 2013 年镇妇联已成功举办五届"卓云杯"法律知识竞赛和六届"锦绣杯"妇女健身操（舞）大赛。创建了孟河镇妇女儿童活动中心 1 家；常州市合格妇女儿童之家 5 家；常州市示范妇女儿童之家 6 家。建立女能手创业基地 16 个（其中女大学生村官 2 个）。

（三）团委

孟河镇的团组织截至 2013 年底共有团员 1438 人，专职团干部 15 人，兼职团干部 120 人。全镇共成立了 1 个团委，1 个团总支，123 个团支部。2012 年 5 月，孟河镇召开了第二次团代会，共有 56 名正式代表和 60 余名列席代表、特邀代表参加。近年来，孟河镇团委加强组织建设，完善团的运行机制，大力推进"团建创新工程"，确定永光车业等 10 家企业作为非公团建的重点企业。以全面提升为导向，成立"大学生村官之家"，多方入手大学生村官服务工作。以公益活动为载体，稳步推进志愿服务工作，以服务青年为目的，做好青年成才工作，开展"永光杯"唱歌比赛等文体活动，组织青年开展扶贫结对活动。确定"一镇一特色"创建项目为"发挥青年正能量""名镇文化永传承"，从建设历史文化名镇为着手点开展青年工作，协助党政中心工作。

第二节　扩镇强权与园镇合一

一　扩镇强权

2014年9月，常州市级中心镇扩权强镇工作启动，孟河成为首批5个中心镇扩权强镇试点之一。2015年，全面深化园镇合一管理体制改革，改组为新北现代农业产业园区（孟河镇）。

扩镇强权试点赋予中心镇部分县级经济社会管理权限，进一步理顺辖市（区）与中心镇两级政府的权责关系，增强中心镇统筹协调、自主决策、公共服务和依法行政的能力，激发中心镇发展动力和活力，促进区域经济社会事业又好又快发展。

扩权主要内容包括下放事权、扩大财权、推进金融创新、改革人事权、优化机构设置等。

下放事权是核心。将通过委托、交办、机构延伸等方式，依法赋予中心镇与其经济社会发展相适应的县级行政审批权、行政处罚权，以及其他行政执法职权和管理服务权，着重赋予项目投资、城市管理、市政设施、市容交通、社会治安、安全生产、职业危害、环境保护、食品安全、社会保障等方面的经济社会管理权限。具体权力事项，由各辖市（区）根据中心镇的实际需求研究确定。

扩大财权。按照财力与事权相匹配的要求，进一步扩大中心镇财政自主权，提高基层财政的保障能力。

改革人事权。鼓励中心镇行政事业人员统一使用、分类管理，畅通机关、事业、社会人员交流机制。

优化机构设置。中心镇政府内设机构总数控制在7—9个，统一设置便民服务中心，具体负责统一受理、集中办理行政审批及其他管理服务事项。

推进金融创新。鼓励金融机构在中心镇设立分支机构，加快村镇银行、小额贷款公司的组建和运行，加大对中心镇建设的信贷支持力度等。

二　园镇合一

同时，常州市新北区进一步推行机构改革，全面深化园镇合一管理体制改革。2011 年 7 月，江苏省省政府批复成立省级新北现代农业产业园区；2012 年 11 月，常州市编委批复同意设置"江苏省新北现代农业产业园党工委、管委会"，作为区委、区政府派出机构，由孟河镇党委、政府代为管理；2013 年 4 月，按照"区镇合一、权事统一、利益分成、逐步到位"的总体思路对园区管理体制进行调整，成立常州市新北现代农业产业园区，园区范围北至 S338 省道，南至 S122 省道，东至 S239 省道，西至丹阳界，总面积 4.25 万亩，其中西夏墅镇 1.1 万亩，孟河镇 3.15 万亩。2015 年，孟河镇正式改组为新北现代农业产业园区（孟河镇），并实施《新北现代农业产业园区（孟河镇）机构改革和职能设置的方案》，江苏省新北现代农业产业园区和孟河镇实行"园镇合一"管理体制机制并合署办公，孟河镇党委书记高炎同时担任江苏省新北现代农业产业园区党工委书记、管委会主任。2015 年 4 月 3 日，新北现代农业产业园区（孟河镇）机构改革推进大会召开。

根据常州《市委办公室市政府办公室印发〈关于推进市级中心镇扩权强镇工作的意见〉的通知》（常办发〔2014〕60 号）精神，孟河镇制订了《孟河镇扩权强镇工作实施方案》，成立由镇党政主要领导为组长的镇扩权强镇工作领导小组，具体负责方案实施、工作对接、政策落实和责任明确等工作。对照方案明确的 2015 年承接事权开展试运行，并认真做好相关协调工作。按照机构设置综合、管理架构扁平、运行机制灵活的要求，优化机构设置，对原有内设机构进行整合归并，重新设置"一室六局一中心"，按照"权责一致"和"高效便民"的原则，增设与上级赋予的经济、社会事务管理权限相适应的建设管理与执法局和便民服务中心等承接机构。通过完善机构设置，优化运行流程，进一步提高办事效率和行政效能。

按照常州市新北区委、区政府统一部署，新北现代农业产业园与孟河镇实行"园镇合一"管理模式。本着"有利于加快园区建设，有利于发展现代农业产业"的原则，孟河镇根据产业园区特殊性，积极探索、大胆尝试、整合资源、形成合力,创造性地建立管理新机制。进一步完善园区涉及西夏墅镇范围行政管理关系调整建议方案,加速推进调整方案尽快落地。统筹孟河镇小黄山开发和中心镇建设等工作,将新北现代农业产业园区打造成为现代农业产业的集聚区、先进农业科技成果转化的核心区、生态循环农业的样板区、经营管理模式的创新区。

同时,孟河镇还优化完善人才管理机制。借助中心镇扩权强镇整合机构机遇,优化整合园区和中心镇的现有编制资源,保证编制使用的利用率。精心搭建镇级人才战略储备库,对急需紧缺的专业人员进行公开选聘,着力解决人才结构性矛盾。探索公益性、社会性组织职能的有效实现形式,实行养事不养人的财政投入机制,通过政府购买服务、使用工勤岗位人员等方式实现人才使用的最大效益化。

经过调整后的江苏省新北现代农业产业园区(孟河镇)机关事业单位设置精简为"一室六局一中心",工作职责如表9—2所示。

表9—2　**江苏省新北现代农业产业园区(孟河镇)机关事业单位设置**

单位部门	工 作 职 责
党政办公室	负责综合协调、宣传统战、人武、法制、工、青、妇和突发事件应急管理等方面工作
组织人事和社会保障局	负责干部人事、机构编制、劳动管理、民政和社会保障等方面工作
经济发展局	负责产业发展、招商引资、项目服务、科技创新、安全环保、旅游开发以及统计监测等方面工作
财政与资产管理局	负责财政保障服务、国有资产管理、投融资等方面工作
城镇建设与管理局	负责规划管理、村镇建设城镇管理以及行政执法等方面工作
农村工作局	负责新北现代农业产业园区开发建设、加强对全镇"三农"工作的综合管理和统筹协调、农村改革、新农村建设以及指导监督农村集体资产经营管理等方面工作

单位部门	工作职责
社会管理与社会事业局	负责区域教育、文化、体育卫生、计划生育、社会综合治理、法治建设以及信访维稳等方面工作
便民服务中心	负责行政审批或代办服务、涉及企业生产和群众生活各类事项的办理和服务，以及招投标、公共资源交易等方面服务

　　2015 年 5 月 28 日，位于镇政府大楼内的新北现代农业产业园区（孟河镇）便民服务中心正式启动运行。